U0813848

基于创新链的高校协同创新研究

廖 瑜◎著

四川大學出版社
SICHUAN UNIVERSITY PRESS

项目策划：蒋　玙
责任编辑：肖忠琴
责任校对：周维彬
封面设计：墨创文化
责任印制：王　炜

图书在版编目（CIP）数据

基于创新链的高校协同创新研究 / 廖瑜著. — 成都：四川大学出版社，2021.4
ISBN 978-7-5690-1664-2

Ⅰ. ①基… Ⅱ. ①廖… Ⅲ. ①高等学校－创新管理－研究－中国 Ⅳ. ①G647

中国版本图书馆CIP数据核字（2021）第044622号

书名　基于创新链的高校协同创新研究

著　者	廖　瑜
出　版	四川大学出版社
地　址	成都市一环路南一段24号（610065）
发　行	四川大学出版社
书　号	ISBN 978-7-5690-1664-2
印前制作	四川胜翔数码印务设计有限公司
印　刷	四川盛图彩色印刷有限公司
成品尺寸	170mm×240mm
印　张	14
字　数	266千字
版　次	2021年4月第1版
印　次	2021年4月第1次印刷
定　价	58.00元

◆ 读者邮购本书，请与本社发行科联系。
电话：(028)85408408/(028)85401670/
(028)86408023　邮政编码：610065
◆ 本社图书如有印装质量问题，请寄回出版社调换。
◆ 网址：http://press.scu.edu.cn

四川大学出版社
微信公众号

前 言

受经济全球化和知识经济的影响，国家和地区的经济社会发展越来越依赖于科技创新。增强自主创新能力的有效途径就是构建产学研相结合的协同创新体系。现代高校的社会服务职能受到越来越多的重视，因此，基于高校在文化传承和科技创新中所具有的引领功能，构建以高校为主导的协同创新系统和模式具有非常重要的理论价值和实践意义。经济新常态要求我国必须依靠实施创新驱动战略，打造系统创新链，要让创新链与产业链、信息链、金融链及政策链等各条链融合衔接，互相交织、相互支撑，形成国家的立体创新体系。由于创新链与高校协同创新之间在主体、结构、理念及目标等方面都有很强的一致性和互通性，将创新链与高校协同创新相结合，一方面，突出高校的主体地位；另一方面，体现对创新源泉的重视。

本书主要从创新链的视角对高校协同创新进行研究，其中，高校协同创新的范围界定为高校外部的协同创新，也就是高校与外部的其他高校、科研机构、企业等主体进行的协同创新。本书综合运用文献研究、系统分析、问卷研究、统计分析及案例研究等方法，理论和实证相结合，定性研究与定量研究相结合。本书主要的研究内容和结论包括如下五个方面：

（1）运用创新链理论构建了基于创新链的高校协同创新体系，基于创新链的高校协同创新是协同创新分析的一种新模式。本书构建了基于创新链的高校协同创新的系统模型，在此系统中，创新链、知识链、价值链与协同创新过程相互关联、相互交织，高校是协同创新的主导，既是主要知识来源及智力源泉，也是人才培养基地。系统包括高校、研究机构、企业等基本主体和政府、金融机构、中介服务机构等支撑主体，以人才、知识、技术、信息、资金作为投入资源，以高校协同创新平台为重要载体。

（2）基于创新链的高校协同创新的运行机制包括内外部动力机制，协同组织、资源共享、人才管理等协同机制，利益分配机制及绩效评价机制等。在分析高校协同创新形成过程的基础上，本书按照创新链上创新活动的时间顺序，对高校协同创新系统的运行机制进行了研究分析，探索了高校协同创新系统的运行机理与规律。

（3）高校协同创新系统的内外部动力因素对协同机制有显著的直接影响，系统的协同机制、绩效评价机制、利益分配机制对协同创新绩效产出有显著直接的影响。本书在基于创新链的高校协同创新运行机制分析的基础上，通过对“内外部动力因素—协同机制—协同创新绩效”影响机制的分析，构建了动力因素与协同机制、评价分配机制与协同创新绩效之间的关系假设，并基于调查问卷收集的数据，利用结构方程模型进行相关路径分析和假设检验，对高校协同创新的动力要素对协同创新绩效的影响作用机制进行了实证研究。尽管受实际调研数据影响，部分假设并没有得到支持，但本书提出的运行机制总体来说是通过实证检验的。

（4）围绕着促进创新链的运转角度，对高校协同创新中协同能力的影响因素从协同环境、资源投入、科技协同、运行管理和协同效益等角度进行分析，构建了基于创新链的高校协同创新协同能力评价体系。在评价指标上，准则层的指标有 5 个，准则层下的具体指标有 30 个。在评价方法上，选用可操作性较高的层次分析法和模糊综合评价法。在应用实证上，选择具体的高校协同创新中心收集的相关数据进行分析。应用结果显示，科学技术、知识积累水平，人才素质水平，各主体的技术互补程度，高校的主导能力及政策保障水平等要素对高校协同创新中协同能力的影响作用相对较大。

（5）国内外成功的协同创新案例在科学选择协同创新领域和创新方向、兼顾基础研究和应用研究及成果转化、建立成熟的协同创新平台整合优势资源、技术和人才开发并举的创新型人才培养等方面均有较为成功的经验。本书采用多案例研究方法，结合“先案例背景，后协同创新实践”的分析思路，分别对国内外四个案例的政策背景和发展情况进行了分析，并对案例所体现的发展经验进行了总结，以期对未来我国高校协同创新的发展提供参考和借鉴。

本书的研究在以下三个方面体现了创新之处：

（1）研究视角方面，本书从高校视角对协同创新进行研究。高校协同创新源于产学研合作而高于产学研合作，已然成为一种新的创新范式，尽管两者在理论基础、相关主体、基本特性及关键环节等方面有一定的共通之处，但实际上两种范式还存在着较大的区别，高校协同创新范式的提出标志着人们对创新规律认识的进一步深化。本书将高校协同创新的研究范围聚焦于高校外部协同创新。高校协同创新的关键在于以高校为主导，充分发挥高校作为知识生产和创新源泉、高水平人才培养和创新型国家建设主力军的重要作用，与其他主体密切协作，形成具有一致目标、资源共享、利益共赢的协同创新共同体。

（2）研究内容方面，以创新链为工具对高校协同创新进行深入系统研究。一是在对创新链与高校协同创新一致性分析的基础上，构建了基于创新链的高校协同创新的系统模型，并对其基本内涵进行分析；二是将“动力—协同—评价分配—绩效”框架与创新链理论相结合，提出新的高校协同创新的运行机制模型；三是在两个实证研究的基础上，通过国内外相关案例研究对运行机制及相关研究结论进行验证，并在总结成功经验的基础上梳理出相应的启示。从新的角度对高校协同创新进行研究，从理论方面对协同创新理论、创新链理论等进行了丰富、扩展。

（3）研究方法方面，分别使用结构方程模型和基于层次分析法的模糊综合评价法等方法，对高校协同创新系统的运行机制和协同能力评价进行实证研究。一是在“内外部动力要素—协同机制—协同创新绩效”影响机制的分析基础上，构建了动力要素与协同机制、评价分配机制与协同创新绩效之间的关系假设，并使用结构方程模型法进行了实证研究；二是从创新链发展角度构建了高校协同创新协同能力评价体系，并运用层次分析法和模糊综合评价法进行调研数据分析和实证研究，对其他类型的高校协同创新及产学研协同创新的评价提供了实践上的参考和借鉴。

本书的出版得到了四川省软科学研究计划项目资助（项目编号：2018ZR0341）。

著　者

2020 年 10 月

目　录

第1章　概　论

构建产学研相结合的协同创新体系，积极提升国家创新系统中各参与主体的协同创新能力，对于提高高校、科研机构的科学研究水平，企业的科技成果转化能力，增强国家的自主创新能力，是非常有效的实现路径。从顺应世界知识经济发展的角度来看，开展多主体协同创新也是完善国家知识创新体系的必然选择。知识创新和基础研究是高校的基本职能，研究高校协同创新体系有利于提升高校创新能力和发挥创造良好的外部环境。微观层面上对于高校、企业及科研机构等参与协同、实现自身利益追求，宏观层面上对于自主创新能力的提升、国家科技竞争力的增强都有重要意义。

1.1　研究背景

在现代激烈的国际竞争环境下，各国纷纷将创新驱动发展作为国家的发展战略，旨在掌握知识经济竞争的主动权。高等院校特别是研究型高校拥有较强的学科专业优势，无论是基础科学研究，还是创新人才培养，研究型高校对比其他创新主体都有绝对的优势。由于高校在文化传承和科技创新方面的主导和引领优势明显，因此，以高校为主导构建多主体的协同创新体系和模式，会对其他创新主体发挥重要的提升带动作用。

1.1.1　自主创新成为经济发展的决定性因素

时至今日，任何国家和地区经济社会的发展都离不开创新的支持。世界各国已广泛认同创新在经济发展中的主导作用，要提升国家的竞争力，关键是要提升其自主创新能力。在创新的作用下，科学技术与社会发展一体化态势明显加强。

世界上公认的创新型国家，其相关创新综合指数都相对较高，科技贡献率超过70%，R&D（Research and Development）投入占GDP比重超过2%，对外部的技术依存度低于30%，较典型的国家有美国、英国、德国、日本、芬兰等（陈劲，2012）。这一类创新型国家均表现出一些共同的特点，如国家和社会对科技创新非常重视，在创新方面的投入比其他国家高，它们的一些重要产业在全世界都有较强的竞争力，产出相对于投入来说绩效较高。再者，这些国家还在持续地制定和实施各种创新提升专项计划，旨在提升高等院校的自主创新能力，进而推动协同创新进展和国家自主创新能力的提升。

例如，德国在研究型高校建立科学基金会研究中心，通过政府财政基金等措施，激励推动产学研协同计划的进行；日本制订了COE计划，旨在加强高校重点学科建设，以学科促科研，进而推动产学研协同发展；欧盟则制定了知识三角战略，旨在提升高校创新能力，为社会和产业部门创造和扩散知识价值，从而促进国家自主创新能力的提升（项杨雪，2013）。综合各个创新型国家的经济社会发展历史来看，国家创新能力竞争中最主要的就是自主创新能力。各个创新型国家在自主创新方面经过长时间的沉淀积累，才促成了各国数百年的繁荣局面。

新中国成立以来，我国经济发展速度较慢，由于经济基础薄弱、科技底子差等，我国经济发展的科技含量远远低于发达国家水平，更遑论科技进步对经济的贡献率。改革开放以后，我国加强了对科技的重视程度，也加大了科技发展投入，科技发展有所提速，但创新能力提升的问题并没有得到较好地解决。现阶段，随着科技基础和科研条件日益改善，自主创新上升到了国家战略高度，我国自主创新能力不断提高，但与领先的创新型国家的差距仍然存在。为了增强我国的创新能力和竞争力，就必须加快提高我国的自主创新能力，这对推动我国产业结构优化升级、加快转变经济增长方式及提速我国经济发展有非常重要的意义，同时，也才能保障我国在激烈的国际竞争中立于不败之地。

党的十八大提出实施创新驱动发展战略，提出提高经济增长的质量和效益、加快转变经济发展方式，转传统的劳动力及资源能源驱动为靠科技创新驱动。2016年5月，中共中央、国务院印发《国家创新驱动发展战略纲要》，提出我国到2020年进入创新型国家行列、2030年跻身创新型国家前列、到2050年建成世界科技创新强国“三步走”目标。

1.1.2 协同创新是实现自主创新的关键途径

从世界上领先水平的创新型国家和地区的发展经验来看，各国家和地区自主创新能力的提高主要依靠多主体参与的协同创新。在全球化的影响下，技术创新呈现出复杂性更高、创新速度更快的特点，并表现出非线性、多主体、开放性的特征。各国创新理论家和政策制定者都高度重视一个现实问题，即技术创新已改变传统的线性结构，演变为跨专业、跨学科、跨领域的协同创新模式。协同创新概念由 Peter Gloor 提出。他最早关注的是系统内部的协同创新，认为协同创新就是“由自我激励的人员所组成的网络小组形成集体愿景，借助网络交流思路、信息及工作状况，合作实现共同的目标”（Gloor，2006）。协同创新系统的构成主体涉及高校、科研院所、企业等基本主体，以及政府、中介、金融机构、用户等众多支撑主体，因此，其系统复杂性较高，要实现自主创新的目标，就要求协同创新系统内各主体之间实现数据、信息和知识的充分互动，以一种高度有序的开放式结构运行。

从各国成功的创新实践来看，协同创新应突破地域，打破行业界限，构建庞大的跨区域甚至是全球性的协同创新网络，尽可能地将各种要素进行整合。美国硅谷的高校、科研机构、企业及各种科技中介机构等的协同，将基础研究、科技转化、市场导向进行充分整合，各种人才、科技知识和金融资本等也得到充分交互，从一定程度上催生了苹果、惠普、英特尔等全球知名的高科技企业。韩国成立了由高校、科研院所、政府及三星、LG 等企业组建而成的研发组织，由韩国电子通信研究院牵头，多年来集中对存储芯片及其生产、制造进行研究开发，一举在世界通信、存储芯片及平面显示等领域都占据领先地位，更是出现了三星、LG 等全球知名行业巨头。欧洲部分国家如芬兰、瑞典等国家，虽然实力不如英、法、德等创新大国，但它们借力欧洲一体化发展东风，积极推进跨国家、跨区域的协同创新，使国家的创新能力得到很大的提升。其中，最典型的就是芬兰的“信息通信技术联盟”，其由二十九所高校、两百多家企业及众多中介机构和金融机构联合组成，诺基亚等众多通信企业在信息通信技术方面的突出成就帮助芬兰一跃成为全球通信强国（王翠霞，2014）。

随着技术创新不断渗透经济社会的各个进程，不同行业不同领域的创新主体进行协同已成必然趋势。协同创新在整合科技资源、提高创新效率、增强创新效果和传播创新成果方面的作用日益凸显。目前，科技发展日新月异，我国的协同创新模式不可能再沿袭计划经济时代的做法，创新活动的开展和运行已远非某个单一主体所能承担，这就需要借鉴发达国家协同创新的经验，积极吸引不同行业领域的多元主体加入协同创新，将我国“两弹一星”工程、载人航天工程及嫦娥工程等重大技术攻关时期“集中力量办大事”的社会主义优势变成今天推动社会主义市场经济下全社会协同创新的体制机制优势。其中，作为知识生产主体的高水平大学，在协调创新链条中的作用日趋明显，积极推动高校与科研机构、企业等进行协同创新实践，充分发挥高校的学科综合、人才汇集及研究力量密集等优势，让协同创新各参与主体融入创新链并推动创新链运行，是未来高校面向创新驱动发展的重要战略方向。

1.1.3 高校是提升协同创新能力的主要力量

目前，世界各国对国家创新能力建设都很重视，且各国都认识到高校创新能力对于国家创新能力建设的重要性，因此，各国都发起了各种行动计划来提升高校创新能力，进而提升国家创新能力。如前文提到的德国的科学基金会研究中心、日本的COE计划及欧盟的知识三角战略（欧洲高校卓越工程教育和研究会议，2011）。2011年，我国启动了《高校创新能力提升计划》，也是对高校创新能力提升的专项行动计划，旨在通过有效整合将各种创新要素和优质资源从高校向其他协同主体扩散、共享，将高校多学科、多功能及知识技术积累水平高的优势充分发挥出来，构建协同创新的新模式和新机制。

高校在我国经济社会发展，尤其是科技创新历程中的地位一直非常重要。从大学开始出现时起，其就承担了救国救民的重大责任，也一直与国家命运紧紧相连。北洋大学作为我国近代史上最早的现代化大学，其校训就是科教救国、实业兴邦。世界各国，尤其是领先的创新型国家的发展实践表明，在加快科技创新、推动生产力进步、促进经济社会发展方面，高等院校一直发挥着关键作用。特别是目前世界各国对创新能力十分重视，纷纷要抢占科学技术高地，高等院校作为知识生产、技术扩散及人才培养的重要基地，在国家创新系统中的作用更是空前的重要。

高校在高校协同创新系统中是创新人才的输出基地，为国家培养创新型科技人才，提供协同创新的生力军就是高校的重要职能之一。随着近年来的发展，我国高校已是国家基础研究和原始创新的主力军之一，高校形成了国家重点实验室、国家科学中心、国家工程（技术）研究中心及技术转移中心等多形态、多功能的创新基地，科研实力迅速提升，高水平的“211工程”“985工程”高校快速崛起，高校主要的优势学科逐步形成，与世界一流高校的差距在逐渐缩小。除此之外，高校在科技成果转化方面也在不断推进，通过与行业企业进行产学合作，科技成果的专业化和产业化程度都稳步提升。同时，高校经过多年发展积累的科学研究、技术创新及人才培养方面的优势，使得高校成为推动和提升协同创新能力的主要力量。

1.1.4 我国产学研合作仍然存在部分问题

产学研合作作为协同创新的一种模式，经过多年的发展，已经取得了显著的成果，但目前的产学研仍然存在不少问题。

一是合作层次不高。目前，我国的产学研合作形式还是比较简单，合作层次也稍显较低，技术转让、合作开发或委托开发等还是较常见的形式，较为深层次的共建经济实体及创新联盟等形式还不够多。这主要是由于企业自身技术的研发力量和技术学习吸收能力相对较弱，与高校、科研院所等科研方在技术创新及知识积累等方面存在明显的势差，科研方的科技成果在企业中进行转化的成本较高，且科研方承担的创新风险也不甚合理。

二是合作深度不够。目前的产学研合作中，有一类较普遍的模式就是企业出资，大学和科研机构出技术和人力，合作开发新产品和新技术。但很多企业在选择合作项目时，仅对一些短、平、快的项目感兴趣，这种合作深度就明显不够，这是由于行业发展中的关键技术和共性问题研究得比较少。这种现象基于两方面的原因：一方面，企业资金实力不够，融资困难等；另一方面，“搭便车”现象大量存在，企业在创新方面的收益与其投资不匹配。目前，产学研合作还没有在一般高校和中小企业普及，主要集中在实力较强的科技型企业和科研实力较强的研究机构。

三是合作动力不足。目前的产学研合作中，各方合作主体由于价值观念不同，在合作中所追求的目标也有所不同，因此，各方主体合作的动力显得不足，活力也不够强。对于企业来说，很多经营者尤其是国有企业的领导者，由于实行的是任期制，故他们关注更多的是短期效益，而不考虑企业长远发展。只要眼前企业的产品能维持，就不再投入资金引进新技术、开发新产品。因此，虽然对高校和科研机构的技术成果有一定需求，但缺乏科技需求的内在动力和活力。而对于高校和科研机构来说，教师和科研人员受职称评定机制等影响，更重视理论研究、发表论文和专著，对于技术的转化应用既不重视也不专业，这就导致他们面向企业、面向市场、面向实际应用来做研发的动力不足。

四是产学研脱节现象仍然存在。目前，由于高校、科研机构与企业的产学研有效合作结合的点把握不准确，因此，科研创新对企业发展的核心支撑作用还发挥不够，企业创新速度较慢，科技转化率不高。尽管各地政府都在鼓励发展科技中介行业，技术市场也日渐成熟，但在各种科技交流会、成果发布会上最终成交的项目从数量上来说还是不多。尽管高校及科研机构提供了较多的技术研究成果和专利项目，但真正符合企业要求的不多。且各方的政府主管部门在产学研合作方面存在条块分割，还有各自关注的利益，不能做到协调统一，因此，即便政府希望推进产学研进程，但效果依然不够好。

相对于产学研合作，协同创新是一项更为复杂的创新组织方式。在以高校为主导的协同创新（简称高校协同创新）中，高校在系统中发挥创新主导或引导的作用，能够帮助企业提高创新转化、创新应用方面的水平，缩小各方主体的整体差距，以达到更高、更深层次的合作；而且，能够对各方主体关注的目标和利益进行协同，显著提升各方主体进行协同创新的动力和活力。

1.1.5 创新链是立体创新体系的重要组成

我国经济发展进入新常态，必须依靠实施创新驱动战略，打造经济发展新引擎已成为全社会的共识。但是，如何将创新动力真正激发出来，是需要继续深入的课题。近年来，各地在推动科技创新、管理创新、商业模式创新、业态创新及文化创新等方面频频发力，但各领域创新基本表现为“单兵突进”，断裂式、碎片化的问题较为突出，导致“有研发无技术、有技术无试验、有试验无业态、有业态无产业”，创新链上各环节缺少互动。这固然与着力点不同有关，但更重要的还是缺乏对创新发展的全盘规划和设计，创新链条上的体制机制障碍尚未完全破除，客观上抑制了创新驱动力的整体效能。

创新驱动发展战略也是全面创新战略。创新不是某一类人或某一部门、某一行业的事，而是整个国家、全社会的事。必须打造融通各种资源、衔接各个产业、激发各方力量的系统创新链，才能实现创新强国之梦。习近平总书记在 2013 年 9 月 30 日中央政治局第九次集体学习（以“实施创新驱动发展战略”为专题）时强调：“坚持科技面向经济社会发展的导向，围绕产业链部署创新链，围绕创新链完善资金链，消除科技创新中的‘孤岛现象’，破除制约科技成果转移扩散的障碍，提升国家创新体系整体效能。”在 2016 年 5 月 30 日全国科技创新大会、中国科学院第十八次院士大会和中国工程院第十三次院士大会暨中国科学技术协会第九次全国代表大会上指出：“创新是一个系统工程，创新链、产业链、资金链、政策链相互交织、相互支撑，改革只在一个环节或几个环节搞是不够的，必须全面部署，并坚定不移推进。”

创新链是指围绕某一创新的核心主体，以满足市场需求为导向，通过知识创新活动将相关的创新参与主体连接起来，以实现知识经济化过程与创新系统优化目标的功能链节结构模式。根据参与主体及活动形态，通常包括“政产学研用”五个方面。从唯物辩证法的视角来看，产学研是内因，政、用是外因，内因是事物发展变化的根据，外因是事物发展变化的条件，外因通过内因而起作用。学研是科技资源集中的地方，研发活动源源不断，形成强大的对接产业的动力源。产的技术需求，特别是一些关键技术瓶颈的破解，对于企业发展具有重要的战略意义。政府是国家创新体系建设的主导者和推行者，是推动产学研结合的宏观引导者。市场也可理解为面向用户需求，是开展产学研结合的风向标，也是产学研结合最终成绩的检验者，对产学研结合起着重要的需求牵引作用。

我国在科技领域的投入越来越多，科研成果也越来越丰富，但科研成果转化并不顺畅。究其原因，在于我国的创新链条存在“肠梗塞”现象，在“基础研究、应用开发、中试、商品化、产业化”的创新链条中，中间环节非常薄弱，科研机构热衷于“申请课题、开展研究、通过评审、再申请课题”的循环，而产业部门则陷入“引进技术、生产产品、技术落后、再引进技术”的循环，在全球产业链中的低端地位难以发生根本改变。必须采取有效措施，重点解决我国重大关键技术创新链的中间瓶颈制约，形成科研促进产业创新、产业支持科研发展的正反馈效应。

因此，将创新链与产学研协同创新进行统筹研究，对于打造国家立体创新体系有重要的理论参考价值。将创新链与高校协同创新相结合，从创新链条的角度对高校协同创新进行剖析，既体现了高校在协同创新中的主体地位，高校有能力凭借自身优势主导、协调其他各方主体进行协同创新，又体现了对创新源泉的重视，国家自主创新能力尤其需要良好的基础进行培育，这就需要充分利用高校学科全、基础厚、能力强、人才多及设备精等优势条件。高校与企业社会分工不同、关注利益目标也不同，企业更多关注成果推广应用和产品市场化，高校则集中精力进行科学技术研究发明。其中，突出市场对技术、产品创新方向的引领作用，这样不仅可以有效解决高等院校创新和成果产业化针对性弱、科技成果转化率低的问题，而且可以提高高校的社会服务能力和企业的创新能力及各方主体的协同能力。

1.2　研究意义

随着我国科技飞速发展，我国协同创新发展已有了大量的实践。其中，高校在长时期的知识和创新积累之后，其创新能力的提升幅度和速度都有明显增加，且在国家创新体系里的作用和地位越来越重要。但是，受高校内在的和外在的各种因素的影响，高校在协同创新发展中的作用仍没有得到充分地发挥，这也在一定程度上妨碍了其协同创新能力的提高及创新绩效的优化。通过剖析这一现象，我们不难发现，上述情况的出现源于社会普遍对高校在协同创新中的重要地位的重视程度不够及我国有效管理协同创新过程的机制和措施还不够健全。正确认识高校在协同创新中的地位，加强对高校主导的协同创新的研究，对于转变高校发展方式，提升自主创新能力和协同创新能力以及协同创新产出都有重要意义。

1.2.1 理论意义

高等院校协同创新是“高等学校创新能力提升计划”的核心和关键。近年来，虽然高校和科研机构在基于产学研相结合的新机制和新模式上的研究和探讨及地区实践都越来越多，各项政策也纷纷出台，旨在全面提升教育和科研单位内部的创新、协调和集成能力。但高校之间、科研院所之间及科研院所和高校之间深化合作与整合资源的水平还普遍较低，这使得高校协同创新建设更加迫在眉睫。推进高校协同创新的发展，对于我国创新驱动发展战略的实施及汇聚融合各种资源要素发展经济而言意义深远。此外，随着高校协同创新理论的日益丰富和发展完善，其先进、一流的智力支持势必有助于实现整个人类社会的可持续发展和全面建设。本书的理论价值主要体现在以下两个方面。

第一，将创新链的思想引入高校协同创新过程，提出高校协同创新的本质是对传统链式创新的一种升级。紧紧围绕高校协同创新的主题，剖析制约协同创新活动的维度和要素，充分认识各参与主体的地位、角色和功能，建立基于创新链的高校协同创新运作机制和体系，不仅能充实相关理论研究资料成果，还可以使得协同创新的理论路径更加多元化。这些都有益于创建适应创新演进和发展规律、满足我国经济社会发展需要的高校协同创新模式，从而进一步完善和健全协同创新的理论体系。

第二，在深度和广度上加强对高校协同创新的研究对于创新链理论的丰富和发展有着重要的作用。当前将创新链和以高校为主导的协同创新整合起来进行的研究并不多，而不论是从整体层面还是从个体角度来看，高校既是由单个及多元参与主体有机组成的整体链条，又是更大范围内的创新链条的构成个体，因此，对高校协同创新的分析必须建立在将创新链从链条结构升级到网络结构的基础之上，认识到高校在创新网络中的重要角色。本书有助于丰富和完善创新链理论，并为进一步开展创新网络相关研究提供基础性支持。

1.2.2 实践意义

经济社会的发展催生了高等院校协同创新活动的开展，而高校协同创新建设也在不断影响着地方高等教育的发展水平。随着我国市场经济的日臻完善与政府职能的转变，高校在发展中除了实现自身的教育功能，也要增强大学的社会服务能力，与社会互动并主动服务社会。对高校协同创新的深入研究，有利于高校乃至国家整体创新力和竞争力的提升。经济全球化的发展带来了科技全球化的浪潮，随着技术知识的不断溢出和扩散，高校、科研机构和企业合作的创新战略联盟迅速发展，跨区域的合作不断增强，创新能力已成为衡量一国或地区在全球综合实力的重要指标。高校作为向协同创新提供科技支撑和智力资源的主要力量，在专业、人才及科研能力等方面的优势是与生俱来且得天独厚的。在日趋激烈的国际竞争背景下，本书以提升高校协同创新能力为契机，基于创新链联结各个关键节点、构建协同创新网络，通过发挥四大核心“机制”——各参与主体的有效联结机制、协同合作共赢的激励机制、资源和信息共享的沟通交流机制、创新联盟动态信任机制的效用，以多个机制的融合集成实现社会资源的优化配置，通过各方力量，从多个角度推动高校协同的科技创新绩效的提升。同时，本书就如何提升高校创新能力建设、促进高校协同创新发展提供政策建议，可以为完善现有的管理模式和体制提供参考和借鉴，从而进一步拓宽高校协同创新的政策路径。

1.3 研究思路及方法

1.3.1 研究思路

目前，关于高校协同创新的内涵及分类已有相关研究，其中最常用的一种分类方式就是以高校协同创新的范围为标准，将其分为高校内部的和高校外部的协同创新。本书主要集中对高校外部的协同创新进行研究，以高校主导作用发挥为前提，对系统中各主体、各要素之间的互动关系、作用原理和活动过程进行深入分析。本书首先对协同创新、创新链等相关研究进行综述，从创新链的视角构建基于创新链的高校协同创新的理论模型，并对其系统结构、系统特征及技术模式等进行深入探讨；其次对高校协同创新系统的协同机制展开研究，并利用结构方程模型等方法进行实证研究；再次将影响高校协同创新中主体协同能力的关键影响因素进行凝练，进而设计评价指标体系及方法，结合实例进行应用实证；最后结合国内外协同创新案例进行经验总结，综合研究从创新链的角度构建推进高校协同创新发展的对策建议。本书研究的基于创新链的高校协同创新基本结构如图 1.1 所示。

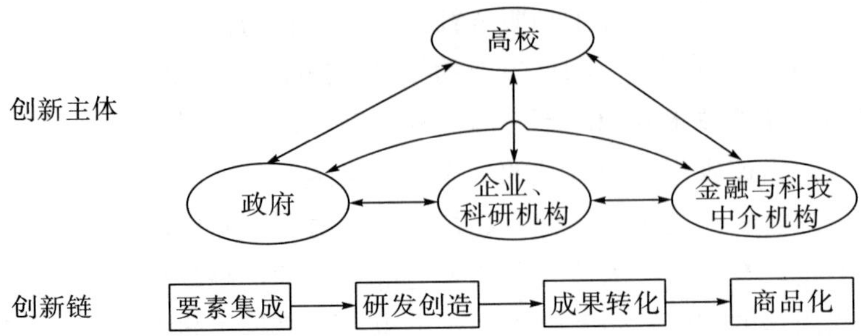

图 1.1　基于创新链的高校协同创新基本结构

按照上述研究思路设计的技术路线图如图 1.2 所示。

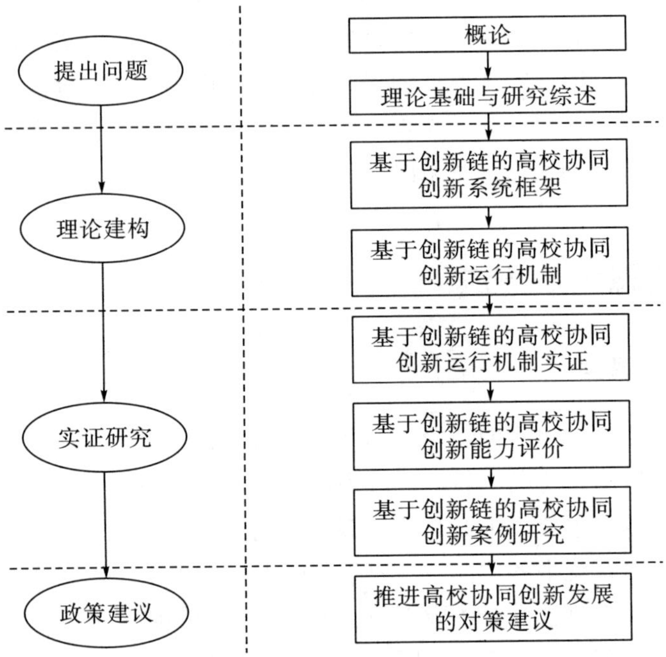

图 1.2　技术路线图

1.3.2　研究方法

本书在研究的过程中体现了理论和实证的有机结合，充分遵守创新的客观规律，从创新链角度对协同创新体系进行研究，综合利用文献研究、系统分析、问卷研究、统计分析及案例分析等方法，力求做到定性研究与定量研究相结合。

（1）文献研究法。

综合分析关于协同创新、高校协同创新、创新链等国内外研究成果，进行系统的梳理与评述，分析已有的研究结论对本书的借鉴与启示，并由此分析将创新链与高校协同创新进行融合研究的可能性，从理论上为提出“基于创新链的高校协同创新”这一概念并深入研究提供依据。

（2）系统分析法。

基于创新链的高校协同创新是一个涉及多主体、多环节的系统工程，其内部主体和要素间的复杂关系符合系统论的特点。本书从系统论的角度对高校协同创新进行整体把握、分析和判断，对其理论模型、运行机制及协同能力提升进行全面剖析，分析其背后的深层次机理，并提出相应的发展对策。

（3）问卷研究法。

本书根据研究问题并参考国内外相关的研究，结合实地调研和专家意见设计了高校协同创新运行要素作用机制调查问卷和高校协同创新主体协同能力评价调查问卷。基于对数据采集方式的深入思考，本书将在线问卷填写方式与实地访谈调研方式相结合，充分发挥两者在数据汇总和样本发送效率上的优势，为后续的实证分析提供了足够的、客观的样本数据。

（4）统计分析法。

本书通过问卷调查收集研究数据并进行系统性的统计分析。对于收集的问卷数据，分别应用描述性统计、结构方程建模等统计方法，以及基于层次分析法的模糊综合评价方法进行定量研究。一是实证高校协同创新的动力要素对协同创新绩效的影响作用机制，二是对高校协同创新的协同能力评价方法和体系进行实证。使用的主要定量分析软件包括 SPSS、AMOS、YAAHP 等。

（5）案例分析法。

本书对基于创新链的高校协同创新的研究既从理论角度构建了其理论模型，并对其运行机制进行研究；又从实证的角度对运行机制、协同能力评价利用实际调查数据进行研究；还从实践的角度对国内外相关案例进行分析，利用美国、欧洲高校及四川大学、浙江大学的协同创新案例对本书提出的作用机制等进行检验和修正。

1.4　研究内容结构

本书主要内容包括 9 个章节，内容结构框架如图 1.3 所示，各章节具体内容安排如下：

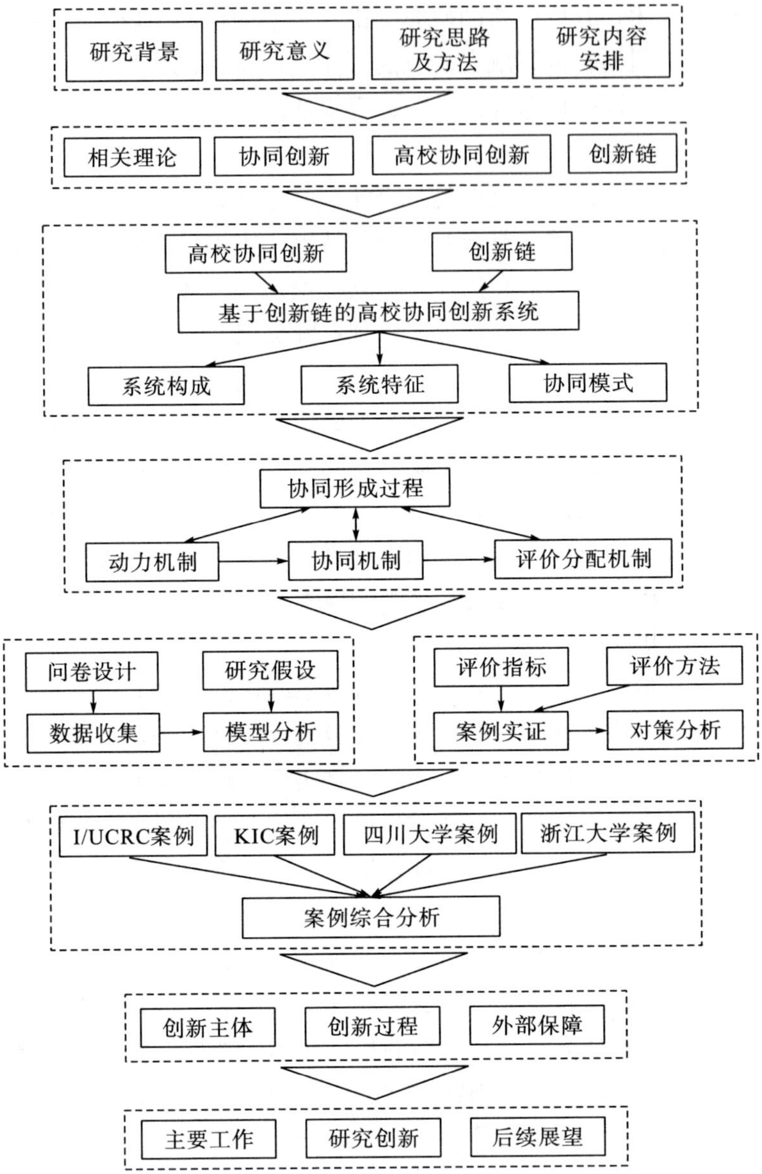

图 1.3　本书内容结构框架

(1) 第 1 章——概论。本章内容主要包括研究背景、研究意义、研究思路、研究方法、研究内容及技术路线。

(2) 第 2 章——理论基础与研究综述。介绍本书研究的主要相关理论基础，从协同创新、高校协同创新及创新链三个方面对相关研究现状进行综述，并对创新链理论与高校协同创新的一致性进行分析，从而检验将创新链用于高校协同创新研究的可行性。

（3）第 3 章——基于创新链的高校协同创新系统框架。对高校协同创新的概念进行界定，并从创新链的角度加以分析，提出基于创新链的高校协同创新的系统模型，从系统构成、系统特征及协同模式等方面对基于创新链的高校协同创新的基本内涵进行研究。

（4）第 4 章——基于创新链的高校协同创新运行机制。在高校协同创新的形成过程分析基础上，从系统的内外部动力机制、协同机制、绩效评价机制及利益分配机制等方面入手，对高校协同创新系统的运行机制及其内在关系进行深入分析。

（5）第 5 章——基于创新链的高校协同创新运行机制实证。本章通过问卷调查的方式获取实际数据，进而对高校协同创新系统的运行机制进行实证研究，探析系统运行中的关键动力要素和关键路径。

（6）第 6 章——基于创新链的高校协同创新能力评价。对高校协同创新系统中各主体协同能力的影响因素进行总结归类、分析提炼，构建协同能力的评价指标体系，并通过具体案例进行相关数据分析，将评价方法与评价指标体系予以应用实证。

（7）第 7 章——基于创新链的高校协同创新案例研究。对美国、欧洲等国外高校，以及四川大学、浙江大学等国内高校相关协同创新案例进行研究，分析发现高校协同创新的一般运行规律与机制，对其运行成功的措施及方法等进行总结，对构建高校协同创新提供经验借鉴。

（8）第 8 章——推进高校协同创新发展的对策建议。从创新链的角度，分别针对协同创新主体、协同创新过程及外部保障机制三个方面，提出推动我国高校协同创新发展的对策建议。

（9）第 9 章——结论与展望。概括总结本书主要工作和创新点，结合创新链与高校协同创新研究的趋势，对后续研究进行展望。

第 2 章　理论基础与研究综述

本书以“基于创新链的高校协同创新”为研究主题，以技术创新理论、协同理论和三螺旋理论等为理论基础。考查相关领域的研究成果并从中借鉴成功经验，是本书的重要起步，本章将重点梳理国内外协同创新、高校协同创新及创新链相关研究成果。本章的理论基础与研究现状逻辑结构如图 2.1 所示。

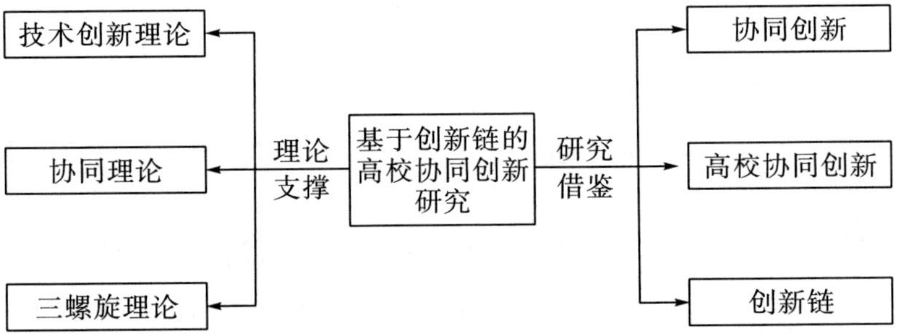

图 2.1　理论基础与研究现状逻辑结构

2.1　理论基础

信息技术日新月异，创新也越来越不可能在封闭的环境中发展，而高校作为产学研协同创新的核心主体，要与政府、企业、科研机构、金融机构和其他组织、机构及合作伙伴等深化合作，共同构建多元主体参与的协同创新体系。本节主要从技术创新理论、协同理论和三螺旋理论三方面阐述相关理论，为后续构建基于创新链的高校协同创新体系奠定理论基础。

2.1.1　技术创新理论

Joseph Alois Schumpeter（1912）首次提出了创新理论，他把“创新”看作“在特定的时间和技术条件下，建立一种新的生产函数”，而只有在生产体系中引入生产要素和生产条件的新组合，才能最大化地获取利润。Schumpeter 的创新概念主要属于经济学范畴，他更加强调将新的技术发明应用于生产体系的经济活动时，才存在“创新”，进而将创新与单纯的技术发明区分开来。所谓的“新组合”主要包括：①使用新产品或提炼已有产品的新属性；②研发新工艺或新的生产方法；③开拓新市场，包括细分后的新市场；④获得或控制新的供货来源；⑤采用新的体制、机制，进行管理创新。

Schumpeter 认为：第一，企业家在追逐垄断利润或超额利润的过程中，会因为持续创新而推动经济发展和进步；第二，创新引发的经济增长会呈现周期性和反复性特征，而只有新一轮的创新才能保证经济再度和持续增长；第三，有别于经济增长，经济发展从根本上还是从量变到质变的动态过程，它集合了各种新的生产方法，是内部发生变化的结果。

很长一段时间以来，技术创新过程都是引发学术界高度关注的重要研究课题。20 世纪 40—50 年代，技术创新过程主要表现出单一、线性和内源式的特征（陈劲，2004）；20 世纪 60—70 年代，重点探讨通过管理企业内部 R&D 活动来推动技术创新的发展。这两个阶段研究的共同点都局限于企业个体单一的技术创新活动。从 20 世纪 80 年代开始，学术界更多地跳出单一视角，从系统论的角度去看待和研究企业技术创新过程。Rothwell（1994）、Srikant（1997）及傅家骥（1998）等国内外知名技术创新学者就进一步揭示了技术创新过程的动态性、集成性和复杂性。随着创新理论研究的不断深入，技术创新的内涵已超出科学技术的发明和发现范畴，被认为是由新构想经过研究开发和技术组合，形成生产力并成功进入市场，得到商业应用并产生经济、社会效益的商业化全过程（Rosenfeld，1996）。企业的技术创新过程经过多年的发展研究，先后出现过五大比较典型的模式，有简单的线性模式，也有复杂的网络模式。

（1）知识需求推动式。

技术创新的主体拥有新的技术发明或发现，然后进行技术创新活动，这些新的技术发明或发现是基于主体为了实现知识提升和科技发展而进行的基础研究活动的，因此，这种技术推动的技术创新又可称为知识需求推动的技术创新。该模式认为基础研究取得突破性进展后，技术创新主体会将研究成果进行应用，从而产生新的产品，进而投入生产并销售。在这种模式中，科技的进步推动了技术创新和经济增长（李垣、汪应洛，1994）。这种技术创新模式实现的技术创新往往是突破性的技术创新，技术创新过程的知识推动模式如图 2.2 所示。

图 2.2　技术创新过程的知识推动模式

（2）价值需求拉动式。

企业进行技术创新的最终目标是获取高额利润，而高额利润要靠产品的销售，因此，为了保证产品的销售情况就必须通过创新和生产来实现产品的使用价值，使其满足顾客的价值需求，如图 2.3 所示。这种价值需求拉动的创新模式下的技术创新主体根据市场中顾客的需求进行技术研究，并将技术成果应用于创新活动，企业进行技术创新是为了满足客户需求进而实现其市场价值（许庆瑞、郑刚，2001）。有研究发现，早期的技术创新多是这种模式，旨在满足顾客的市场价值需求，且这类创新基本上都是渐进性的（Ganeshanetal，2002）。

图 2.3　技术创新过程的价值拉动模式

（3）知识与价值交互作用式。

20 世纪 80 年代以后，经过大量的深入研究，人们逐渐发现，更一般的技术创新模式应该是需求推动和需求拉动交互作用引起的，而前面提到的知识需求推动模式和价值需求拉动模式只是一般模式的特例，更应该看到的是科学、技术和市场的交互作用（Rowley，2000）。由于完全由技术知识需求或市场价值需求单方面引起的技术创新活动越来越少，而将企业内部技术能力与外部市场需求有机融合，由两者相互渗透、交互作用引起的越来越多，故技术创新的过程也越来越复杂，技术创新过程的交互模式如图 2.4 所示。

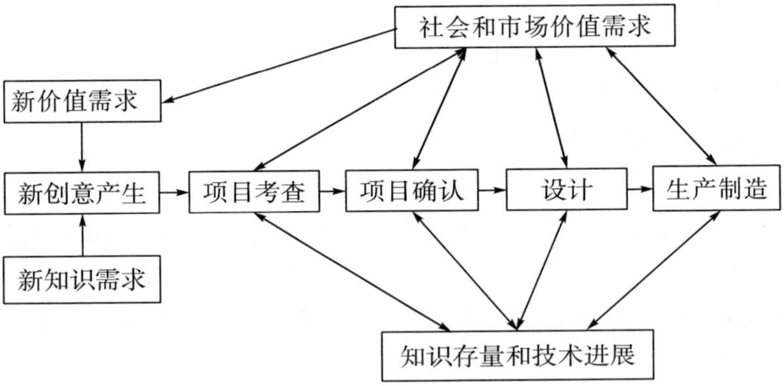

图 2.4　技术创新过程的交互模式

（4）要素集成创新模式。

要素集成创新模式出现在 20 世纪 80 年代后期（Mansfield，1986），在这种模式中，它将技术创新看成是新概念、研发、生产、营销等一系列职能同时进行的一种并行过程，而不再是将其看作线性发展模式。从价值链的角度来看，创新概念产生、技术研发、产品设计与生产制造、产品营销与物流等职能过程均为价值链上的增值活动，因此，这种技术创新活动可称之为价值链中的活跃因子引起的活动，如图 2.5 所示。在这种模式中，企业更加强调多种创新要素的集成带来的影响，这一集成是通过多主体多部门之间信息和知识的有效沟通交流来实现的。

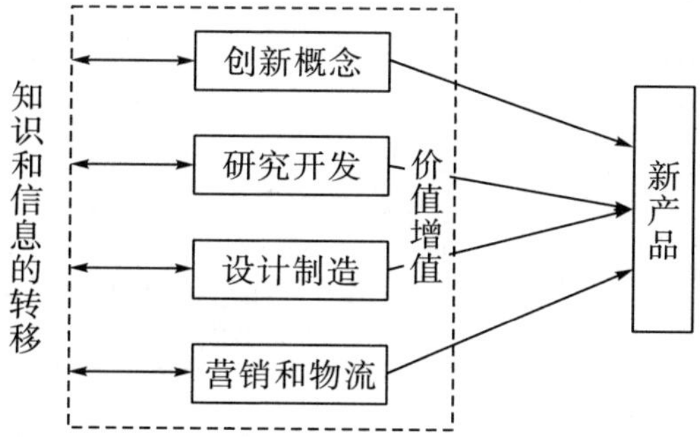

图 2.5 技术创新过程的要素集成创新模式

（5）网络模式。

20 世纪 90 年代以后，企业之间除了存在竞争关系，也开始强调相互之间的技术合作。1996 年，马克·道奇等人提出了技术创新的网络模式(Rothwell，1994)，这种网络模式强调了专家系统、计算机辅助设计及辅助制造等辅助系统工具的作用，将技术创新定义为一个多机构系统集成联结的过程，如图 2.6 所示。

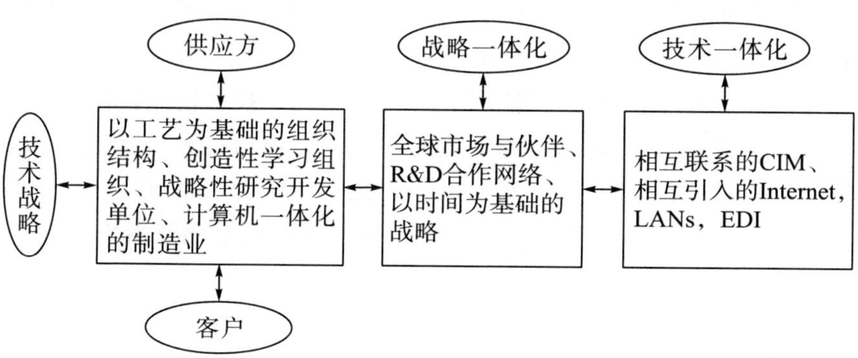

图 2.6 技术创新过程的网络模式

系统集成网络模式是一种网络一体化的模式，技术创新的研发和生产组织随着技术创新过程不断变化，纵向的客户和供应商、横向的合资伙伴都在不断加强联系，奠定了网络化的基础。这一网络化的集成模式将技术创新视为多组织、多智能的交叉联结网络，因此，信息的交换在这种模式中有着非常重要的地位。通过信息的连接交换，企业间的战略联盟关系更加紧密。网络模式的基本战略要素和主要特点见表 2.1（Rothwell，1994）。

表 2.1　技术创新的网络模式的要素和特点

基本战略要素	主要特点
（1）以时间为基础的战略； （2）强调创新组织的灵活性； （3）重视纵向一体化战略； （4）强调横向技术联盟战略； （5）电子数据处理战略； （6）集中于质量和其他非价格因素； （7）全面质量管理战略	更大的组织与系统整体一体化；并行的和一体化的开发过程，供应商较早进入产品开发过程；横向技术联盟；灵活的创新组织，强调授权与部门之间的合作；同时，重视企业内外部数据的收集；有效的数据分享系统；产品开发专家系统；将CAD/CAE 应用于产品开发，以增强组织的弹性和产品制造能力：与技术合作方进行有效的数据联系；加强与供应商的合作等

随着技术创新理论研究的不断深入，其研究视角也在不断变化。从最初的企业内部视角转向现在的企业内外有机整合的角度，其理论范围也从经济学领域不断向管理学、社会学领域扩展。同时，随着技术创新过程模式的不断进化，企业在此过程中不再只关注企业内部的信息，对与外部企业的合作联系也越来越重视，通过不断深化合作获取更多的外部资源，从而支持自身技术创新能力的提升。

以上五种模型是从不同的角度反映技术创新的过程，以下还有部分关于技术创新的其他模型。美国的 W. J. Abernathy 和 J. M. Utterback 将产品生命周期结合到技术创新过程里，提出了包含不稳定、过渡和稳定三阶段的A－U创新过程模型（林汉川，2003）。Twiss 于 1980 年提出了技术创新过程的特威斯综合模型。他是从技术创新管理过程的角度提出的，技术创新管理中的任务确定基于创新管理的内外部因素与创新过程的关系，包括技术和市场两个外部因素、R&D 和销售两个内部因素。1988 年，比利时学者 Lemaitre 和 Stenier 提出了 L－S 综合模型。技术创新过程受到日益复杂的影响因素制约，变得越来越复杂，反映其过程的模型也越来越复杂。

2.1.2　协同理论

协同学是研究协同系统从微观到宏观、从无序到有序的演化规律的新兴综合性学科。协同学一词源于希腊文“Synergos”，指协同系统是由大量繁杂、相互作用的子系统组成的开放性整体系统，这些子系统在时间、空间及功能上都具有有序性，但协同系统只受少数的序参量支配。

协同理论基于现代系统科学论、控制理论、信息理论、突变理论及耗散结构论等研究，主要探讨系统在远离平衡的状态下，如何与外界进行物质交换、能量转化并实现系统内部协同性能的问题，运用统计学和动力学相结合的方法分析各个领域，得出了多维空间理论。近年来，协同理论发展迅速并被广泛研究和应用，由于它的研究涉及多学科之间的联结和合作，且发现了自组织系统的一般性原理，因此，协同理论的创始人 Hermann Haken 把这个学科称作“协同学”。

协同学由 Hermann Haken（1973）提出，H. I. Ansof（1987）和 Mobilizine（1987）都对 Haken 的理论进行了完善和发扬。国内的沈小峰（1983，1991）、凌复华（1985，1987，1995）、郭治安（1988，1989，1991）等较早翻译、研究并引入了协同学理论。郑刚（2006）对比协同、整合、协调、合作、耦合等含义，对协同理论进行了深化。自经济学家 Schumpeter（1912）提出创新理念后，各种经济学派、创新学派及人力资本理论学派等都对技术创新展开了深入研究。受知识经济及大科学时代的影响，创新逐渐与协同走到一起，协同创新（Collaborative Innovation）应运而生，它体现了将协同学理论用于指导创新实践的新理念。2006 年，Gloor 在其专著《集群创造——协同创新网络的竞争优势》中首次明确提出了协同创新的概念。此外，国内外众多学者就协同创新展开了各种角度的理论研究和实践探索。

协同创新是不同主体为了实现共同的目标，通过共享资源、相互交流技术知识等，形成一个有机统一的系统整体。协同创新可以是系统内各要素及子系统之间的协同，也可以是系统与外部其他主体之间的协同。基于前人的研究成果，笔者认为协同创新是基于共同的目标愿景，不同的创新主体突破行业、领域的壁垒，将各种创新要素在相互配合建立的平台上进行充分地流动和共享，各方创新主体联合攻关，发挥各自的优势，形成一个和谐的协同创新共同体，提高创新效率和创新产出，最终产生“1+1>2”的协同效应的活动过程。

2.1.3　三螺旋理论

Richard Lewontin 提出的三重螺旋最早属于生物学范畴，是用于建立基因、组织和环境之间相互影响和相互作用关系的模型。在此模型中，基因、组织和环境三者相互关联、相互作用，共同影响生物体的发育过程，三种因素中任何一种因素发生变化，都会造成其他两种因素的变化。20 世纪 90 年代，Etzkowitz 首次将三螺旋理论引入社会科学领域，使用三螺旋概念来分析政府、产业和高校之间的关系（Etzkowitz，1995）。Loet Leydesdorff 在此基础上进行扩展并提出了三螺旋系统理论，即产生创新的必要环境受到政府、产业、高校及科研院所等创新主体的影响，而这三个主体在结构安排、制度设计等机制的作用下，针对市场需求开展创新活动，从而形成交叉互动的螺旋关系，即三螺旋关系。

该理论认为，随着知识经济的迅猛发展，高校和科研院所作为知识资产的主要输出平台，其价值不断得以提升。特别在一些成熟的创新区域内，通过有效发挥研究中心、科研团队和个体成员的作用，高校和科研院所搭建了与市场经济活动的良好接口，区域内的技术创新辐射功能日益强大。该理论要点如下：

（1）在现代社会中，由于知识进步以科学研究为基础、创新发展以组织或机构范围间的合作为特征，创新活动需要政府、企业和高校三方共同参与、协同一致，因此，政府—企业—高校相互作用的三螺旋模式逐步成为创新活动的核心。

（2）政府、企业和高校既要密切合作、相互促进，又要注意保持各方的相对独立性。

（3）当前，基于科学研究的高技术产业大多选址在高校附近。这是因为高校及其他肩负创新使命的智力机构的力量愈发举足轻重，它们有时还可能代替政府和企业，在三螺旋模式中扮演创新组织领导的关键角色。

（4）提出了三大空间理论。“知识空间”是指某特定区域内有利于创新的知识富集程度。“趋同空间”是指区域创新活动中相关人员共同参与、集思广益、统一认识的过程，包括头脑风暴、问题分析和计划形成等。“创新空间”是指通过填补“趋同空间”的区域发展缺口来进行组织的创建或改进，最终落实在“趋同空间”制订的战略。

随着三螺旋理论的成熟，国内外学者开始将三螺旋理论应用到创新研究上，产出了大量成果。Qivind Strand（2013）对挪威的创新系统应用三螺旋理论进行了剖析，并深入研究了各地区创新系统的区别。庄涛（2013）对我国官产学研三螺旋测度进行了研究，通过运用我国发明的专利数据对政府在产学研协同创新中的作用进行了分析。李小丽（2014）对我国区域三螺旋强度进行了测度，并借助我国教育部直属大学的国家技术转移示范机构的投入产出、组织特点和区域三螺旋强度等面板数据，对我国国家技术转移示范机构的效率状况进行了分析考查。李培凤（2015）运用三螺旋理论，借助我国 1998—2013 年间发表的 SCI 论文数据，对我国协同创新系统中大学与工业企业、政府研发机构之间的耦合效应进行了评价。

三螺旋理论弥补了传统高校参与创新活动的研究模式上的不足，在学术界引起了巨大反响。显然，这种强调高校与其他两种组织的协同效应的模式与现在提出的高校协同创新不谋而合，有异曲同工之妙，因为“外部协同创新的实现主要取决于高校与其他相关主体（如政府、企业、科研院所及其他高校）之间的互动”（李祖超、梁春晓，2012）。可以说，三螺旋理论是高校协同创新的理论基础之一，三螺旋理论下的高校行为是高校协同创新实践的一个侧面反映。

2.2　协同创新相关研究

随着科技进步和社会主体频繁的交流，技术创新模式也在发生变化，2.1.1 节中介绍了技术创新历经的五大发展模式。现代技术创新对整合资源和主体协同要求更高，目前对协同创新研究不断深化，成果较为丰富。国内协同创新研究起步不算早但发展较快。近年来，国内关于协同创新的学术研究成果累累，形成了一批在国内外富有影响力的学术专著和论文。熊励等（2011）、危怀安（2013）和杨林、柳洲（2015）从不同角度对该主题的研究现状进行了相关梳理。针对协同创新相关的研究，国内外学者主要围绕协同创新的内涵、协同创新的主体、协同创新模式和机理及协同创新绩效评价等展开研究。

2.2.1　协同创新的内涵

协同创新最早的核心定义为：由多个主体构成的网络小组通过技术、信息和思想等的合作和交流，以期实现共同目标（Gloor，2006）。Ketchen、Ireland 等（2007）从思想、知识、专门技术和机会的共享角度揭示了协同创新的含义。Veronica、Tomas（2007）指出，协同创新是在信息网络背景下，在虚拟组织内进行的知识传递、信息交流和协同决策等一系列活动。Abend 等（1979）指出，协同创新是对创新的理念和过程、参与主体和组织机构的协同和管理。Parry、Song（1993）通过日本企业实证研究了研发与营销部门的协同关系。此外，Serrano（2007）、Duin（2008）和 Dubberly（2008）等也从不同的角度阐释了协同创新的内涵。

郑刚（2004）指出，技术要素和非技术要素是影响协同创新的两大因素，必须要注重两者的全面协同。水常青等（2004）通过实证分析了协同创新的影响因素，并提出按照影响程度的大小将它们进行区别管理。胡恩华、刘洪（2007)把协同创新界定为集群创新企业与外部环境之间实现整体协同效应的全过程，而这一过程又受到市场、技术、制度、战略、组织和文化等综合因素的制约。孟娟（2008）提出了影响协同创新的六大维度，并根据关键性影响作用大小进行了排序。张力（2011）提出，产学研协同创新是指企业、大学和科研院所共同进行技术开发的协同创新活动，三个主体在政府、科技服务中介机构和金融机构等的支持下，打破人、财、物、信息和组织之间的各种壁垒和边界，投入各自的优势资源和能力，从而产生协同效应。陈劲、阳银娟等（2012)认为协同创新是一项复杂的创新组织方式，以企业、高校和研究机构为核心主体，政府、金融机构、创新平台、中介和非营利性组织等为辅助参与主体，以知识增值为根本目标。何郁冰（2012）研究指出，产学研协同创新是“战略—知识—组织”三重互动的过程，其理念体现了系统的思想和对自主创新内涵的丰富和深化。

2.2.2 协同创新的主体

创新理论首先由 Schumpeter 在经济学领域从企业视角提出，国外学者对协同创新的研究大部分是按照该路径展开的，还有一些学者以组织、政府、高校及科技中介机构为主体进行协同创新的研究。Allen（1983）、Prahalad 和 Hamel（1990）、Arthur（2007）以企业主体为考查对象研究协同创新。Allen 提出，协同创新不是参与者的个体研发行为，而是指节点企业之间的互惠互利，它们通过寻找新设计、新工艺和新产品来进行合作。Prahalad 和 Hamel 认为协同创新在提升参与企业的科研能力的同时，还可有效分散企业技术创新的风险。Arthur 认为协同创新贯穿企业产品供应链，是思想、技术的重组过程。Etzkowitz 认为“大学—产业—政府”三元一体，并提出了著名的三螺旋理论。Christopher Freeman（1987）实证研究了国家、政府在推动协同创新中的重要作用。Porter 在《国家竞争优势》中提出政府制定科技政策和创新发展战略的理论指导——钻石社会网络在协同创新中的重要主体作用是创新资源进入高校科研系统的重要工具手段（Morris，2006）。Hoppe、Ozdenoren（2005）重点研究了科技中介机构在协同创新中的重要主体作用，并通过实践证实中介组织起到的有效作用。Schmitt（2011）从大学和产业主体的角度研究了高校和企业的合作关系和合作机制。

从 20 世纪 90 年代开始，关于协同创新主体的研究，以许庆瑞为核心的浙江大学创新管理研究团队就从企业管理视角出发，研究协同创新并讨论了技术与其他因素的协同关系，如市场、制度、组织和文化、非技术要素等。进入21 世纪以来，随着外部环境的日益复杂，学者们将研究范围扩展到全要素协同创新。任宗强（2012）研究了提升制造型企业的内外协同创新能力的途径、机制及动态演化规律等。高伟等（2012）从区域产业发展角度进行研究，认为价值链协同创新是实现产业升级均衡对接全球价值链体系的可行途径，必须发挥各自的区位和资源优势，改善区域间产业链接关系。饶婷燕（2012）研究认为协同创新不仅要求创新主体的协同合作，也要求创新目标、组织、制度和环境等的协调与整合，才能产生整体大于部分的协同效应，实现创新价值的最大化。潘锡杨和李建清等（2013）结合江苏省产学研协同创新的现状，实证分析协同创新中存在的主要问题，并提出相应对策。“2011 计划”启动后，从不同角度对协同创新的研究纷纷出现，如王树国（2011）、李忠云、邓秀新（2011）、季晶（2011）、殷翔文（2012）、侯建国（2013）和李健（2013）等的研究。

2.2.3　协同创新模式和机理

关于协同创新模式和机理的研究，Chesbrough（2003）提出企业应运用开放式创新理念和模式，与大学等外部主体进行协同合作。Rothwell（1992）将技术创新过程划分为五大模型，揭示了协同创新的发展历程。Utterbac、Abernathy（1975）提出了技术创新动态过程的 U 型模型及以产品创新为中心的产业创新分布规律。Cowan、Jonard（2003）通过应用动力学模型模拟了联合创新的过程，并引入网络虚拟组织考查其对创新模式的影响。Frenken（2006）提出了景观模型、网络模型和浸透模型用于分析不同企业协同创新的效果。Fontana 等（2006）的实证调查结果表明，协同创新模式还可用其他标准进行分类，如合作研发、合同研究、合作教育和技术产业化等。Bjerregaard（2010）对大学与企业间的协同研发模式进行了研究，并与传统的产学研进行对比分析，指出协同研发是企业利用外部创新能力的有效手段。

彭纪生（2000）提出了技术协同创新的分析框架，并梳理了我国技术创新系统的发展进程。陈光（2005）在假设、实证调研、统计分析和理论研究的基础上，建立了针对企业协同创新的协同创新理论与管理模式。解学梅（2010）运用系统理论和协同学原理对不同企业的协同创新网络组织模式和创新绩效间的关系进行了实证研究。陈文博（2011）将中小企业的协同创新网络结构分为三个层次，并深入分析了协同创新的聚合效应、共担效应和反馈效应。全利平、蒋晓阳（2011）基于对协同创新意义和作用的分析，探讨了协同创新的组织类型和实现协同创新的路径选择。陈劲（2012）研究了协同创新的理论框架、运行机制、政策体系及制度价值。蔡剑（2012）认为协同创新从本质上反映了新事物发展进程中各因素的相互作用原理，最终为国家创新生态服务。王向华（2012）构建了区域智力资本三螺旋协同创新模型，在分析区域经济发展的关键影响因素的基础上，构建了区域智力资本的评价指标体系。马永坤（2013）应用马克思劳动分工理论分析了影响协同创新的要素，并建立了其系统动力学模型。

2.2.4 协同创新绩效评价

Bonaccorsi、Piccaluga（1994）首次提出一种模型来对产学研协同创新绩效进行系统评价。Hellstrom、Jacob（1999）提出从生产力、范围、财务效益、教育、出版物和专利六方面进行绩效评价。Bercovitz 和 Feldman（2008）把影响协同创新绩效的维度分为既往的合作情况、项目管理、人才流动的地域限制、学科与产业的一致性和互补性、合作者的多样化来源、高校的规模和科研水平、技术转移意愿、文化与价值观的冲突等。Jadesadalug 等（2008）对组织、市场和技术之间协调与配合的默契程度与协同创新绩效的正相关关系进行了实证研究。Owen 等（2008）研究的协同创新框架有利于推动扩展型企业的协同创新并提高创新绩效。Fan Decheng（2009）提出的协同创新绩效评价指标体系则涵盖了创新环境、创新投入、创新产出、合作机制和效应等诸多因素。Markus Perkmann、Andy Neely（2011）研制的产学研协同创新过程因果关系路线图则用于评估协同创新绩效。在追求协同创新绩效的同时，很多学者注意到协同创新存在一定的风险。Karte（1993），Kumar、Van Dissel（1996），Narayanan、Douglas（2002）等对协同创新的风险类型进行了分析研究，并提出了相应地分散和规避风险的有效途径。Willianson（1971）、Teng（2007）、Hayton（2010）和 Esmaeili（2014）等学者从不同角度探讨了协同创新出现风险的动因，并提出了许多具有代表性的理论。

在协同创新绩效研究上，国内多数学者将重点放在评价的方法之上。金芙蓉和罗守贵（2009）提出了 4 类产学研绩效评价方法，即 AHP、DEA、FCEM 及 ANN。林盛杰（2000）分析了企业和学研组织在研究合作过程中的贡献值和合作效益，并通过模糊综合评价法来评估合作质量。夏凤（2008）基于平衡记分卡构建了产学研评价模型，从财务情况、内部流程及客户等方面评价了协同创新绩效。张万宽（2008）的产学研合作绩效评价模型则基于资源依附和交易成本理论，分析了资源特征和资产不确定性等对协同创新绩效的影响。谢福泉（2006）和范德成（2009）等提出了产学研协同创新绩效评价的投入—产出模型，但由于取得相关数据具有一定难度，因而在实际评价过程中难以实现。曹静等（2010）的评价模型分析了技术和市场环境、合作主体关系、法律政策、产学研合作模式和机制等因素对技术创新的作用。谢思全等（2014）主要从创新的协同性、能力评价、综合效益和环境等角度出发进行协同创新绩效分析。也有一些学者基于关键成功因素（罗炜，2002；程永波等，2008；张渊等，2009）、知识管理理论（吴丰祥，1998）和供应链理论（李嘉明，2009）等视角分析了产学研合作绩效，使协同创新绩效的研究不断完善。

2.2.5　协同创新能力评价

良好的协同能力是协同创新系统发展的潜动力和引擎机，协同能力可以作为衡量系统运行管理者管理能力的重要标准。现有的关于协同创新能力评价的相关研究主要集中在微观、中观、宏观三个层面（钟荣丙，2017）。

微观层面的研究主要是针对高校、企业等协同创新系统中的单个创新主体进行的创新能力的评价，Burton（2002）构建了包括核心技术人才、创新管理、技术系统、科技意识等方面创新能力的评价指标。Simatupang、Sridharan（2005）从信息共享、决策同步及合作激励等方面考查协同创新水平。Larry、Santamara（2007）从组织能力、适应能力、技术与信息的获得能力等方面来考查创新能力。丁洪（2013）、马娟和陈岸涛（2014）、卜凡彪等（2015）分别利用层次构建法、定性分析法和改进的德尔菲网络分析法对高校的协同创新能力进行评价。阳震青和彭润华（2015）、陈忠乾和李冬琴（2014）、温珂等（2014）对企业的协同创新能力评价进行了相关研究。

中观层面的研究是对协同创新系统和产业集群等进行协同创新能力的评价，Olive（2007）针对协同创新系统构建了反映熟练劳动力可获得性、社会资本、各类联系、商业成熟度及外部网络效应等方面的创新能力评价指标体系。Barbaroux（2012）构建的协同创新系统的协同创新力包括异质创新资源选择和连接能力、知识管理能力及自适应治理能力等方面的内容。付一凡（2014）从产学研协同创新的视角切入，构建了产业集聚区产学研协同创新能力的评价指标体系。针对产业集群的协同创新能力，张哲（2008）、周健和刘永（2011）、杨道现（2012）、殷春武（2013）等都从不同视角，使用不同方法，进行评价指标体系的构建。

宏观层面的研究主要集中在园区及区域层面，欧光军等（2013）构建了高新区协同创新能力评价指标体系，并对我国其中的 56 个国家级高新区进行了实证评价。黄志建、张清华（2014）从园区的角度对现有的协同创新能力评价指标体系进行完善，认为指标体系应考虑“市场价值”。康健、胡祖光（2014）依据 SCP 分析范式，引入复合系统协调度模型，应用三螺旋理论对区域协同创新能力进行评价。邓富民等（2014）依据复杂系统理论和耗散结构理论，提出了协调度—管理熵的区域协同创新能力评价方法。刘雪芹、张贵（2015）构建了包含产业升级能力、企业创新能力、知识创新能力、知识流动与协作能力及创新环境支撑能力等方面的指标评价体系，并对京津冀区域的产业协同创新能力进行了评价。胡晓瑾和解学梅（2010）、王卫东（2011）、朱良华（2013）、易秋平（2014）等也对区域的协同创新能力评价进行了相关研究。

2.3 高校协同创新相关研究

教育部、财政部启动的“2011 计划”，明确了以机制体制改革引领协同创新、通过协同创新提升高校创新能力的要求，大力推进高校与高校、高校与科研院所、高校与企业及高校与区域之间的发展合作，突破高校内外壁垒，力争实现“集中、开放、高效”的状态。由此可知，高校协同创新是在整合不同要素主体的基础上建立起来的综合协同系统。

针对高校协同创新的研究主要经历了三个发展阶段：第一阶段是“高校参与”，即基于参与视角的现状、认知、模式、功能和机理等角度的研究；第二阶段是“高校本体”，即基于本体视角的协同创新能力、构建科研协同创新和联盟协同创新等方面的分析；第三阶段是“高校主导”，即基于主导视角的产学研协同创新及集群协同创新等内容的探讨。目前，国内外关于高校协同创新的相关研究还不是很多，主要集中在以下四个方面。

2.3.1 高校协同创新影响因素

Joan Henderson 等（2006）总结分析了产学研合作的有利因素。陈劲和王方瑞（2005）用因子分析法解释了技术与市场协同创新中各要素的关系，建立了其协同创新管理架构。解学梅和曾赛星（2009）从影响因素、网络机制及网络构建等方面进行了创新集群跨区域协同的综合述评研究。Masayuki Kondo（2011）发现了联合研发和合约研发常用于对环境科学的研究。马志强等（2012）构建了校企协同创新博弈模型和高校服务价值模型，并从学风建设、学科研究、人才培养和科技成果转化等角度提出了提高高校服务价值的建议和对策。孔祥浩等（2012）构建了政产学研协同创新的政府—企业—高校、科研机构—产业“四轮驱动”的结构模型。

2.3.2 高校协同创新模式

Yrahalad 和 Hamel（1990）提出，企业通过整合各个组织机构的知识技能和研究资源，其核心竞争力得以提升，并在这个过程中使各主体发挥特长、分散风险，进而增强研发能力。袭著燕等（2012）通过分析各参与主体的作用和角色，阐述了金融介入政产学研技术创新协同模式的运行原理和实现机制。卜琳华等（2012）借鉴美国 I/UCRC 的成功经验，提出了高校主导的、整合多个主体的、资源共享和优势互补的协同创新管理模式。冯叶成等（2012）将清华大学与淮安市的产学研合作为典型案例，建立了高校与政府、企业产学研协同创新模式。张水潮（2012）基于旋进策略理论，构建了涵盖目标、模式、平台、机制和环境等多因素在内的高校协同创新系统，并提出了提升协同创新水平的路径。李荣德等（2013）提出从加强高校体制改革、建立协同创新组织及促进校企人才交流合作等方面开展区域内协同创新的路径和模式。李道先、罗昆（2012）总结了高校产学研合作中存在的问题，并从各参与主体的角度提出了协同创新的实现途径。王春梅、孟克（2012）从科学知识社视角分析了高校和企业之间的协同创新，并针对校企协同创新提出了相应的对策建议。

2.3.3 高校协同创新机制

Simon Philbin（2008）的最佳建议模型进一步阐释了产学研的合作研发过程。Agusti Garra 和 Josep Maria（2008）、Kuem Hung 和 Jiann Chyuan（2009）的研究结果表明，企业与客户、高校和科研机构及竞争对手之间的协作关系能促进协同创新。祁艳朝（2012）通过分析协同创新内涵阐释了高校协同创新的模式和机理。杨玲莉等（2012）提出，高校要综合考虑利益结构的平衡，通过市场机制建立多方的合作互动关系，利用知识技能优势加强产权经营，最大化发挥引导行业技术发展和实现服务社会功能的作用。杨睿（2012）认为，地方高校科研管理机制的完善主要可以从横向项目过程管理、科研评估体系和激励机制、学科科研协同机制、科研创新平台等方面努力。陈勇强等（2012）提出了工程项目管理中的协同创新平台框架和运行机制，研究了政产学研等主体在平台中的地位与作用。

2.3.4 高校协同创新平台

Drew Gertner 等（2011）从知识转移的微观尺度来评估产学研合作的人际互动关系。邵云飞等（2012）分析了高校协同创新平台的内涵、功能和构建原则，探讨了其组织结构、运行机制、保障体系和制度建设。易高峰和邹晓东（2012)基于战略性新兴产业角度构建了高端产学研用合作平台，提出“一体（技术创新）两翼（合作平台、创新团队)”模式。王志远和丁元林（2012）基于项目管理视角，通过对比分析高校创新团队现有组织结构的利弊，提出了协同创新的矩阵式组织结构。

综上所述，虽然高校协同创新的研究在深度和广度上的发展都很快，但仍然存在很多因素（如行业先驱、利益平衡、条块分割、期望差异等），在不同程度上影响高校协同创新发展目标的实现，从而制约了高校协同创新模式与管理方式的发展。

2.4 创新链相关研究

针对创新链的研究主要集中在创新链结构、形成和作用机理等方面。其中，关于创新链结构与定义的研究已趋于一致，学术界普遍认为创新链是科学技术创新成果转化为商品这一过程集合而成的链型结构。当前，对创新链的研究还在不断深化，结合多种创新模式对创新发展轨迹进行分析并探讨相应的对策和建议，对于提高科技创新成果转化率、推动产学研协同创新升级具有深远的意义。

自 Schumpeter 提出创新理论后，创新理论研究不断得到丰富和发展。Freeman（1987）认为，创新和政府的作用同时决定了一个国家和地区能否实现经济的跨越式发展，因此，建立“国家创新系统”是非常必要的。国内关于创新链的研究起步较晚，最早的研究可追溯到《社会转型期高等学校启动技术创新链的主动作为》(任秉温，1997)。吴晓波（2008)、苏楠（2011）等学者将国外创新链研究成果引入国内，开启了我国创新链相关理论研究的新篇章。在现有研究中，将整个创新活动作为对象的研究成果相对较匮乏，缺少完整的创新链研究，现有的创新链的相关研究主要集中在以下两个方面。

2.4.1　创新链的内涵

Marceau（1992）率先提出了创新链的概念，即创新活动中制造商、原材料供应商和销售商三者之间的相互合作关系。Rothwell（1992）提出创新链受到技术变化和市场需求等因素影响，形成了研发活动、产品生产及最终销售活动等多环节的链条结构。Timmers（1999）把创新链的四个发展阶段分为基础研究、技术研发、运用实践、产业化与市场化，认为每个阶段的活动既相对独立，又能相互作用和影响，从而使创新活动有序开展。Sen（2003）基于学术界的角度，进行创新链结构的细分，将创新链分为新思想萌芽、科研成果转化及创新产品的实现。Bamfield（2007）则基于企业的角度，细分了企业创新链的五个重要阶段：初测研究、技术研发、产品试制、市场开发及营销实践。Larson 等（2002）从宏观层面对创新链进行研究，并提出了创新链“三环”层次理论：第一环是理论、知识向实际应用的转化；第二环是应用的市场化，并实现经济效益的关键环节；第三环是利用效益产出对更多的企业、行业产生影响，从而提高国家的科技水平和创新力。在此过程中，每一环节发挥的作用不尽相同，前一个环节是后一个环节必不可缺的桥梁，一旦出现中断或缺失势必造成严重后果。

创新链是由创新源经若干阶段到技术成果成功转化，并被市场接受，实现创新价值的全过程。黄钢等（2007）指出创新链包括创新来源、构想、设计、实验、孵化、技术商品、新产品生产与新产品市场开发等八个环节，涉及多个创新主体的复杂网络系统。张正良（2005）从企业的角度研究证实，创新链是以一个创新主体为核心，通过创新活动将其他创新主体连接成链，以满足市场需求，并优化创新链中各节点功能的系统。杨志勇（2006）把创新链视为多样化主体参与的、企业之间或企业与其他机构或组织形成的创新链式流程。代明等（2009）认为创新链以创新为起点，经过多阶段、多要素和多部门的分工协作，最终实现创新价值的过程。屠建飞等（2009，2010）提出，技术创新链是企业为了实现技术创新而相互合作、共同研究的开放性过程，同时，与外界的联系也十分紧密。

关于创新链的分类，曲久龙和顾穗珊（2006）按照参与 R&D 主体的差异及其活动特征把创新链分为政府主导的多主体参与型、政府半主导的联合型、中介推动型、源头推动型和反哺型五类，并指出中介推动型与反哺型将成为国内创新链发展的主要模式。陈程和刘和东（2012）把创新链分为广义和狭义，狭义的创新链由技术研发与成果转化两阶段共同组成。

在整合创新链和其他链的研究方面，蔡翔（2001，2002）将创新链与知识供应链结合起来进行研究，把创新链定义为通过创新活动将政府、企业、高校及科研机构等参与主体联系在一起的链式结构，最终实现知识经济化和创新系统优化，在此过程中，明确创新链中的核心主体是关键。尹安（2009）发现，供应链上每个企业节点依据各自的分工开展创新活动，而创新链将分散的活动组织在一起。由此可见，创新链并非单一企业的个体行为。常爱华等（2011）研究了创新链与价值链之间的关系，提出创新链是价值增值的基础，两者相互作用、互相影响。

在创新链和知识的关系研究方面，薛捷等（2007）明确提出，创新链转化知识成果且有实际效益产出，同时强调了科技园区对于创新链的重要性。刘满凤（2009）认为，创新链就是由各类创新活动构成的链条，而知识创新是生命线，新知识的具体转换与实际应用对创新链产生了深远的影响。

2.4.2 创新链的应用

近年来，将创新链理论与实际问题相结合进行应用方面的研究也趋于成熟，尤其是与具体产业相结合，对具体产业发展中的问题进行分析并提出建议与措施。

在创新链理论与高技术产业相结合的研究方面，林淼等（2002）认为技术链、产业链及创新链的结构性失衡导致科技成果难以转换为经济效益，而组成战略技术联盟是解决该类问题的有效方法。郑海涛（2003）对生物医药产业创新链的研究中发现，创新链具有集聚效应等诸多优势，而唯有建立产学研联盟才能将这些优势发挥到极致。朱瑞博（2010）认为，上海市高技术产业的技术水平较低，源于其创新链与产业链之间相互割裂、缺乏整体联系，只有通过双链融合才能使各参与主体各司其职，实现资源和优势互补。

将创新链理论与农业相结合的研究也有不少。郭久荣（2006）指出，农业技术创新链的各构成要素之间相互协调才能实现技术转移。卢东宁（2010）强调了农业技术创新链在优化内部结构、帮助农民增加收入及实现农村经济繁荣方面的重要作用。林伯德（2011）认为，研发、推广和产业化这三个农业科技创新链发展的任一环节，都能影响农业发展进程及其整体创新能力。

在创新链的实证研究方面，数据包络分析方法的应用较为普遍。如陈姣（2010）提出了长沙市的创新链存在资源利用率低，企业、高校及科研机构等的创新绩效亟待提高等问题。刘和东、陈程（2011）对我国原创性高技术产业的研究结果表明，高新技术产业的技术开发率比成果转化率高，而相关创新资源的经济效益产出水平较低，资源的浪费现象较为普遍。

除了学术界，政府部门对创新链的研究也较深入，如国家科技部原副部长马颂德（2004）指出，我国创新链在资金障碍及人才问题等方面存在的薄弱环节极大地降低了国家的自主创新效率。国家自然科学基金委员会副主任王杰（2007）认为，创新链作为多个主体参与的创新平台，并非某个单一链条，因此，我国自主创新能力的提高有赖于创新链的某些环节力争达到国际先进水平。

2.5　相关研究评述

综合以上理论基础及相关研究现状，当前关于协同创新和高校协同创新的研究既有各国政府制订的相关政策，又有中外学者通过基础研究提出的学术理论；既有国内外协同创新的最新实践案例研究，又有国际经验的对比分析。国内外在此领域的大量研究成果为本书提供了理论的借鉴和启发。通过总结分析，相关内容至少在以下三个方面还存在较大的研究空间：

（1）研究的系统性还不够。现有的对协同创新的研究将协同创新从创新链条视角和创新网络视角进行研究的成果相对较少，更多是对创新节点之间的协同创新进行研究。因此，应从时间和空间角度解构创新链，以创新链为指导，将协同创新的过程和要素进行整合。

（2）研究的针对性尚且不足。目前，从企业角度对协同创新进行的研究较多，对高校、科研院所及政府等的研究较少，尤其是高校协同创新的研究更少。知识经济时代下，高校作为知识创新和人才培养的主要基地，理应成为执行创新驱动战略的主体力量，因此，针对高校为主导的协同创新的研究更要加强。

（3）研究的层次仍不够深入。目前，关于协同创新的研究成果很多是对国内外成功经验的介绍，或仅只是做一般性研究，结合我国实际情况进行深层次的机理机制的研究还相对较少。特别是从创新链的视角展开研究，将创新链的时间维度同高校协同创新的空间维度进行交叉，探讨高校协同创新理论模型和运行机制是一个值得深入分析研究的问题。

因此，本书以创新链作为研究高校协同创新的切入点，对基于创新链的高校协同创新的理论模型、系统构成、系统特征、协同模式及运行机制等进行系统化的专题研究，除此之外，本书引入大量的实际案例对相关经验进行总结借鉴，并利用实际案例和数据进行实证分析，实现了理论与实践的有机结合。

2.6 本章小结

本章主要对高校协同创新的技术创新理论、协同理论及三螺旋理论等基础理论进行介绍，并对协同创新、高校协同创新及创新链的相关研究进行了梳理和综述，提出了现有的关于协同创新的相关研究的系统性、针对性和层次深度都存在不足，说明了从创新链的角度对高校协同创新进行研究有很大的空间。

第 3 章　基于创新链的高校协同创新系统框架

高校协同创新是对协同创新运行中各创新主体之间的相互影响和制约关系进行研究，是新时代、新条件下开展创新活动的新理念，是适应大科学时代的创新组织模式。高校作为国家科技和人才的重要输出基地，在协同创新中担任更重要的角色。本章将从创新链与高校协同创新的一致性分析入手，建立基于创新链的高校协同创新的系统框架，并对系统构成、系统特征和系统模式等进行深入分析。

3.1　创新链与高校协同创新一致性分析

对于创新链的分析，从协同创新角度来看，创新链结构与协同创新系统结构类似，都由构成要素和构成主体两方面构成。从构成要素来看，创新链的构成包括基础研究、生产开发研究、技术应用研究和市场化运作研究一系列过程。从构成主体来看，创新链的主体可大体分为两种类型：一是高校、科研机构及企业等基本主体，二是政府、科技中介机构、金融机构及 NGO（非政府组织）等支撑主体。前者是协同创新活动的主要参与者，后者是管理、中介和服务主体。目前，基于创新链和高校协同创新的相关研究还较少，且研究深度也不够，因此，本书以创新链为主线，对基于创新链的高校协同创新的系统模型及运行机制等内容进行研究，探索提升高校协同创新能力和创新绩效的有效途径。

3.1.1　创新链

创新链是指政府、企业、高校、科研机构、金融机构及科技中介机构等为了一致的目标而紧密联系、合理分工、开展协作，进行知识、技术、资金、政策及信息等创新资源的优化配置和优势互补，最终形成集创新理念、研发活动、成果转化、批量生产到市场销售为一体的链型结构。由此可以总结出创新链的主要特征如下：

（1）参与主体范围广。既包括企业、金融机构、中介组织等营利性组织，以及高校、科研机构等技术支撑型机构，还包括政府部门等。其中必会有一个或多个核心主体居主导地位，而创新链的性质取决于核心主体的性质。并非任何参与主体都能成为核心主体，其自身必须能力突出。一般而言，以企业和政府为核心主体的情况较为多见。

（2）内部分工机制健全。创新链由多个参与主体构成，在合作过程中，可能出现由于自身利益的原因而未能全力以赴、导致创新链运作不畅和效率低下等问题。因此，只有在组建创新链、协调分工合作、整合和分配资源及分享利益等各环节都进行明确规定，才能建立完善的合作机制，有效地解决各类问题。

（3）创新链自身性质决定了其开放性。由于创新链参与主体和构成的活动阶段较多，单个主体很难拥有足够的人力、财力及科技资源去支撑创新链的运行。这就需要政府、金融机构和高校、科研机构等单位提供政策支持、资金保障、技术支撑及咨询公司、营销中介机构等的辅助，从而实现创新资源的优化配置，避免创新链出现资金短缺、信息不对称及效率低等问题。

3.1.2 高校协同创新

高校是从事高等知识传授、高级人才培养和开展学术研究的一类教育机构的总称。我国高校的分类标准较多，从隶属关系来看，可分为中央部署和地方所属两种类型；从学校性质来看，可分为普通高校、成人高校和民办高校等类型；从办学特色来看，可分为综合类、师范类、理工类和农林类等类型；从功能定位来看，可分为研究型、教学科研型、教学型和高职高专等类型。综合来看，广义的高校涉及范围较广，除综合性、专业性的大学外，高职高专等类型的学校也包含在其中。狭义的高校一般指综合性的高等教育机构，它们提供教学科研场所，能够进行科学研究、人才培养及社会服务等活动，也就是大学。

研究型大学虽然在我国大学系统中所占比例不高，但却是我国大学体系中基础研究的主要承担者，对于我国自主创新能力的提升和创新型国家的建设责任重大，也必然要发挥其在协同创新中主要参与者甚至主要引导者的作用。本书主要关注的是能够进行基础研究创新及服务社会的大学，也就是研究型大学的协同创新问题。

相关研究认为，大学的发展经历了两次学术革命（张学文、陈劲，2014）。最早设立大学的目的是提供博雅教育和培养绅士，现在已经演变成科学研究、人才培养、文化传承创新及服务社会的机构场所。第一次学术革命首次将科学研究引入高校组织内部，它是由德国柏林大学的洪堡等学者发起的，他们倡导“学术自由”，宣扬“教育与研究相结合”，这是对传统“纽曼式大学”发展理念的改革，也为此后研究型大学和第二次学术革命的兴起奠定了基础。在当今的大科学时代，大学作为知识资源的生产者和传播者，以及高素质人才的输出地和补给源，由于掌握着知识和人才这两个经济社会发展的重要战略资源，必然成为促进经济发展和社会进步的强劲引擎。21 世纪初，英国学者 John Ziman提出了“后学院科学”范式，提出现代大学还应在基础研究的基础上开展应用研究、参与社会发展（Ziman，2000）。Henry Etzkowitz、Loet Leydesdor 在此基础上指出，在知识经济背景下，国家和地区的发展必然要通过培养创新创业人才、建设创业型大学等途径（Etzkowitz、Leydesdor，1995）。在当前瞬息万变的复杂环境下，高校的相关研究也突破单一学科限制，过渡到跨学科、跨领域的交叉合作，协同创新是时代发展的必然趋势。

一般意义上的高校协同创新包括高校内部协同创新和高校外部协同创新两种类型。其中，高校内部协同创新是指高校对内部优质创新资源进行整合，打破学科、专业及学院、部门的隔阂束缚，充分调动校内相关部门、学院教师及学生的协同积极性，为实现一致的目标共同努力奋斗。高校外部协同创新是指由高校主导，协同科研机构、企业等主要创新力量，与政府、科技中介机构及金融机构等其他参与力量围绕重大科技需求，有机融合、共享资源、协同奋斗，直至达成共同的预期目标的创新组织模式。前文已经对本书研究的对象——高校外部协同创新进行了明确。

通过对比可以看出，高校协同创新与一般协同创新有一定的区别，两者是个性与共性、特殊与普遍的关系。对比跨行业、跨领域、跨部门的一般协同创新，高校协同创新以高校为主导，由高校、企业、科研机构、政府、科技中介机构、金融机构、NGO 甚至国际创新力量等共同构成。高校协同创新立足于国家战略层面，解决的是国家战略性、前瞻性和重大公益性问题。高校协同创新坚持全面开放的创新环境和政策，不限定范围、不固化单位部门。从协同学角度来分析，高校协同创新具有复杂性、关联性、开放性、动态平衡性及非线性等基本特征。高校协同创新由多个主体构成，这些主体又嵌套多个子系统，系统处于开放的外部环境中，从非平衡状态向近平衡状态不断发展，各种要素、资源不断融合产生系统整体的协同效应，形成要素—主体—环境的协同创新机制。

3.1.3 创新链与高校协同创新的一致性

近年来，我国关于协同创新的研究和实践都取得了大量的成果，一些高校通过建立大学科技园、支持校企联盟的形式对协同创新进行了尝试，这些方式都是对高校协同创新的具体实践，对于高校参与或主导多主体的协同创新是非常有益的探索。由于创新链理论与高校协同创新之间在理念、目标及主体等方面都有很强的一致性和互通性，因此，本书从创新链角度对高校协同创新进行了系统化的专题研究，这本身就有很强的可行性。

（1）主体相关联。

在创新链中，其主体主要涉及高校、科研机构、企业、政府、金融机构及中介组织等，其中，高校和科研机构提供技术支持，政府部门提供政策支撑，企业提供技术成果的转化功能，金融机构和中介组织为创新提供全面的创新环境和资源，包括信息环境和资金环境。创新链的主体中必须有一个或多个起核心主导作用，这可以是三个基本创新主体中的任意一个，其性质决定整个创新链的性质。高校协同创新主要由高校、科研机构和企业三大主体构成，三大主体分别在协同创新体系中承担不同的责任和任务。不难看出，创新链和高校协同创新两者在参与主体上有很强的关联性。总的来说，高校处于上游阶段，是创新链的起点；企业处于下游阶段，是创新链的终点。

（2）结构上相似。

创新链围绕核心创新主体，以市场为导向，将相关创新参与主体通过基础研究、研发活动、成果转化、商品生产及市场销售等一系列创新活动连接起来，从而实现知识的经济化和创新系统的总体目标。创新链体现的是一个链式结构，知识和价值在此链条上得以流动、共享、实现。在高校协同创新系统中，高校和企业等为创新主体，信息、技术及资金等在此系统结构中以信息流、技术流及资金流的形式贯穿，同样呈现出典型的链式结构。由此对比可以看出，创新链和高校协同创新在结构上具有一定的相似性。且创新链和高校协同创新在结构上都是开放的，而非封闭的，其链式结构上的主体也不是固定不变的。

（3）理念上趋同。

高校协同创新由来自不同行业、不同领域、分工不同的创新主体构成，主要包括高校、科研机构和企业等主要实体，还涉及知识创新、技术研发、成果转化和市场营销等几个阶段。高校协同创新通过协同分工和资源共享，将科技知识转化为科技成果和产品，从而实现科技知识的经济价值特性。对创新链来说，创新链是一个链式结构，拥有一个创新的核心，通过知识创新将各主体串联起来，实现科学技术和知识的商品转化，从而实现其经济价值。不少学者就认为高校协同创新是一个链状结构。对高校协同创新来说，高校、科研机构和企业等主体在协同创新系统中承担的职责和任务不同。从理念上来看，创新链和高校协同创新都是将科技知识或成果进行转化以实现经济价值追求，都以资源转换和价值实现为主线，虽然具体的研究对象略有区别，但二者之间的研究理念相似。

（4）目标相一致。

对创新链进行管理就是全面性地协调整个链条结构，其重点是让链条上的企业彼此协同合作，实现共赢。高校协同创新通过建立协同创新平台和协同运行机制，让各参与主体实现优势互补、资源共享，充分调动各主体的积极性。将创新链和高校协同创新进行对比，高校协同创新以加强协作为目标，实现共同发展；创新链理论则通过合理的分工与协作，实现各种创新资源的优势互补。这样看来，高校协同创新和创新链的目标具有一致性。

总而言之，创新链和高校协同创新在理论方面和实践方面有许多相通之处，可以相互借鉴。将创新链与高校协同创新相结合，一方面，突出了高校的主体地位；另一方面，体现了对创新源泉的重视。在基于创新链的高校协同创新系统中，高校发挥其科学研究及人才培养的功能优势，让企业集中关注科技成果转化，及时掌握市场需求信息，从而保障高校协同创新沿着正确的方向进行。通过高校协同创新，高校有效提高其科技成果转化率及自身的社会服务能力，企业有效提高自身创新能力及在市场中的核心竞争力。

3.2　系统模型

本节将结合 3.1 节对创新链与高校协同创新的一致性分析，对基于创新链的高校协同创新的理论模型进行构建，从创新链角度对高校协同创新进行深入分析，为后续对系统构成、系统特征及协同模式等学习奠定基础。

3.2.1　高校协同创新的创新链分析

协同创新实质是通过不同创新主体之间的互动而进行的价值创造过程。其中，作为知识创新中心的高校在协同创新过程中的核心地位逐渐显现。高校协同创新的过程不仅是企业技术开发和市场需求的结合，也是商品使用价值和价值的创造、实现过程，同时还是高校基础研究提升、科技进步的过程。构造基于创新链的高校协同创新系统模型需先对高校协同创新过程的创新链特性进行深入分析。

创新链是围绕某一创新核心主体，通过创新概念、研发设计、产品转化及经营销售等活动将一系列参与创新活动的组织或团体连接起来，以满足市场需求和以知识、技术经济化为目标的功能链接结构模式。图 3.1 所示为以企业为创新主体、以市场利润为目标的创新链结构。以市场利润为目标的创新链的构成要素大致可以分为两大类：一是参与主体，二是创新活动。核心企业通过市场调查分析，为了满足市场需求，形成新产品的创意，而后启动一系列的创新活动，包括创新理念、研发活动、成果转化、批量生产及产品销售等主要环节，直到产品供应市场。在整个创新活动过程中，企业作为与商品交易市场直接发生关系的主体，它的出发点和落脚点都围绕着目标市场，力图通过更好地满足市场需求而赚取更高的利润。高等院校、科研院所、政府、金融机构及其他社会组织等均是创新链的参与主体，可以利用各自的优势资源，在上述活动过程中发挥倍增作用，有时甚至起决定作用。

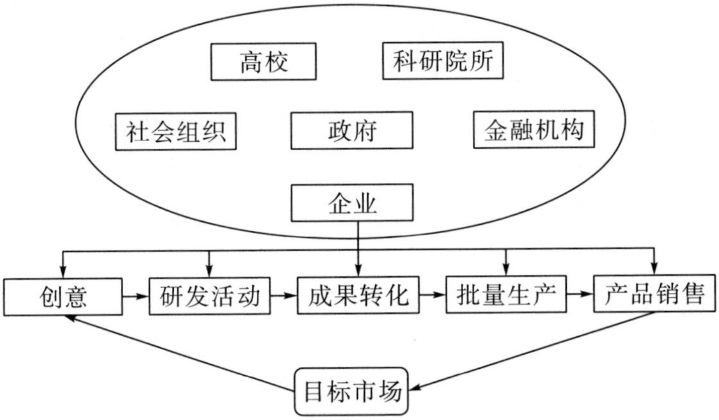

图 3.1　以企业为创新主体、以市场利润为目标的创新链结构

在一条完整的产学研协同的创新链中，下游的企业技术需求和上游的学研技术研发共处于一个统一体中，互为存在、相互贯通。一方面，企业的技术需求特别是一些关键技术瓶颈或行业共性技术难题的破解，对于企业或行业的发展，具有重要的战略意义，这也是下游吸引上游的动力源。另一方面，大学和科研院所是科技资源相对集中的地方，研发活动源源不断，形成强大的上游对接下游的动力源。上游与下游的动力源的互补，产生了上游与下游之间的内在吸引力，两者之间的结合便形成了推进产学研结合发展的内在动力。

完整的技术创新过程一般要经历基础与应用研究、技术开发、产品设计、中试及批量生产及市场销售等一系列环节，在技术创新的过程中，知识不断流动，价值不断创造出来。图 3.2 所示为创新链的价值创造过程。在创新链中，创新被当成是链中的商品，上游主体是下游主体的产品供应者，下游主体既是创新需求方，又会对创新作出反馈，让上游主体不断改进，从而形成再一次的创新。创新链中的各主体在自身创新的同时，不断相互反馈，使创新链以最短的时间及最低的成本，将最新的技术、产品提供给最终的客户。

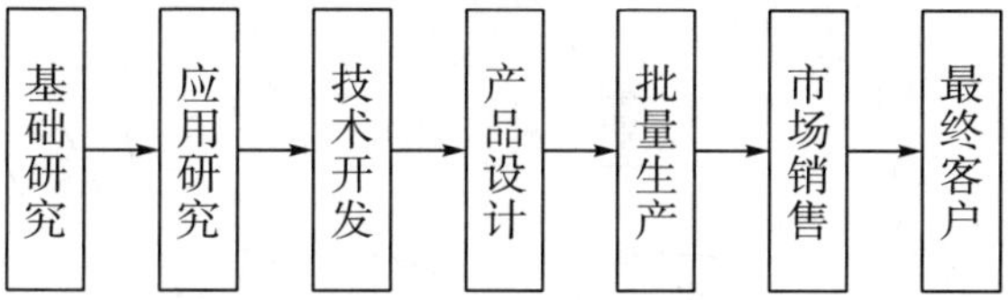

图 3.2　创新链的价值创造过程

创新链的过程大体上可以分为三个主要环节：①产品或工艺创新，也就是以理论知识为起点，将其应用到实际的行业；②将第一环节中的创新成果转化成产品并实现市场化；③通过产品的销售，企业的利益得以实现，并且扩散到更广阔的市场范围。由此可以看出，创新链就是由一系列相互联系和相互作用的创新主体链接起来的，促使科技价值不断流动、扩散和增值的链条式集合体。通过这一过程，企业和产业除了产品价值得以实现，增强技术创新能力和提高生产力水平的目的也得以完成。

以上创新链的各个环节高度融合于高校协同创新。高校协同创新过程包含了创新链的知识、技术及产品等创新活动或要素的推进及转化过程。高校协同创新中的各个创新主体借助良好的平台，通过良好的协作将知识创新、技术创新、产品创新及创新扩散等一系列活动有机链接起来，实现各环节的增值效应并不断循环，这样形成了高校协同创新的链式结构。

3.2.2　基于创新链的高校协同创新系统模型结构

在协同创新的过程中，创新链持续运转着，知识链和价值链的流动也持续进行着。协同创新中价值链的运行使得各主体的资本实现增值，知识链的运行使得创新得到持续发展。由于协同创新体系中各主体的业务范围不同，经营领域也不同，因此，就形成了很多条相互关联的价值链和知识链，两者共同构成了协同创新体系中创新链的特征，基于创新链的高校协同创新就此形成。所谓基于创新链的高校协同创新，是指以创新流程为对象，以高校为创新体系主导，围绕产学研等创新主体，通过分析各主体创新链条活动中的价值流和知识流，进而构建的基于创新链的功能链节结构模式。本书的基于创新链的高校协同创新系统模型如图 3.3 所示。

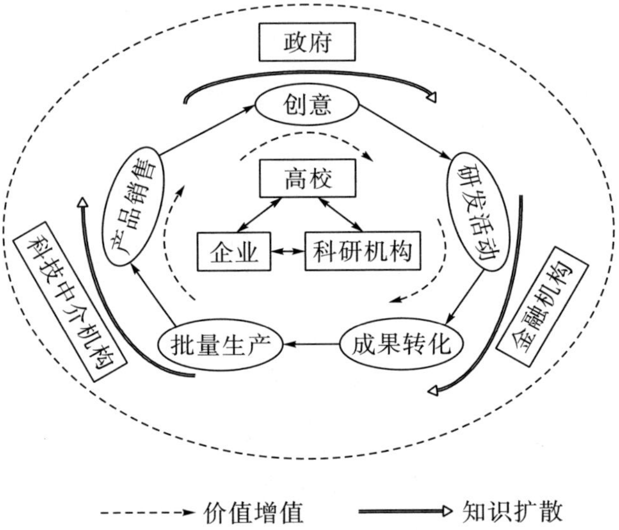

图 3.3 基于创新链的高校协同创新系统模型

高校作为高校协同创新系统中的核心主体，既是技术创新的主要知识来源和智力源泉，扮演着知识库的角色，同时也是各种人才的培养基地，参与技术研发和技术服务。高校协同创新系统中高校的作用主要体现在以下三个方面：

（1）高校在高校协同创新中是各种科技项目的申报主体和牵头单位，在高校协同创新中具有主体性地位。但是，高校协同创新体系是多样的，且协同创新项目是多方合作、分阶段进行的，因此，高校虽然是协同创新活动的主要管理者和负责人，但却不是创新链中每一个活动、每一个环节的主要或唯一的责任主体和实施主体。

（2）高校拥有相对丰富的人力资源、物资资源、信息资源和科技资源，是科技创新的发源地。在基础创新、原始创新和成果转化等创新链的前段部分，高校是大量科研工作的承担者。在此阶段，高校通过各种基础或原始创新，产出了大量科研成果，成为推动我国产业结构调整和建设创新型国家的重要推动者。

（3）科技竞争的核心是人才竞争，创新型人才是从事科技创新工作的生力军，而高校就是为高校协同创新各主体培养创新型人才的摇篮。高校不仅拥有教授、学者、管理人员等各类高水平人才，也为社会各行各业培养和输送高层次创新型人才。这些优秀的创新型人才大部分都成了各行各业的骨干力量，成为企业、政府、科研机构的研发和创新中坚力量。

高校发挥其核心主体作用，依托具体科研或产业项目，与其他高校、科研机构、企业等核心主体，以及政府、科技中介机构、金融机构等支撑主体，共同组建一个开放性的协同创新平台。高校协同创新系统的立体结构如图 3.4 所示。高校协同创新系统中的核心高校依据不同的具体项目，选择具体的协同合作伙伴，与其他主体建立具体的协同合作模式。

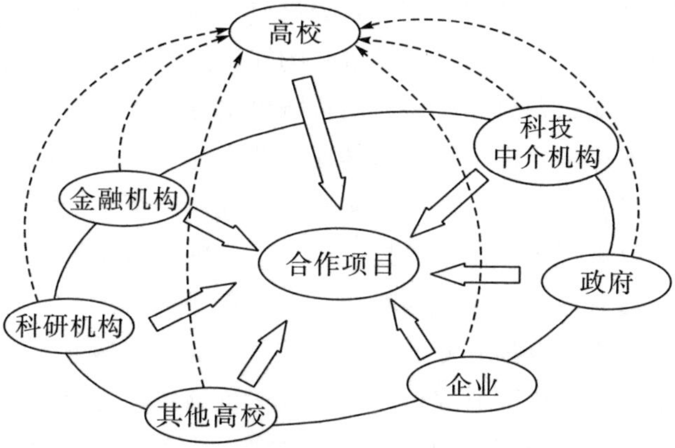

图 3.4 高校协同创新系统立体结构

基于创新链的高校协同创新是协同创新分析的一种新模式。高校协同创新体系以高等学校为主导，系统中各个子系统及各要素之间的排列方式、互动关系都不是固定的，创新活动也可根据市场作用自行组织。高校协同创新体系中创新链的运行不再是简单线性的，多个链条可能交织成网状结构，单个链条的运行可能形成循环式的结构。作为一项复杂的系统工程，高校协同创新的开展离不开政府管理部门、学术界、产业界、金融界及非政府组织等多元主体的广泛参与和密切协作。

3.3 系统构成

协同创新活动包含多个环节、多个主体及各种要素，这些环节、主体和要素在创新链条的交互作用下为实现系统的整体目标而努力，因此，协同创新系统整体也是一个复杂性很高的综合结构。

3.3.1 核心主体

高校协同创新是高等院校顺应时代发展要求，对内整合校内专业学科和院系优势资源，对外与其他高校、科研机构及行业企业等组织合作进行技术创新、人才培养及社会服务，突破传统体制机制禁锢，以提升自主创新能力、建设创新型国家为目标的创新组织模式。因此，高校协同创新中最核心的三个构成主体分别是高校、科研院所及企业，如图 3.3 所示，为内圈主体。

在高校协同创新系统中，高等学校是必不可少的主体之一。高校，尤其是研究型高校，既是知识传承和人才培养的重要基地，也是进行前沿学科研究及相关技术创新的场所。各个高校在长时间的知识探索和理论研究过程中，不仅积累了大量的科学知识和研究成果，而且输出培养并吸纳汇聚了大批高素质创新人才。这些先天优势条件是高校与其他创新主体协同进行技术研发、成果转化、服务社会和培养高质量人才的坚实基础。高校的重大使命不仅有人才培养和科学研究，还要承担推动国家科技进步、提高国家自主创新能力，进而促进经济社会发展、提升综合国力和国际竞争力的重要责任。

因此，高校应充分发挥其专业学科门类多、知识体系完善及高素质人才储备量大的独特优势，积极同研究机构和企业等创新主体进行深度合作。一是人才培养输出方面，树立现代化的人才培养理念，主动与高校协同创新其他创新主体协同开展人才培养，探索符合新时代发展要求的创新人才培养模式，为社会输出更多合格人才。二是科学研究方面，以高校优势学科和特色专业为依托，主动与高校协同创新中其他创新主体深入合作，组建优势互补、结构合理的科研团队，充分交流与共享科学知识和其他创新资源，不断产出全球一流的或行业领先的创新成果，并提供高水平的创新人才到其他组织机构及产业行业中，持续促进国家科技创新能力和在国际上的核心竞争力。三是服务社会方面，通过与地方政府合作，进行相关行业产业及区域规划专项项目研究攻关，推动战略性新兴产业发展和传统产业转型升级，为促进地方经济发展、提高区域竞争力提供智力支持。四是创新环境方面，高校“真理至上、淡泊名利、兼容并包”的学术氛围对全社会培育鼓励创新、协同共赢的良好风气有着重要的借鉴意义，从而在全社会形成更多的不同领域、不同行业、不同文化背景、不同价值取向的多元主体主动参与协同创新的大好局面。

与高等院校不同，科研机构的独特优势在于其研究方向更偏向应用，可能与市场需求和社会需求结合更紧密。在现代学科发展交叉融合趋势愈加明显的影响下，科研机构除应用性研究外，也开始涉足基础研究和理论创新，且很多研究机构可以招收和培养研究生。因此，很多研究机构在创新研究过程中也已经拥有了结构合理的科研团队和专业化支撑平台，理所当然成为高校协同创新的创新主体之一。与高等院校类似，科研机构在高校协同创新中同样可以在高素质人才培养、专项项目研究及服务社会经济发展等方面大有作为。且科研院所发挥其在应用研究方面的优势，与企业进行相关关键技术的协同攻关，对于提升企业创新能力和市场竞争能力都是很有效的方式。

创新的根本目的是对超额利润的追求，而在实现利润的过程中，企业是核心主体。作为市场经济活动的直接参与主体，企业对创新的需求导向作用非常显著，高校协同创新系统必须有企业主体的参与。企业在其经营发展中追求的是经济利益最大化，受市场变化的波动影响，企业对投入大、耗时长、风险高的研发活动兴趣不太大，而更多关注的是快速实现的商业利润，这也是我国绝大部分企业创新能力长期较低的原因。要提高企业的创新能力不是一个容易的过程，单靠企业自身力量，短时间进行突破性的创新难度非常大。通过参与高校协同创新，借助其他创新主体的科研实力、创新资源和平台优势，不断展开广泛而深入的合作，对于企业提高产品科技含量和市场竞争力，是行之有效的方式。在协同创新的过程中，企业可从其他创新主体引入专业技术强、经营管理能力强的复合型人才，至少可在协同创新过程中得到这些高素质人才的援助，帮助企业实现可持续发展。除此之外，企业可通过高校协同创新参与高校及科研机构的人才培养工作，在企业市场需求信息导向下，高校和研究机构的人才培养就更有市场针对性，在社会中就更有其用武之地。

3.3.2　支撑主体

政府虽然不是知识创新或技术创新的主体，但在高校协同创新系统中起着非常重要的作用。政府不仅通过制定相关政策对高校协同创新进行资金支持和服务保障，而且对高校协同创新的各参与主体也是利益协调者。目前，我国市场经济体制还不够完善，政府更需要在高校协同创新中发挥其宏观指导和政策调节作用，为高校协同创新引领方向、保驾护航。首先，政府科学顶层设计，通过战略发展规划对高校协同创新围绕战略性新兴产业发展和传统产业转型升级展开协同攻关，发挥政府的宏观指导作用。其次，政府发挥对高校协同创新中各异质主体的牵线搭桥和利益协调作用，提高高校协同创新各主体的向心力和系统凝聚力。最后，政府采取相关财政政策对高校协同创新进行资金上的支持。实际上，政府的服务和保障作用不只体现在资金上，政府还可提供完善的信息网络基础设施和公共信息平台，有利于高校协同创新各主体进行开放资源的共享，降低信息获取成本，还可通过制订法律法规，保障高校协同创新各协同组织的合法权益。

用户既是创新需求的提供者，也是创新链的最终端。Eric Von Hippel 将具有超强的市场敏感性和创新精神的用户称为领先用户，领先用户是高校协同创新中的重要支撑主体。高校协同创新对用户的需求进行分析，并设计解决方案，对于减少协同创新的盲目性、提高协同创新效率作用显著。用户参与高校协同创新，一方面，使相关的研究创新活动更具有针对性；另一方面，还能利用用户的反馈进行技术改进和优化升级，从而持续提升产品的市场竞争力和抗风险能力。

高校协同创新由高等院校、科研机构和企业等基本主体构成，处于由科技中介机构和金融机构等支撑主体构成的外部环境之中，高校协同创新更加强调更广泛主体的参与互动及更多资源的整合，这也是高校协同创新比产学研合作更深化和升华所在。其中，科技中介机构是高校协同创新的信息环境构建者。在协同活动中，合作伙伴的选择是一个各主体相互博弈的过程，由于各主体掌握的资源主要集中在某一方面，因此，对合作伙伴的搜集对每一个主体来说都不是一个简单的过程。科技中介作为第三方服务机构，由于掌握更广泛更全面的创新主体和创新资源信息，因此，科技中介机构参与高校协同创新能够帮助各主体降低合作伙伴搜寻时间和费用成本，有效提高协同成功率。科技中介作为高校协同创新系统的重要组成部分，其信息传递功能的发挥是高校协同创新顺利实现的重要保障。科技中介在高校协同创新中应充分发挥其信息桥梁的作用，确保各种信息资源在各组织间顺畅流通，为协同创新活动的顺利进行提供辅助和支撑。

金融机构为高校协同创新提供经济基础。在高校协同创新过程中，各个阶段都需要大量的资金投入，如平台建设、资源整合和人才选聘等。构成协同创新活动的资金环境除了有金融机构，还有企业、政府及民间信贷资本等其他主体。高校协同创新的高投入、高回报及高风险特性需要有充足的资金保障。因此，高校协同创新的资金保障体系应以企业研发基金为主体，通过政府财税政策引导将金融机构和民间信贷资本纳入体系之中，有效降低创新活动的资金风险，为高校协同创新的顺利开展营造良好的资金环境，解决创新主体的后顾之忧。

综上所述，高校协同创新的核心主体和支撑主体共同构成基于创新链的高校协同创新系统的参与主体，各参与主体在系统中分别承担不同的角色任务，如图 3.5 所示。

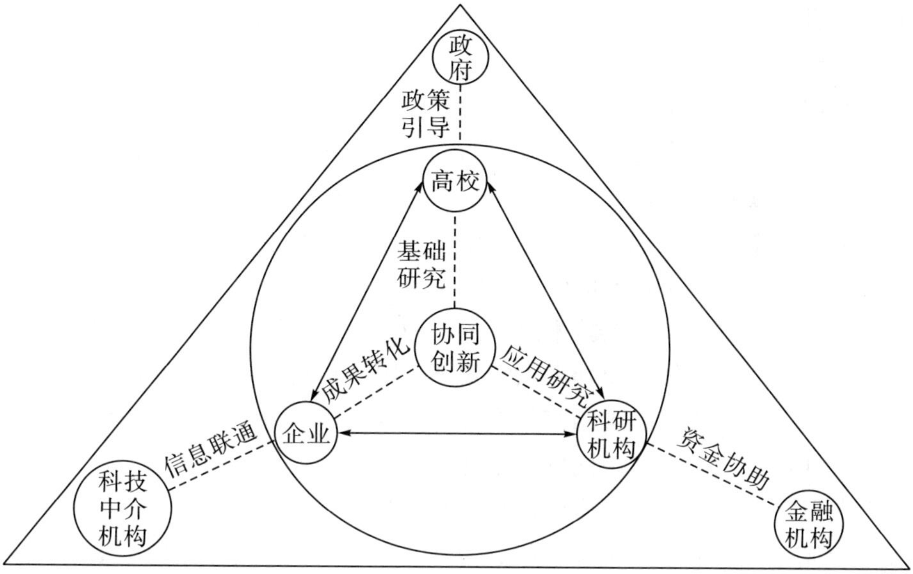

图 3.5　基于创新链的高校协同创新系统主体

高校协同创新系统以内圈的高校、科研院所及企业为核心主体，核心高校与其他高校、科研机构及企业等主体依托具体合作项目建立协同合作关系，进行协同创新活动。系统中各核心主体的协同创新活动需要外圈政府、科技中介机构及金融机构提供信息、技术及资金等方面的支撑，政府、科技中介机构及金融机构等支撑主体在高校协同创新中承担推动、引导、协调和辅助等作用。目前，政府在高校协同创新活动中发挥的作用较大，科技中介机构和金融机构等社会组织发挥的作用还不够充分。尽管各支撑主体在高校协同创新中的作用比较重要，但并非所有的协同创新活动都有这些支撑主体参与，从下文梳理的高校协同创新模式也能够看出。

3.3.3　投入资源

高校协同创新除需要各主体参与之外，还需投入大量的创新资源，这些资源包括各种物质资源和非物质资源，各种资源从各主体处不断汇聚到高校协同创新系统中，并得到不断的整合。高校协同创新中投入的资源一般包括人才资源、知识资源、技术资源、信息资源及资金资源等。

（1）人才资源。创新人才是高校协同创新最重要的战略资源。创新人才掌握一定的科学知识或专业技能，是连接知识创新、技术创新及创新扩散的载体。创新人才强烈的创新精神是其在高校协同创新中最能动的因素，参与协同创新活动并推进创新持续深入进行。虽然高校聚集了大量的科技创新工作者，也是培养输出创新人才的重要基地，但科研机构和行业企业同样为高校协同创新提供大量的科研人员、工程师及企业家，这些也是高校协同创新人才队伍的重要组成部分。从各方面汇聚到一起的创新人才各有所长，必须相互配合、齐心协力，才能发挥涌现聚变的效应，推动高校协同创新高效进行。

（2）知识资源。知识是高校协同创新的基础和源泉。在当前的知识经济时代下，知识已渗透经济社会的各行各业、各个领域和环节，只有积累丰富的知识资源才能获得创新发现及技术进步的动力。随着学科交叉融合发展和全球化持续推进，科学知识体系愈加庞大和复杂，没有任何单一主体能够拥有支撑创新的所有资源，各主体必须同其他主体进行合作从而取得知识资源上的共享。而不断变化的创新环境及不同创新主体知识资源的异质性和互补性，客观上也要求各创新主体必须要进行协同创新。借助高校协同创新平台，高校和科研机构的科学知识与企业的技术知识通过流动、共享，在平台的作用下最终变成协同创新的智力资源和创新能力。

（3）技术资源。在高校协同创新中，技术资源的提供者主要是高校协同创新系统的基本主体，也就是高校、科研机构和企业。技术资源与前面提到的知识资源两者之间其实存在很多交叉，因为技术本质上也是知识，是系统化的知识，它以科学知识或理论知识为基础。广义的技术既包括有形的技术形式，如样品、图纸和数据等，也包括方式方法、知识积累及经验总结等无形的技术形式。高校协同创新的高校、科研机构及企业等各创新主体所掌握的技术各有专长，这些就形成了各主体之间的差异性。这些主体将不同的专长技术汇集、交融、无缝对接，从而产生显著的协同作用和功能放大效应，高校协同创新的协同创新活动才能有实质性的效益产出。

（4）信息资源。信息资源是人类活动的媒介和载体，对人类的创新活动有重要的支撑作用。如政策信息为高校协同创新活动提供方向指引，也能为符合政府相关政策要求的协同创新活动提供保障支持。市场需求信息则能帮助企业有针对性地进行产品研发、设计和生产、销售，提高市场占有率，也能帮助高校和科研机构进行针对性的人才培养，提高毕业生的就业率和就业质量。高校协同创新中完善的资源共享信息平台使得各参与主体之间的信息流通顺畅，各主体充分共享信息资源，个体利益与整体利益保持高度一致性，实现高校协同创新的战略目标是所有主体共同努力的方向。

（5）资金资源。资金是高校协同创新不可或缺的重要资源。多年来，我国高校和科研机构一直是教育、科技、经济相脱节的状态，且企业的科技成果转化率低，这种现象的主要原因之一就是缺乏合理的资金支持。高校和科研机构大量的科研成果在发表论文之后及课题鉴定评奖之后便束之高阁，大多数都没有得到转化，这也是因为没有持续的资金支持。高校协同创新系统中政府、科技中介机构、金融机构及其他社会组织等支撑主体的参与，为高校协同创新活动构建了良好的资金环境，一方面，为高校协同创新活动的进行提供了重要的资金保障；另一方面，能够有效降低协同创新的风险。

3.3.4　协同创新平台

协同创新平台是高校协同创新活动正常开展的重要载体和必备条件。关于协同创新平台的定义，陈劲（2012）从企业视角认为它是指不同行业和不同领域的多元异质主体为了实现特定的目标，将各方主体的优势资源和专长能力整合，进行协同创新的合作平台，高校、科研机构及企业等主体在协同创新平台上合作开展协同创新活动，实现某种技术或产品的研发及商品化活动，将技术成果转化为单方无法独立达到的高效益。高校协同创新平台指高校与科研机构、企业及其他支撑主体围绕协同创新建立起来的组织平台，其平台设置和组织结构并不是固定的模式，而是随高校协同创新中心的类型和功能定位而变化的。

组建高校协同创新平台，是实现高校培养综合素质人才、服务社会功能的重要途径。平台通过汇聚整合各参与主体的人才、知识、技术、政策、资金及信息等创新资源，协同开展人才培养和技术研发活动，推动科技成果有效转化，促进新兴产业发展和传统产业升级，为区域经济社会发展提供智力和技术服务。高校协同创新平台的建设必须以高校为核心主体，以高校、科研机构和企业的优势资源为依托，破除高校与其他创新主体之间的组织壁垒，实现资源共享、激发创新活力。因此，高校协同创新平台的建设必须坚持开放协作、高效共赢的原则，成为高校、科研机构、企业及政府、科技中介机构、金融机构等系统构成主体开展文化传承创新、高水平人才培养、科技服务咨询、技术成果转化及科研管理体制改革的稳固基础。

3.4　系统特征

高校协同创新是由高校、科研机构及行业企业等多元主体围绕共同的创新目标，联合进行技术或产品攻关的组织模式，最终实现“整体功能大于部分之和”的协同效应。高校协同创新取得成功需要各主体及协同创新中心遵循以下五个原则，这也是高校协同创新的基本特征。

3.4.1 目标一致性

协同创新的提出开启了协同思想指导下进行创新活动的新时代。协同创新与一般创新组织模式的区别就在于协调、合作，将高校、科研机构、企业、政府、科技中介机构、金融机构及其他各种创新关联组织进行整合，为了共同的目标，协调多方行动主体实现协同绩效。由于协同创新中各个主体组织分别属于不同行业、不同领域和不同部门，要想充分发挥各主体的比较优势，必须以共同的目标为前提。因此，开展协同创新先要确定共同的目标，可能是技术难题攻关、创新人才培养，也可能是管理方面或体制机制方面的创新。在共同的目标导向下，各方主体通过契约关系或产权关系，建立一整套完备的长效机制（李洪修，2013）。

由于参与协同创新的各主体社会分工不同，在协同创新系统中各自的功能定位、价值取向和发展目标都存在一定的差异。因此，开展协同创新必须要先通过战略协同形成共同的目标愿景和内在动力，从而便于对各主体之间的利益进行均衡处理。在此基础上，协同创新各参与主体合理分工、各司其职，形成整体合理，共同完成目标。高校协同创新的建立就是为了汇聚和整合各创新参与主体之间的创新资源，充分发挥高校在科技和人才方面的天然优势，资源共享、优势互补、信息互通，形成利益共同体，推动教育、科技、经济与文化的有机结合，从而服务区域经济社会发展，提高自主创新能力，为建设创新型国家充分发挥各主体的贡献。

3.4.2 平台开放性

高校协同创新平台是高校协同创新系统活动的基础，平台的开放性是协同的基本前提。根据协同学理论，在开放的协同创新系统中，系统的结构和功能的相对平衡状态要求系统内部要与外部环境进行充分的物质、能量和信息的交流，否则就会成为孤立封闭的系统（王贵友，1987）。高校协同创新是一个由高校、科研机构和企业等多个主体、多个领域、多级部门组成的复杂系统工程，只有保持系统平台开放，才能使它们产生协同效应，尤其是在当今复杂的经济社会环境下，只有保持开放才会有生机和活力，封闭系统无法进行创新，最终只能灭亡。这也是《教育部财政部关于实施高等学校创新能力提升计划的意见》提出高校协同创新要坚持全面开放的原因所在。高校协同创新是一个开放的系统，各级各类高校只要在某一领域有专业技术特长，能够为产业发展、科技进步贡献自身的力量，都可以寻求其他高校、企业、科研机构及政府等主体建立协同关系，且协同创新的内容可多种多样、形式可灵活选择。各创新主体构建协同创新的战略联盟，多方联动、协作攻关，合理解决国家和地区经济社会发展的重大问题（焦新，2012）。

一方面，高校协同创新平台的开放性体现为高校协同创新系统对参与其中的创新主体不设限制，积极吸收引入一切有能力、有实力的创新力量和创新资源；另一方面，体现为高校协同创新可将用户纳入系统中，面向用户需求、面向社会现实问题，将协同创新的成果普惠民众。没有应用就没有前途，创新活动同样如此（陈昌曙，2002）。创新起源于新思想、新技术，但只有当新思想、新技术转化成产品并得到市场化，经历过应用环节之后才算完成真正的创新过程。立足社会现实，面向实际应用，协同创新的成果才能经得起实践的检验，才能真正解决国家和地区发展重大现实问题。

在变化频繁的市场环境下，必须将市场信息和用户需求作为创新的依据和目标，才能有效降低创新的风险和不确定性。用户是市场经济活动的目标对象，也是市场需求信息的创造者，因此，用户就是创新活动的风向标。创新过程中的用户最先觉察到市场对某种新产品的需求，提供个人对产品的具体要求也就是解决方案，企业根据用户需求就可以针对性地制订创新计划，在产品中试及投放市场后，用户可试用新产品，并对产品信息进行反馈，而且还可以自发地帮助企业宣传推广新产品（Von Hippel，1988）。因此，高校协同创新系统适当对终端用户开放，全方面吸收并分析研究用户需求信息，能够使协同创新活动的针对性更强，从而对缩短研发周期、提高创新效率、降低成本和风险也有极大的帮助作用。

3.4.3　资源共享性

在当今的知识经济时代，科学知识增长速度极快，技术产品更新换代越来越快，且随着市场竞争的激烈化程度加剧，科技创新的不确定性和风险不断加大，任何创新主体都难以依靠自身组织内部资源进行独立创新的传统模式再继续生存发展下去，即使资金雄厚、研发能力超强，单个组织也不可能拥有支撑起科技创新的全部资源。全球经济一体化的发展趋势要求创新主体将战略目光从组织内部跳出来，在全球范围内进行创新资源的配置，借助其他组织的力量来增强自身的创新效率和创新能力，协同创新模式便应运而生。由于高校协同创新由多个主体构成，各主体之间存在资源、能力等方面的势差，只有各主体之间实现很好的功能耦合和匹配，协同创新系统才能达到完善的水平。

创新资源是创新活动得以开展的前提和基础。高校协同创新中资源的最大特征就是共享性。高校协同创新各参与主体所掌握的创新资源有所不同，包括企业、高校、工程师、教授及技术专家等主体资源，科学知识、信息、技术及设备等客体资源，以及政策、市场和文化等环境资源。高校协同创新各参与主体所掌握的课题资源也有一定的区别，如高校更多的是科学知识和创新人才，科研机构更多的是技术资源，企业和金融机构掌握更多的是资金资源，科技中介机构掌握更多的是大量的信息资源。高校协同创新系统打破固有条块分割，使各方主体的创新资源在系统内无障碍流动，在各主体间充分共享，避免各自的资源严重浪费、创新效率低下，产生优势互补、集成放大的良好效果。

3.4.4 功能耦合性

高校协同创新中协同放大效应除需要系统内资源共享外，还需要各创新主体实现功能上的耦合，这种耦合表现为各组织相互配合、相互协作、互为补充。政府部门、科技中介机构、金融机构及其他支撑主体为高校协同创新营造良好的外部环境。高校和科研机构发挥自身科学知识及创新人才优势，企业发挥技术和市场优势，各主体之间相互补充，在技术创新方面相互协作。一方面，能够提高企业技术产品创新水平和市场竞争力；另一方面，能够提升高校的创新能力和社会影响力。各创新主体通过高校协同创新在完成系统总体目标的同时，也实现了自身的价值目标。对企业来说，除产品技术含量方面的提高外，还获得了支撑企业长远发展的技术创新能力和储备人才；对高校和科研机构来说，其科研成果通过市场行为转化为技术、产品，实现了创新的经济效益。高校协同创新系统各参与主体在功能上保持并不断提高其耦合性，不断推进协同创新活动深入进行，系统的协同倍增效应得到持续实现。

3.4.5 文化包容性

文化是人类活动中形成的观念、价值和行动规则的统称，创新文化是指导人们进行创新行为活动的文化形态之一。“要实现科技创新和体制上的创新，必须把建立创新文化当作一个重要的前提。这不仅是历史经验，也是现实的需要。”美国社会学家 Robert C. Merton（2000）如是说。创新文化是协同创新体系的基石。

高校协同创新由于内含多方创新主体，因此，其协同创新行为不只是简单的技术过程，由于有众多来自不同主体的人员参与其中，协同创新还是一个社会过程。在这个协同的社会过程中，不同创新主体的思想进行交流，创新行为协作互动，这一切都是不同的创新文化交流碰撞的外在表现。只要高校协同创新系统中各参与主体在协同创新交流平台上将各自的创新文化思想（如各自的理想信念、价值观、目标等要素）进行沟通交流、有机整合，才能构成高校协同创新系统的良好文化环境，保证协同创新的正常进行和良性循环。

创新文化对创新的重要作用显而易见，在协同创新组织和管理过程中也起着非常重要的作用。创新文化不仅表现为敢为人先、勇攀高峰、不畏艰险的创新精神，还体现为攻坚克难、追求真理的创新行为，以及鼓励创新、允许试错、宽容失败的文化氛围等。

创新文化一定要与协同创新的组织模式相适应、相协调，才能有效发挥创新文化对人的思维、心智的启迪作用。高校协同创新要通过体制机制改革，倡导有利于多方主体协同创新的文化环境，这是关乎协同创新成败的重要因素。一是自由开放，打破传统跨领域障碍及组织壁垒造成的创新资源流通不畅的局面，促进系统内人员流转和资源扩散。二是民主和谐，使各创新主体都能表达自己的声音，从而使创新思想和创新思维得到保护，各主体间的信任度和认同度也能得到明显提升。三是以人为本，强调人在高校协同创新系统中的重要性，有助于提高创新人才的归属感，激发创新人才主观能动性和创新潜能。四是鼓励创新、宽容失败，既要鼓励创新、表扬先进，也允许试错、宽容失败，营造谋创新、善改革的浓郁氛围，解除创新人员的后顾之忧，避免扼杀其创新精神与积极性，鼓励创新者要有坚定的意志与百折不挠的精神，积极主动参与协同创新过程。

3.5　协同模式

高校协同创新是高校主导的，高校、科研机构和企业等多元创新主体最终实现对各创新主体共享的资源的高效利用，创新能力也得到显著提升的创新组织模式。高校协同创新的组织模式直接对系统的创新效率和创新能力提升产生直接影响，因此，有必要对高校协同创新的组织模式进行梳理分析。以高校协同创新的协同主体为分类依据，可将其分为高校与高校的协同、高校与科研机构的协同、高校与企业的协同、高校与政府的协同及多主体协同创新五种模式。

3.5.1 高校与高校协同创新模式

高校与高校协同创新模式，是指在牵头高校的主导下，多所高校充分发挥各自的比较优势，通过资源共享和优势互补，在共同组建的协同平台支撑基础上，进行科学研究和人才培养等方面的合作，最终目的是提高高校创新能力，为相关行业前沿发展提供基础科研服务，进一步为国家及地区经济社会发展服务。高校与高校之间的协同，一方面，是人才培养方面的合作，高校协同创新中各个高校建立创新战略联盟，贡献各自优势学科及特色专业资源，将优质教育资源实现跨学校、跨区域的共享，协同培养高水平、高素质人才。如 2011 年中国地质大学（北京）、中国矿业大学（北京）、中国石油大学（北京）、华北电力大学、哈尔滨工程大学、燕山大学、北京邮电大学、北京化工大学、北京林业大学、北京交通大学、西安电子科技大学、北京科技大学 12 所行业性高校共同组成北京高科大学联盟，12 所高校的学生可以在联盟内所有学校互选课程、互修学分，12 所高校的优质资源共同进行人才的培养。另一方面，高校与高校的协同是指科研方面的合作，高校协同创新集聚各主体的优势科研资源，积极调动各方力量参与重大难题的协同攻关。

高校与高校合作形成一个整体后，在课题项目申报上可以共享外部资源，将会使联合申报的成功概率大大提高。各高校之间的相关人员也可跨区域、跨学校进行联合，组建综合性的跨学科研究团队，对于重大科学问题开展联合攻关，对于创新效率和创新能力的提升有很大的帮助。此外，高校与高校协同创新对于地区经济社会发展有重要的服务作用，对于建设创新型国家有重要的支撑作用。各种高水平研究型高校协同攻关的关键性成果将在解决国家重大战略性问题过程中发挥重要的作用，有效推动我国的创新型国家建设。部分高校针对地方发展的现实问题，联合研究破解方法，提出促进新兴产业发展和传统产业转型升级的相关对策，使用创新驱动地方经济社会发展。

3.5.2 高校与科研机构协同创新模式

高校与科研机构的协同创新模式能够将二者从功能上进行统一。由于高校和科研机构在功能上是有所区别的，尽管两者在科学研究、人才培养和社会服务等方面有着非常多的共同之处。对比来说，高校特色在于其综合性，高校侧重于基础研究和理论创新，为社会培养本科生、硕士生和博士生等多层次的人才。而科研机构侧重于应用研究及技术开发研究，研究的问题是更具体现实的问题；同时，科研机构也在人才培养中承担一定工作。高校和科研机构各方面的差异为二者的协同创新奠定了基础。

高校与科研机构开展协同创新，可以有效地将高校和科研机构的理论研究成果、应用研究成果、各种仪器设备及各类科研人才进行有机整合，从而提高高校和科研机构的协同创新效率，进而实现二者在技术创新和经济价值追求方面的共赢。美国国家实验室和研究中心的运营管理模式是我国可以学习的优秀案例。在大科学环境下，美国国家实验室和研究中心超过半数都由研究型高校代管，从而加强了高校与科研机构的联系程度，促进了二者之间的协同合作。通过这种合作，高校和科研机构在对方资源的帮助和借鉴下，不断总结提升自身的创新效率和创新能力。

3.5.3　高校与企业协同创新模式

高校与企业协同创新模式，是将高校在理论知识、创新能力及人才资源等方面的优势与企业在成果转化及技术应用的优势进行有机整合，在二者共同建立的平台上，依据规定的工作管理制度，突破组织边界和行政分割，将信息、技术、人才和资本等资源充分共享，最终提升高校的技术成果转化率和服务企业、服务经济社会的能力，以及企业的自主创新能力、技术转化水平和技术创新利益。

面对激烈的市场竞争环境，企业想提高其市场竞争力，必须提高企业产品的科技含量，由于科技发展日新月异，企业不可能冒着很大的风险进行基础的技术创新，这就需要从某个外部主体引进相关技术，并进行转化、生产、销售。高校作为基础研究和技术开发的重要基地，需要通过市场经济主体——企业来实现技术转化和商品化。高校与企业的协同创新活动是新形势下协同创新的新组织模式。高校最擅长基础理论研究和部分开发研究，给企业提供知识基础和理论技术。企业直接参与市场经济活动，以市场和用户需求为依据，通过技术转化和商品化等过程对理论研究和技术研发进行检验，技术商品化的价值收益能够为高校科研提供经费支持。

高校与企业开展协同创新，对于实现不同组织的功能耦合、促进科学技术发展是非常行之有效的方法，且高校与企业的协同创新对于高校创新成果扩散、提高企业市场竞争力、联合培养高素质创新人才也有重要的意义。通过搭建协同平台，双方的创新人才进行协同攻关，联合研究制约企业发展的关键技术问题，有效提高企业产品的科技含量，进而帮助企业提高其在市场经济中的竞争力。此外，高校与企业协同创新也在协同培养人才方面有了一定的进展。高校学生到协同创新的企业参观学习，对于学生了解课堂之外的重要资源，有针对性地进行人才培养，利于大学生毕业时就掌握很强的社会实践能力和动手操作能力。企业的相关技术专家、工程师和管理人员将工作中的实际操作知识带入课堂，对于扩大学生知识面有很大的帮助。此外，高校与企业联合申报课题，能够提高项目立项的概率，共同开展课题研究也对培养学生的科研能力大有裨益。

3.5.4 高校与政府协同创新模式

高校与政府的协同创新，一般指高校依托其地理位置优势，与地方政府就地方经济社会发展的重大现实问题展开合作研究。其中，高校发挥其优势学科和专业，以及人才方面的优势，为推动地方传统产业转型升级、新兴战略产业飞速发展，提高地方综合创新实力及助推地方经济社会发展提供智力方面的支持。高校服务经济社会发展是多元参与主体协同一致，共同为地方发展进步尽心尽力，而不是高校单方面的想法和行动。

开展高校与政府协同创新，一方面，高校针对地方政府相关战略规划进行调查和深入研究，充分利用高校的科学知识等优势资源，组建专门的研究团队为地方经济社会发展服务，做政府的智囊团，为政府提供决策咨询及技术指导。如2016年四川大学与成都市武侯区人民政府草签了《“环川大知识经济圈”合作框架协议》，四川大学将充分发挥人才和科研优势，以推动创新创业为重点，以促进科技成果就地转化为抓手，协力打造“环川大知识经济圈”，为区域经济发展提供智力服务。另一方面，高校与政府的协同合作可以为地方发展培养一批特色专业人才，推动技术加速转化。四川大学产业技术研究院以四川省战略新兴产业和产业结构为重点，集成和凝聚了四川大学的创新要素，培养符合战略新兴产业发展要求的创新人才，并且吸引了产业化技术研发人才和技术转移人才，推动了四川省高校科技成果在川加速转化，促进了区域经济快速发展。

高校与政府的协同创新建立在政府的相关政策引导和制度支持下。高校与政府协同创新是一种服务区域发展的模式，对地方政府的干预有更高的要求，需要地方政府全程发挥连接和黏合作用。政府的适度干预有利于创新资源的优化配置，主要是通过政策规划、项目引导和产业布局等方式进行。高校充分利用自身各方面的资源优势，面向市场开展应用性研究，推动地方产业结构优化和经济社会发展。

3.5.5　多主体协同创新模式

高校协同创新的参与者不只限于两个或两种类型的创新主体，与以上几种高校与某个单一领域主体的协同模式不同，更多的协同创新模式都是涉及多个创新主体的，产学研、产学研用、产学研介、产学研金、政产学研用全面协同创新等都是典型的协同创新模式。多主体协同创新是全球经济一体化加速、技术复杂性和市场不确定性日益加剧的现实要求，只有通过协同创新形成战略联盟，才能不断提高各自的创新能力，增强各主体及联盟总体的抗风险能力。

多主体协同创新模式有利于充分整合来源于不同领域、不同创新主体的创新资源，多主体联合易形成规模效应。如对于大型复杂科研项目的研究，由于涉及学科多、层次多、体系庞大，单靠某一领域的专家根本无法完成，就必须要多主体、多部门、多人员协作攻关，将项目进行分解、分工，问题自然容易解决。但是，高校协同创新的主体规模并不是越大越好，“不是要搞大联盟，不需要大而全”（杜占元，2012）。美国学者 Rentsch 和 Klimoski 研究表明，过于庞大的团队规模对成员交流沟通反而会有不利影响，甚至导致分歧产生。

在国家认定的高校协同创新中心里，多数都是多主体协同创新类型。如“长三角绿色制药协同创新中心”是由浙江及美国等地区的多所高校、部分东部地区研究机构及国内外多家医药企业共同构成的。“苏州纳米科技协同创新中心”的参与主体包括多所研究型大学和科研机构、相关纳米行业的科技企业及作为政府主体的苏州市政府和苏州工业园区。“轨道交通安全协同创新中心”由高校、科研机构和企业构成核心主体，国家相关政府部门提供政策和经费支持。

3.6　本章小结

本章以创新链为工具，在创新链与高校协同创新一致性分析的基础上，首先，在深入分析协同创新过程中的创新链运行特征的基础上，构建基于创新链的高校协同创新系统模型；其次，对基于创新链的高校协同创新系统的构成（包括基本主体、支撑主体、投入资源、创新平台）、高校协同创新的系统特征，以及高校协同创新的组织模式等机理特征进行深入分析，为后续探讨基于创新链的高校协同创新运行机制奠定相应的理论支撑。

第 4 章　基于创新链的高校协同创新运行机制

高校协同创新的运行机制是指从系统各参与主体产生协同意愿开始，到协同合作结束的全过程，包括前期协同形成过程，中期组织实施、运行管理，后期绩效评价、利益分配等，以及涉及的政策制度、运行管理及作用方式。高校协同创新以追求创新能力、实现协同价值为动力，在此动力牵引下，各参与主体通过资源共享、学科交叉融合创造出科技成果，增强了科研实力和创新产出。在协同过程末端需要对创新绩效进行评价，进而实现协同利益的合理分配。因此，本章从系统的动力机制、协同机制和评价分配机制等方面入手，对高校协同创新系统的运行机制及其内在关系进行深入分析，并构建如图 4.1 所示的运行机制模型。

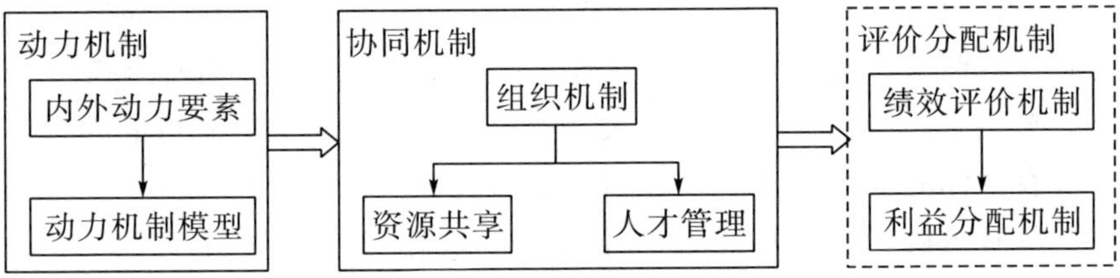

图 4.1　高校协同创新的运行机制模型

4.1　高校协同创新形成过程

高校协同创新是一项由众多要素和诸多环节构成的复杂系统。协同创新系统的形成是开展高校协同创新的前提和基础。在对高校协同创新的运行机制分析之前，对高校协同创新的形成过程进行分析，对于深入研究高校协同创新的动力因素及动力机制有着重要的意义。从创新链的形成发展角度来看，高校协同创新的形成过程可以分为方向确定、伙伴选择及平台搭建三个阶段。

4.1.1　确定协同创新方向

正确的方向是一切行动取得成功的前提。高校协同创新的形成也必须要先确定一个正确的方向，这是高校连同其他创新主体开展协同创新的首要任务。根据国家“2011 计划”原则，高校协同创新的问题选择应以前瞻性的国家战略发展需要或地方、主导产业的关键技术难题为主要方向，依托高校特色专业和学科优势，组织其他相关创新参与主体共同搭建协同平台，进行针对性的、深入的创新研究，努力解决国家和地方经济社会发展的重大战略问题。

（1）高校协同创新方向的确定应考虑提升高校服务国家和地方发展的意识和能力，研究的问题应该与国家和地方发展中的新兴战略产业、重点传统创业及重大国计民生工程等需求相关。鼓励高校的教授和技术专家走出高校，开展广泛而深入的田野调查，充分了解地方经济社会、行业产业发展的具体需求，将基础研究与现实中的实际问题相结合，进行扩展的应用性研究，使高校的研究成果能够真正地普惠民众，服务民生。因此，高校协同创新的方向确定要以服务国家、地方和产业发展为宗旨，结合国家创新体系中的重大关键性问题，面向地方市场经济发展需求及产业发展的核心问题。

（2）高校协同创新除关注外部的重大问题外，高校自身发展的重大问题也是高校协同创新的方向。要更好地服务国家和地方发展，必须提高高校自身的综合能力，立足长远、着眼当下，加强对科技前沿问题的研究，增强高校在基础理论知识和科技成果等方面的积累，这也是高校有别于其他创新主体的重要优势。因此，确定高校协同创新的方向时，必须将自身发展置于外部的国际、国内及地方的发展环境之中，借助对外协同创新及科技成果转化对高校内部科研管理和人才培养的体制机制进行创新，将企业及研究机构等外部主体的资源优势充分吸收借鉴，以提升高校的自主创新能力。在完善学科建设、深化科学研究的同时，为地方发展输出专业人才，提供智力咨询支持，更好地服务社会。

（3）主导高校在确定协同创新的方向时，充分考虑自身的资源和功能优势，积极主动与高水平科研机构和企业等进行深度合作，在组建的协同创新平台上汇集相关领域或行业的一流专家，充分利用这些高水平创新人才的聪明才智，组建一流科研团队，合力攻破国际或国内高精尖行业领域的前瞻性问题，打造世界一流大学，在提高国家自主创新能力及一流创新人才培养输出和建设创新型国家过程中发挥中流砥柱的作用。

4.1.2 选择协同创新伙伴

协同创新伙伴是高校协同创新系统中与高校联合进行重大问题和关键技术协同攻关的其他创新主体，是系统必不可少的构成元素。由于高校协同创新中的高校、科研机构、企业和政府等来源于不同领域，它们对高校协同创新的预期目标和价值获取等存在一定的偏差。而要取得高校协同创新的成功，必须要这些异质主体在目标、价值和文化等方面协同一致，充分发挥各自的比较优势，合力攻关。因此，协同创新伙伴的选择是高校协同创新取得成功的关键，必须将其作为一个重要的决策过程进行处理。

（1）趋同一致的目标愿景既是选择协同创新伙伴的基本原则，也是后续协同创新活动顺利进行的重要保障。但在实际中，高校协同创新中的各参与主体在目标追求和价值取向上很难达到统一。仅考查高校内部成员就可以发现，不同年龄、不同专业的学者其价值追求也存在很大的差别，如年轻讲师考虑是否有合理的科研团队环境帮助其锻炼各方面的能力，从而尽快晋升职称；教授、博导在职称晋升方面已经取得一定成就，更多的是通过协同创新平台追求自我实现和学术声誉。文科学者更重视应用自身掌握的专业知识，承接一定的横向课题，为经济社会各方面的发展出谋划策；理工类专家重视技术创新，希望通过协同创新与企业合作，将科技成果进行转化。高校内部成员的目标追求不同还体现在，领导者和高层管理者着眼宏观层面，希望通过服务国家和地方经济社会发展，输出大量高素质人才，不断提升社会影响力。而教师和科研人员追求的是个人价值的实现，希望有一定的平台和机会发挥自己的专业特长和创新能力。对比来看，来自不同创新主体的成员之间的目标差异可能更大。而系统成员目标追求上的不一致必然导致高校协同创新系统中滋生机会主义。因此，高校协同创新系统中，高校在选择协同伙伴时，必须坚持趋同一致的目标愿景。

（2）组织文化兼容是目标愿景趋同一致的保障，是选择协同创新伙伴的另一基本原则。高校协同创新是在高等学校主导下，不同创新主体大跨度、宽领域整合来自多领域、多行业的创新资源的创新组织方式，其中，与系统相适应的组织文化是系统协同创新活动顺利进行的重要保证。在高校协同创新系统中，每一个参与组织都有自己的、有别于其他主体的组织文化，即组织文化的独特性，如高校、科研机构、企业和政府等主体各有自己特色的、反映自身行业特点的组织文化，如大学文化、学术文化、商业文化和行政文化等。组织文化的这种独特性使得各主体间思维、行为上存在一定的差异。一方面，这种差异增加了系统协调管理的难度和成本；另一方面，增加了系统协同创新的风险和不确定性，甚至可能导致创新失败。这就要求协同创新系统的组织文化能够很好地和各主体的组织文化兼容，但兼容不是完全同质，不是对异质文化中闪光点的抹杀。高校协同创新系统鼓励各主体进行充分的、深入的文化方面的交流和融合，这样对于激发创新思维、提高创新效率也有很大的帮助。

（3）协同创新伙伴的选择应注重优势互补、功能耦合，实现高校协同创新的协同放大效应。高校协同创新选择协同创新伙伴，并不是要将各个参与主体的创新要素和功能简单叠加，而是要注重系统的整体性。在现代的市场竞争环境中，科学知识和技术体系日益复杂，创新的难度也越来越大，任何创新主体都很难全面掌握各种创新资源，即使通过外部交易获得的可能性也较低，更遑论依靠自身的力量单独实现创新突破。组建战略联盟，参与协同创新，才能借助多方优势资源，帮助自己提高创新能力，提升市场竞争优势。高校、科研机构、企业、政府、科技中介及金融机构等掌握的资源各有不同，只有充分发挥各自的优势和特长，资源共享、功能耦合，才能实现整体最优和互利共赢。除此之外，良好的基础、优良的信誉和畅通的沟通渠道等也是选择高校协同创新伙伴的重要原则。

4.1.3　搭建协同创新平台

协同创新平台对于高校协同创新来说，是各主体协同创新活动正常开展的重要载体和必备条件。高校协同创新平台是指高校连同其他创新主体，围绕协同创新目标，为保证信息、知识、技术、人才和资金等资源流通共享，协同创新活动顺利进行而搭建的结构稳定、功能完善的系统内部组织结构。高校协同创新平台不仅可充分发挥高校创新人才集聚、专业门类完善和基础研究实力强的独特优势，还可积极引导、激发其他创新主体的独特比较优势，如科研机构的应用研究优势、企业的技术市场化优势、政府的政策协调优势、科技中介机构的资源优势及金融机构的资金优势等。在高校协同创新中，协同创新平台的形式最常见的就是协同创新中心，搭建协同创新平台可以从以下四个方面进行完善：

（1）建立协同创新平台组织管理体系。

协同创新平台的组织管理体系直接决定着高校协同创新平台的管理体制和管理水平，它对协同创新活动预期目标的实现也有重要的影响。因此，高校协同创新平台的组织管理体系建设应以高校为主导，其他各主体积极参与，注重组织管理的开放性、动态性和柔性，建立一套机构完备、分工合理、职责明确、密切配合的完善保障体系。平台的组织管理机构一般包括理事会、管理委员会、学术委员会和监事会等，各机构在职责上有不同的具体分工。高校协同创新平台的理事会是最高权力机构和战略决策部门，由各个创新参与组织的主管领导组成，它的主要职责包括制订战略发展规划和工作计划，聘任首席科学家及高层管理人员，协调各种重大事项，争取各类创新资源等。高校协同创新平台的管理委员会是日常的行政管理部门，其职责包括明确各参与单位的责任、权力及利益分配关系，对协同创新平台的一般员工进行招聘、培训和管理，对系统内的创新资源进行统筹管理、协调分配。高校协同创新平台的学术委员会聘请相关行业领域的高精尖人才组成，其职责范围包括技术指导、团队建设、课题申报、人才培养、学术交流及成果转化等。高校协同创新平台的监事会对平台的协同创新活动承担监督责任，包括对各层管理人员的监督评价，对经费使用问题及其他不良思想和行为的监管等。

（2）充分整合并优化配置创新资源。

创新资源在平台内的充分整合和高效利用，是高校协同创新活动顺利进行并取得实际性成果的资源保证。高校协同创新平台上不仅汇集了各参与主体的人才及设备等有形资源，还涉及多行业、多领域的技术专利及来源于企业、政府和金融机构等的资金等无形资源。高校协同创新平台通过发挥职能部门的协调管理作用，使各种有形和无形的创新资源在平台上集成、共享，实现在各协同组织之间无障碍流动，进而使这些创新资源在系统中得到充分利用，帮助提高创新效率和创新绩效产出。但是，由于高校协同创新各参与主体的禀赋不同、专长各异、能力不一，在资源共享、优势互补、深度合作的同时，要注意大局意识和整体观念，防止机会主义现象出现，更要杜绝搭便车行为，资源共享必须以遵守知识产权保护制度为前提。

（3）建立高水平创新人才引进和培养机制。

开展高校协同创新必须建立在创新人才的基础上，层次合理、数量适宜的人才队伍是建立优秀科研团队的重要支撑，科研团队中不仅需要一般的技术人员和管理人员，还需要领军人物在协同创新团队中总揽全局、协调各方。其中，领军人物的能力对高校协同创新的绩效产出有紧密关联，其能力强则其带领的科研团队创新程度和创新效率就高，协同创新绩效产出就高。因此，对领军人物和精英人才的吸引和引进是搭建协同创新平台的关键环节，应充分发挥主导高校及其他相关主体的综合影响力，积极从海内外引进一批高端人才充实到领军人物队伍中去。除了采用外部引进、多途径聘用的方式聘请领军人物，高校协同创新需更重视内部人才的培养。对于人才的培养，高校需充分发挥其高深知识研究和传承及高层次人才培养的功能，同时，通过协同创新平台，利用科研机构和企业等的优势资源辅助优势特色学科打造和专业人才培养。除了在高校协同创新系统内部进行高素质人才培养，还可以“走出去”，倡导系统内的科研人员和学者等到国内外科研机构及企业去挂职，将学者的理论知识与生产或市场实际相结合，提高创新人才的综合素质，更好地为高校协同创新服务。

（4）科技研发与成果转化平台建设。

从创新链角度来看，高校协同创新的起始阶段即是科技研发，多方主体依托协同创新平台，在国家相关政策的指引下，整合、共享创新资源，针对国家或地方发展的重大需求问题进行科技创新和研发工作。而在创新链的末端，成果转化对前期的科技研发进行检验，通过转化为产品实现市场经济价值，同时，又反馈前期的科技研发。前期的科技研发与后期的成果转化，是高校协同创新工作中非常重要的两个环节。一方面，对于科技研发来说，科学前沿、国家战略性及行业关键性的问题的解决需要各主体协同进行，而这些工作都需要建立在科技研发平台之上。考虑到协同创新问题的具体目标，科技研发可能还需要实验室、研究中心及中试平台等条件的配合，这些都是科技研发平台的组成部分。另一方面，对于成果转化来说，科技成果只有得到转化，生产出相应的产品并通过市场化、产业化实现其经济价值才是创新过程的完成，这是技术创新的内涵之意。成果转化是连接科技研发和最终产品的纽带，必须建立科技研发和成果转化平台，延伸对整个创新链活动的支撑，实现创新链运行的顺畅、高效。

4.2　动力机制

目前，对于高校协同创新的动力机制研究，主要是借鉴产学研协同创新的相关研究结论，从管理学、组织学和系统论的角度，从系统内部和外部两个方面进行深入分析。产学研协同创新的动力机制是内部动力与外部动力的综合作用机制，在此作用下，协同创新主体的资源和要素充分流转，不断激发主体间的协同行为（周正等，2013）。关于外部动力，部分学者将其分为市场拉动、技术推动和政策启动三个方面；而内部动力则包括自我发展需要和利益驱动（李国武、李玲玲，2012）。蓝晓霞（2014）在其研究中重点分析了政府对协同创新的驱动作用。张海滨（2013）认为企业参与产学研协同创新是为了提高市场竞争力，追求市场价值。大学及科研机构参与协同创新的动力在于将自身创新技术成果商品化、产业化（徐莉、杨晨露，2012）。实证研究表明，产学研联盟中企业的合作动机对其行为有直接影响，进而对创新绩效产生影响（秦玮、徐飞，2014）。章春杰（2015）认为在高校的区域文化服务方面，协同创新是提升高校服务能力的有效途径和客观需要。

高校协同创新是产学研协同创新的更高阶段，其动力形成的目标就是不断提升高校、企业、科研机构及其他组织的协同创新能力，最终获取创新联盟的竞争优势。高校协同创新的动力形成过程就是协同创新各组织不断培育和提升各自的核心能力，最终互补融合，形成整体竞争优势的过程。高校协同创新各参与单位都有别于其他组织的核心能力，企业的核心能力在于掌握市场需求信息，能够进行技术成果转化、产品生产和销售，高校和科研机构的核心能力在于强大的科研实力及丰富的知识和技术资源积累。各主体核心能力的提高需求即是各主体主动参与协同创新的内在动力之源。高校协同创新的动力机制分为内部动力机制和外部动力机制，本节首先对内部动力和外部动力因素进行系统分析，然后构建高校协同创新的动力机制模型，从而全面展示高校协同创新动力机制的全貌。

4.2.1　内部动力因素

高校协同创新的内部动力是高校协同创新系统内部的动力因素，激发系统内部各主体的协同创新积极性和主动性，更好地实现系统预期的战略目标。高校协同创新的内部动力主要包括利益驱动力、战略协同引导力、内部激励推动力和创新能力保障力。

4.2.1.1　利益驱动力

对利益的追求是一切社会角色进行社会活动的目的，高校协同创新的各参与主体同样如此，他们参与高校协同创新都是受其追求的利益驱使，但这种利益不仅局限于经济利益。高校协同创新系统中，高校、企业、科研机构等主体间的知识、技术相互流通。首先，各主体拥有的知识存量存在一定的势差，高校和科研机构掌握的科研资源显然比企业更多，知识从资源富集的高校、科研机构向企业流动。其次，各主体掌握的知识在属性上有一定的差别，高校和科研机构掌握的是科学技术知识，企业掌握的是生产经营管理知识，依托高校协同创新平台，不同主体的知识相互流通、优势互补，促进创新活动的开展。

高校协同创新各主体通过协同创新将知识、信息和技术等优势资源互通共享，通过重大技术问题研究推动行业产业技术更新换代，进而通过技术成果转化实现经济利益的收获。追求各自利益并实现最大化是各方主体参与协同创新的最根本内动力。除了对表面的经济利益的追求，各主体还有更深层次的追求，如高校还希望提高学科专业的建设水平，优化创新人才培养机制，拓宽科学研究视野，提升经济社会服务能力。科研机构除了希望获得良好的成果转化，还希望在协同创新过程中产出更多高水平的研究成果。企业还有对自身创新能力的追求，希望在高校和科研机构的帮助支持下显著地提升其技术创新和产品创新水平，从而提升自身在激烈的市场环境中的核心竞争力。

4.2.1.2　战略协同引导力

高校协同创新的战略协同是指高校、企业和科研机构等在预期目标上形成协同，进而对系统整体及每个个体的思想和行为起引导作用，使各方的战略目标与联盟的目标实现统一。高校是基础知识和技术的提供者，科研机构是应用性研究的供给者，企业是技术创新的主力军，政府是创新活动的协调者，科技中介和金融机构分别是信息环境和资金环境的构建者，各方主体参与高校协同创新，实现科研成果商业化的最终目标。各主体分别处于创新链中的不同阶段，要形成战略目标协同就要求它们找准自己的定位，准确把握各自在协同创新系统中的职责分工。高校协同创新的战略协同形成之后，将会引导协同创新各参与主体变单独行动为集体行动，驱动系统向预期方向运行。

4.2.1.3　内部激励推动力

高校协同创新的激励机制是指系统组织管理机构通过一定的措施或规章制度，满足参与成员的物质和精神需求，充分激发创新人员的主观能动性，使最终目标顺利实现的一系列方法、手段，其本质是一种制度框架。内部激励是高校协同创新系统为充分发挥各参与主体的潜力和积极性，使各成员的行为与目标兼容，由协同创新平台（中心）的管理委员会制订的制度框架，包含各种行为规范及责任、权力和利益分配体系（吕海萍、龚建立，2004）。高校协同创新是高校、科研机构、企业及政府等其他各主体围绕共同的目标展开协同活动，是一个涉及多主体、多行业、多领域的复杂系统工程，其运行的基础和核心是人力资本，包括高校和科研机构的教师和科研人员，企业的技术开发、产品设计及运行管理人员，中介的技术服务人员，政府的行政工作人员，以及其他的协助参与人员等。高校协同创新的进行归根结底实际上是人的活动，要求充分调动相关人员的积极性、主动性，这就要求必须建立一套行之有效的激励机制。

科学化、规范化的内部激励机制是激发高校协同创新系统中各参与组织及人员的创新激情、创造潜能和工作积极性的有效措施，也是高校协同创新系统持续高效运行的重要动力。对高校协同创新进行激励可以通过四种方式即产权激励、资源共享激励、文化激励和政府激励来进行，四种激励方式相互影响、相互促进，共同构成高校协同创新的激励机制。

4.2.1.4 创新能力保障力

高校协同创新系统的创新能力是指在协同创新过程中，各主体积极贡献各自的优势创新资源，资源共享、优势互补、风险共担、互惠互利，从而形成的协同创新系统的综合能力。高校协同创新系统的创新能力是各主体协同合作，共同努力达到预期战略目标的重要能力保障。一般在协同关系建立之前，协同创新系统内各组织会对自身的资源禀赋和创新能力进行评估，进而判断协同关系能否建立，未来协同项目能否顺利完成。高校创新能力越强，越是能够紧紧把握专业领域前沿方向，进行深入的基础研究开发和专业人才的培养；科研机构的创新能力越强，越是能够保证科技成果的应用性研究更有针对性，能够更好地解决国家和地方的实际问题；企业创新能力越强，越是能够提供良好的技术成果转化场所，更好地帮助高校及科研机构的技术转化成适合市场需求的产品，从而保障经济效益的实现。各方创新能力越强，通过资源共享、优势互补，高校协同创新系统的创新能力才可能更强，进而反哺各创新主体，进一步帮助各创新主体提高自身创新能力，实现创新能力的共同提升。

4.2.2 外部动力因素

高校协同创新的外部动力是指存在于协同创新系统之外的动力因素，这些外在的动力因素构成协同创新系统的外部环境，通过间接的作用方式推动各主体协同创新活动的进展。高校协同创新的外部动力主要包括技术推动力、市场需求拉动力、市场竞争压力和政府支持力四种。

4.2.2.1 技术推动力

在当今产品更新换代快、技术革新速度快、市场竞争激烈的环境下，任何市场经济主体想跟上科技发展步伐，保持市场竞争力，就必须进行技术创新。但受自身信息、知识、技术和能力等条件的限制，仅靠自身实力进行技术创新的难度越来越大，这就使得对外部技术供给的需求愈加迫切，而通过高校协同创新平台，与高校和科研机构等创新能力强的实体进行协同创新是更为有效的途径。因此，技术推动力是高校协同创新重要的外部驱动因素之一。首先，对新技术的需求驱动企业主动与高校和科研机构建立联系，形成协同创新系统，通过协同攻关解决技术成果转化的问题；其次，当创新成果转化形成规范化模式后，就会使未来的同类创新延续下去，各主体自发形成协同创新战略联盟；最后，对新技术的预期会引领高校协同创新系统加大研发投入力度，深入开展协同活动，将更新的技术应用转化，从而实现更高的预期。

4.2.2.2　市场需求拉动力

在高校协同创新中，市场需求是创新活动的基本起点，也是检验创新成果的最重要标准。市场经济中，企业通过生产产品进行销售来实现追求其经济利益的目标，但产品如果不符合市场需求，企业的经营必然会出现问题，甚至面临失败倒闭的局面。因此，企业针对市场需求，进行相应产品和技术的研发，受自身经济实力和科技实力等的制约，企业必须要寻求与外部实体的合作才能取得研发的成功。企业通过高校协同创新系统与高校和科研机构等建立合作关系，协同开展技术创新和产品研发活动。一方面，确保产品和服务符合市场需求；另一方面，增强企业自身创新能力，帮助企业持续保持在市场中的竞争力。对于高校和科研机构来说，市场需求的作用主要体现在两个方面：一是为高校和科研机构的科研活动提供充足的经费。高校和科研机构通过与企业联合进行协同创新，将其理论成果转化为产品进行销售，从而实现经济上的收益，高校和科研机构的理论价值与商业价值得到有机结合，也满足了高校和科研机构对资金追求的目的。二是市场为高校和科研机构培养的人才提供检验的场地和标准。尽管高校是传统意义上培养人才的基地，但现代的科研机构也部分承担了创新人才培养的责任。尽管经过多年的办学，高校和科研机构已形成了较为成熟的人才培养模式，但日益复杂的市场环境对毕业生提出了更多更高的要求，高校和科研机构的培养方式也要随之进行调整。高校和科研机构通过与企业协同，可以结合企业情况调整教育教学方式方法，引入企业专业技术人员和管理人员给学生授课，还可将企业作为毕业生的实习基地，确保培养出来的是适应具体岗位、适应现代竞争的专业型、复合型人才。

4.2.2.3　市场竞争压力

高校协同创新各主体寻求协同创新合作伙伴还有市场竞争压力的作用。在激烈的市场竞争环境中，企业很难仅靠自身的实力一直维持稳定的市场竞争力，因此，必须寻求合作伙伴。作为创新的理论源头，高校和科研机构掌握着与企业不同的资源和能力，受到企业的关注。通过在高校协同创新系统中的协同创新活动，各主体发挥互补协同效应，使它们在协同创新活动中各尽其责，使创新效率和绩效产出更高，补强企业在技术创新和产品研发方面的短板。在高校协同创新系统中，市场竞争的促进作用首先体现在，协同创新各参与主体在竞争压力之下，主动收集外部各种资料情报，并有针对性地整理和分析，选择适合市场需求的、有前景的技术和产品进行协同攻关，帮助企业获取长远的竞争优势。市场竞争的作用还体现在，市场竞争压力使各主体自觉自愿参与知识学习和技术创造，且在协同创新过程中不断提升自己的危机意识和进取意识。

4.2.2.4 政府支持力

在高校协同创新系统中，政府是协同创新的最早推动者，政府对高校协同创新的支持力主要体现在行为引导与政策激励两个方面。一方面，在高校协同创新的各个创新主体的联系中，政府起纽带的作用，政府通过连接各创新主体，将各种创新资源进行整合、协调，推进协同创新活动的进行。其中，作为官办机构的高校和科研机构也希望通过政府的联系和推动，与企业建立协同工作关系，经过深入的合作获取丰厚的经济利益。另一方面，高校协同创新的运行是在政府相关政策的激励下实现的，政府通过制定各种辅助协同创新的财政和税收等方面的政策，激发创新主体的协同积极性，取得协同创新活动的实质性产出。

4.2.3 动力机制模型构建

高校协同创新如同绝大多数经济活动一样，不是偶然形成的，而是高校、科研机构、企业、政府、科技中介和金融机构等创新关联主体，在各种动力因素共同作用下，确定创新方向、选择创新伙伴、搭建协同创新平台，形成稳定的协同关系，共同围绕国家或地方重大战略问题进行创新活动。高校协同创新的动力因素包括内部因素和外部因素，这些因素不是孤立存在的，而是相互之间存在一定的联系，相互作用、相互影响，而高校协同创新就是系统内外的各个驱动因素相互作用的结果，也就是构成高校协同创新的动力机制。本书研究的高校协同创新动力机制具体是指通过前文介绍的存在于高校协同创新系统外部环境及系统内部的动力因素，促进高校与其他主体建立协同组织中心，并进一步推动协同关系深入持续发展的运作方式。根据这些动力因素相互联系的具体方式构建出如图 4.2 所示的动力机制模型。

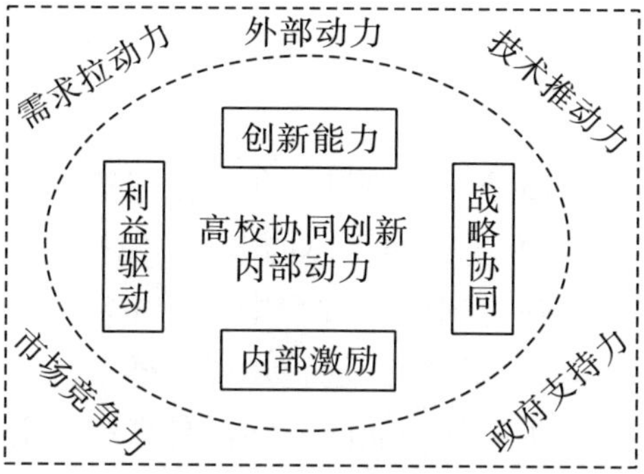

图 4.2　高校协同创新动力机制模型

从图 4.2 可看出，高校协同创新是协同创新系统内外动力因素共同作用的结果，内部动力是高校协同创新的直接推动力，外部动力则直接作用于系统内部动力，进而间接地推动高校协同创新形成。

首先，从高校协同创新系统的内部动力来看，利益驱动是高校协同创新各主体参与协同的最根本内动力。战略协同强调各主体期望在一致的战略目标下，发挥各自的比较优势，全面协同合作，实现各自的目标利益，反过来可以认为，高校协同创新的各参与主体相互协调各自的战略目标，为的是提高协同创新共同体的整体创新能力，以实现共同的利益诉求。内部激励和创新能力是高校协同创新活动得以顺利进行的保障，一是制度规范，二是核心能力。其中，前者典型的内部激励包括物质方面的激励及精神层面的激励，能够有效激发高校协同创新系统中各创新主体的能动性和创造性；而后者的创新能力主要是指高校协同创新系统中各参与主体在基础研究、应用研究及产品研发等方面的专长和资源禀赋情况，各主体在协同创新平台的支持作用下，优势互补、资源共享、功能耦合，最终形成明显的协同效应。

其次，从高校协同创新系统的外部动力来看，市场需求是创新的出发点和依据，也是检验技术成果的最高标准。市场竞争压力是在激烈的市场竞争下，积极寻求技术和产品上的原始创新，压力变动力，转化成持续的市场竞争力。技术推动力体现在对外部技术需求更加紧迫，通过高校协同创新进行行业领域关键或重大技术问题的研究，有效提升各主体的协同创新能力。政府支持力主要表现在前期引导创新主体积极主动寻求参与协同创新的机会，全程通过制定和执行良好的政策，为高校协同创新构建有利的政策法规体系和良好的创新文化环境。

4.3 协同机制

高校协同创新包含了高校、科研机构和企业等基本主体和政府、科技中介机构、金融机构、NGO及其他支撑主体的多元化创新主体，是一个极其复杂的多元主体交互的过程。在协同创新过程中，各主体所掌握的资源优势不同，都会存在一定的资源缺口。高校协同创新是创新链上、中、下游各环节的对接和耦合，是教育、科研及生产等功能的协同，是高校、企业、科研机构及其他主体优势资源的集成。高校协同创新的运行必须要有合理的协同机制作为保障，其中，包括协同组织、资源共享及人才管理等相互交叉的协同活动机制，以实现各种创新资源的有效融合。

4.3.1 协同组织机制

作为高效率的链状系统，高校的创新链的协调机制必须建立在良好的沟通交流基础上，还要处理好各种内外部环境因素的制约，从而使科学技术研究到成果转化之间的通道保持畅通，提升科技效益的转化效率。在高校协同创新的组织管理体系中，管理委员会是日常事务管理和统筹协调的主要职能部门，通过对高校、科研机构及企业等人员进行协调，对创新链的各个环节进行监控调整，从而使创新链的运行处于最优状态。这就需要高校发挥其技术创新和人才培养的功能优势，与其他主体积极联合，建立联合准入共享机制，对高校协同创新的参与组织、参与人员及相关研究项目等进行严格筛查。

高校协同创新涉及多行业、多领域、多主体大跨度的协同活动，有效的组织机制是系统整体协同度达到一定程度的制度保障，只有在有效的制度保障下，高校协同创新系统的协同效应才能产生。因此，组织机制是高校协同创新系统各主体资源共享、功能耦合、互动良好的基础，对高校协同创新的最终目标达成、以最优水平达成起关键作用。高校、科研机构及企业等主体参与高校协同创新的首要目的是自身利益的最大化，因此，组织机制的设计要根据各主体的不同诉求，优化各种创新资源的配置，最大可能调动各参与者的主动性和积极性。此外，组织机制的建立和实施还需考虑政府作用的充分发挥。总体来看，高校协同创新的组织机制就是通过制度规范加强各种基本主体和支撑主体的内在联系，推动高校协同创新系统的优化发展。

高校协同创新的组织机制的建立和完善必须以国家和市场需求为方向，建立开放的协同创新平台，设计保证资源充分流动共享的资源共享机制，设计合理的利益分配和风险分担机制，激发创新主体活力，提高协同创新的效率和绩效。一是要以国家、地方或市场需求为主要创新方向，主动与国家和地方产业发展相对接，从而确定高校协同创新的研究领域和重点技术方向。二是重视协同创新的平台建设，整合、共享所有创新资源，逐渐形成平台管理机制和组织管理体系。三是发挥高校、政府、科研机构和企业等组织的优势，提高高校协同创新系统各主体协同攻关的积极性和主动性，实现科技创新、人才培养、技术转化、产品营销等环节的连接和互动。四是充分发挥市场的资源配置作用，设计合理的利益分配和风险分担机制，激发高校协同创新系统各参与主体的创新活力。五是建立保障高校协同创新系统顺利运行的体制机制，以体制机制创新为协同创新的支撑力。

通过上述各种措施建立和完善高校协同创新的组织机制，其中包含了对协同创新的思维方式、领导方式、培养模式、发展方式和评价方法等方面的转变之意。一是思维方式的改革，高校协同创新系统的一切活动，包括资源分布、人才协调和体制机制等，均要以系统的总体目标为前提，否则协同就难以达到更高的水平，预期目标也不可能实现。二是领导方式转变，通过构建新的组织管理模式和管理机构设置方式等途径，形成新的适应于具体协同创新需求的领导方式，用一体化的理念推动各创新主体按照规划路线进行协同创新活动。三是转变人才培养模式，通过协同高校与科研机构、企业等创新主体，提高学生实践能力、创新素养及理论研究能力，使学生能够更好地与市场需求对接。四是发展方式的转变，要从过去的数量增长、规模扩张转变到质量提升、内涵增长上来，在协同创新活动中实现发展方式的转变。五是评价方法的转变，在高校协同创新评价中，要注重协同活动和人才质量两方面的评价，根据协同创新发展的实际情况动态调整评价方法，更好地引导和调控协同创新进程。

4.3.2　资源共享机制

在高校协同创新系统中，各创新主体在创新资源掌握方面拥有各自的比较优势，高校和科研机构的优势体现在科学知识和原始技术及人才培养方面，但由于它们与市场没有直接联系，因此，在技术成果转化方面的能力相对较弱。而企业的优势体现在掌握大量的市场信息，能更及时、准确地知道市场对技术和产品的需求，但企业一般都存在自主创新能力不强的问题，需要寻求外部科技创新资源的帮助。因此，高校、科研机构和企业联合建立高校协同创新关系，分工协作、取长补短，可增强企业的创新能力，提高产品的科技含量和市场竞争力。对高校和科研机构来说，科技资源经过转化进入市场，可获得利益回报。

因此，高校协同创新各参与组织通过技术合作、资源共享，不仅可充分调动各主体参与协同的积极性和主动性，而且对于抓住市场机遇、实现科技转化、获取经济利益等都有很强的保障作用。理想的资源共享模式的核心在于资源的整合共享，可帮助各主体避免重复创新、重复投入。首先，建立创新资源共享平台。一方面，对现有的资源提高了整合完善力度，尤其是重要的核心科技资源，加大共享力度；另一方面，对平台上所不具备的资源，系统组织管理机构发挥作用，进行补充完善，提高资源集成效率和共享效率。其次，充分利用各种科技中介。科技中介掌握着更多的其他创新主体难以全面掌握的各种信息资源，高校协同创新各主体应充分利用科技中介的牵线搭桥作用，除此之外，还可加强扶持和培育各种科技中介机构，加快信息资源的流通扩散，加快科技成果转化的过程。最后，完善相关法律法规。尤其是对于高校协同创新中各参与主体的职责和权力划分依据，在科技资源共享过程中遵循产权制度相关法律，完善高校协同创新中的制度规范。

高校协同创新的资源共享是建立在资源共享平台基础上的，它将各个主体集成在系统之内，知识通过在不同主体之间不断循环转化，推动系统持续创新。高校协同创新系统是对传统链条结构的扩展和延伸，其覆盖范围更大，与系统外部的沟通渠道更多，从而使更广范围的创新资源整合到资源共享平台上来，不断改善协同创新的外部环境。高校协同创新可将传统的链式结构重新集成、组合、优化，变成知识链、价值链交织的网络结构。在此基础上，创新主体充分吸收应用共享资源，更好地参与协同创新和成果转化过程。

4.3.3 人才管理机制

高校协同创新的开展必须建立在创新人才的基础上，层次合理、数量适宜的人才队伍是建立优秀团队的重要支撑。高校协同创新涉及高校、科研机构和企业等主体的人员参与，要实现各方人才的高效协作，必须重视跨行业、跨领域、跨组织的人才交流与融合。而在实际中，高校协同创新中的各参与主体及参与人员在目标追求、价值取向上很难达到统一，甚至是同一主体内的各年龄段、各层次的人才需求都存在差异，这种矛盾的存在必然会对协同创新的开展产生阻碍。

高校协同创新的人才管理机制，包括人才的招聘引进、人才的考核管理和人才的内部培养等方面。首先，系统的人才资源应将高校和科研机构的教师、科研人员和有创新能力的学生，以及企业的技术专家和高级管理人员都一并纳入协同创新人才队伍，同时，积极拓宽人才资源通道，从高校协同创新系统外部吸收引进高级人才，加快实现系统内外部人才的交流与融合。其次，在系统中对人员的考核除了考虑创新人才对系统协同创新活动的直接贡献，还要考虑相关人员在系统中的工作为协同创新环境的改进所做的贡献。再次，在人才培养方面，通过多主体、多行业、多领域合作，建立更多的创新基地，培养更多的优秀创新人才，促进高校协同创新系统的创新人才可持续发展。

高校协同创新的人才管理机制还需要在制度层面上进行保障。对高校来说，应改革职称评定条件，对教师队伍分类，明确不同类型的教师不同的考核体系和标准，这样更能激发高校教师参与创新的积极性。从政府层面来说，通过制定激励人才参与创新的政策和法规，激励学术界和企业界的人才交流。如 2016 年 2 月成都市发布“成都人才新政十条”，以加强对高层次创新创业人才的招引和培育。2016 年 12 月发布其配套政策《关于支持在蓉高校院所开展职务科技成果混合所有制改革的实施意见》及《成都市与在蓉高校院所协同引进海内外高层次创新创业人才的实施办法（暂行）》，提出按照“企业提需求＋高校院所出编制＋政府给支持”的思路，成都率先实施以“市校企协同”模式引进高层次创新创业人才。

4.4　绩效评价机制

绩效评价是利益合理分配，实现有效激励的基础，具有评估、监督、激励和导向作用。高校协同创新绩效评价是对协同创新活动的阶段性检查总结，为后续活动提供科学指导和参考依据。高校协同创新的绩效评价机制，从更深层意义上来说，揭示创新活动的内在规律，为未来同类型的活动提供经验借鉴。因此，高校协同创新绩效评价要遵循科学性、客观性原则，还要注意全面考查协同创新活动的学术贡献，以及经济、社会、生态效益。

4.4.1　绩效评价原则

高校协同创新是由来自不同行业领域的、不同文化背景的多元利益主体共同组成的，其主体的多样性和复杂性给高校协同创新绩效评价带来很大的困难，因此，在设计评价指标体系、全面进行绩效评价时必须遵循一定的原则，如科学性、客观性、可测性、系统性和可行性等原则。由于高校、科研机构与企业对绩效认定的方法和角度不同，一个偏向于科研成果的学术性评价，一个偏向于经济价值的功利性评价，因此，在对高校协同创新绩效进行评价时，最主要的原则是注意学术性评价与功利性评价相结合，兼顾高校和科研机构对学术研究成果的追求及企业对产品价值和经济效益的追求，动态、科学地考查高校协同创新产生的综合效益。

学术评价也称为理论评价，是对学术活动的学术价值或理论价值的评估和预测（马俊峰，1994）。学术评价的对象包括学术活动中形成的理论、学说及方法等内容，对这些内容蕴含的学术价值和理论价值进行评估判断，目的是对相关学术成果进行总结，充实到人类的知识库中，增强人们对未知事物的探索发现，不断满足人类的好奇心和求知欲。自古以来，好奇心一直都是人类探索未知，增长科学知识的主要动力，因此，也被称为科学之母（Sarton，1953）。对学术过程及成果的价值进行评价，根本目的是判断其是否能够反映科学技术研究的一般规律，能否指导人们保持良好的好奇心和求知欲望，勇敢地探索未知世界，正确地认识科学真理。

对高校协同创新的评价首先是对协同创新过程及创新成果进行认识论层面的评价，包括科研创新成果数量和质量（如论文、专著等形式），学科专业建设效果（如新兴专业、特色专业等），未来发展前景（如科研成果）是否能够引领一个学派，能够开创一个分支等情况，从其理论体系和学术价值等方面进行深入评价。“2011 计划”鼓励高校围绕重点领域、重点产业的重大问题，同市场中其他多元异质主体开展全方位、深层次的合作，开展高校协同创新的任务在于整合多元异质创新主体的创新资源，优势互补、功能耦合，通过协同攻关获得一批重要的创新成果，高校协同创新就是人们对科研创新的基本规律等未知事物和未知世界的认知的深化和升华。

功利性评价，实际上就是对高校协同创新的社会价值的认知，包括经济效益和社会效益等，这些是对协同创新效率和绩效评价的重要标准，因此，功利性评价也可以说是创新成果实际应用效果的评价。高校协同创新是在政府政策引导下，多元主体为解决重大现实问题而进行协同合作的战略举措，其目的不仅是探索新知识、认识新规律，更重要的是解决现实问题，解决国家和地方经济社会发展的需求（明炯，2012）。高校协同创新中的多元异质主体由于所处的行业、领域不同，它们的价值取向和利益追求也各不相同。就高校协同创新系统整体而言，经济效益和社会效益等功利性目标的实现程度更为重要，因此，在绩效评价中必须重视对协同创新活动及成果的社会价值的评价。

综上所述，高校协同创新绩效评价既不能只进行学术性评价，也不能只关注商业上的功利性评价，而应坚持学术性与功利性相结合的评价原则。学术性评价重在科学知识和科学规律的总结发扬，功利性评价重在成果转化、服务社会。

4.4.2　科学评价指标体系

评价指标是评价对象的衡量尺度，指标体系则从多个方面或角度反映了评价对象的特征或全貌，指标体系的构成包括评价对象关于评价目标的各个影响因素，从全面性的原则来看，评价问题越复杂，指标体系则越复杂（邱均平、文庭孝，2010）。要想得到评价对象的准确评价结论，就必须建立科学的评价指标体系，这也是进行评价的前提。一套科学的评价指标体系，要从不同角度、不同尺度全面地反映评价对象的典型特点，而且还要兼顾指标的独立性和相关性。按照学术性评价和功利性评价相结合的原则，高校协同创新绩效评价指标体系统筹兼顾其科研效益、经济社会效益和未来发展效益。

第一，科研效益。高校协同创新系统中各创新主体在参与协同创新时都借助其他主体的优势创新资源，吸收、学习其他组织在科学研究和创新组织方面的经验，以提高自身的创新能力和创新效率。科学研究是各个创新主体都非常重视的内容，因此，科研效益应是高校协同创新绩效评价的主要内容之一。高校协同创新的科研效益指高校、科研机构和企业等进行协同创新活动所获得的科研成果，包括课题项目、专利、论文和著作等形式。科研效益在进行统计时可以用纵向或横向课题的层次、数量及经费，科研论文、学术专著及专利的类型、级别和数量，以及上述课题项目和成果所获得的荣誉、奖励及其级别等进行衡量。

第二，经济社会效益。服务经济社会发展是高校的重要功能之一，随着经济社会发展变化，高校也要调整其具体的服务形式。随着知识经济时代影响的深入，知识和创新在国家和地方经济社会发展中越来越重要。作为现代市场主体，高校理应以合适的形式参与到服务国家和地方经济社会发展的工作中去。以高校为主导，连同科研机构、企业、政府及其他相关组织，践行高校协同创新模式，在进行科研创新、成果转化的过程中为经济社会发展服务。因此，经济社会效益是其绩效评价的又一重要内容。高校协同创新中作为经济实体的各创新主体依托创新平台、资源共享、协同攻关，其重要目的就是完成学术成果转化、产品生产销售之后获得商业利益和经济效益，此外，还有相关主体发展和产品消费等对社会产生的社会效益。其中，经济效益可通过产品利润率和投资回报率等反映，社会效益可通过转化率、培养人才数量、新增就业岗位及协同主体的社会知名度等指标反映。

第三，未来发展效益。高校协同创新的开展除了各主体要追求论文、项目和专利等科研效益，以及商业利润、人才培养和就业岗位等经济社会效益，还要重视在协同创新过程中组建的创新平台、研究团队、特色学科培育、创新能力和科技竞争力提升等对未来发展更为重要的效益。这与“2011 计划”的立足当下、着眼于未来，持续提升自主创新能力和加快创新型国家建设的思路是相一致的。

因此，高校协同创新绩效评价除了可以利用截面数据，在某一时点静态考查科研效益和经济社会效益，更要放眼未来、从长远的角度考查高校协同创新的未来发展效益。高校协同创新绩效评价中科研效益和经济社会效益更多的是定量指标，而未来发展效益则多是定性指标，不易量化处理。具体在进行评价时可引入模糊数学理论与方法，将模糊现象通过隶属度函数进行处理，变成可以量化处理的指标数据，这就可以使用更多的评价方法进行处理分析。高校协同创新绩效评价中的未来发展效益可用各主体创新能力的提升情况、创新团队和创新平台的建设情况，高校和科研机构优势学科的发展情况、学术环境与创新文化的建设情况、科研管理体制的改革情况，以及企业新技术的应用情况、核心竞争力的强化情况等来进行反映。

4.4.3 评价机制实施途径

从目前的科研评价来看，现行制度已不能很好地服务于现代科技发展，甚至会阻碍科学研究、协同创新的发展。高校协同创新的绩效评价机制存在评价标准定量化倾向严重、重数量而轻质量、重经济效益而轻社会效益、重眼前利益而轻长远发展、多事后静态总结、过于突出行政权力主导等特点，这些特点导致高校协同创新的绩效评价不利于激发各创新主体参与协同创新的积极性，缺乏对协同创新过程的监控和动态评价，且不能保证高校协同创新绩效评价结果是客观公正的，妨碍学术自主的发展。此外，高校协同创新的主体多元性、组织复杂性也决定了评价过程不能与一般创新组织相同，必须突破传统的投入——产出评价模式，结合创新链运行规律，动态、全面地考查高校协同创新的创新效率、创新绩效及影响因素。

首先，高校协同创新的绩效评价机制执行需要由协同创新的管理委员会组建一个绩效评价小组，由各创新参与主体的权威专家组成，也可根据高校协同创新的具体类型引入第三方评价机构。其次，要制订协同创新战略规划，包括团队建设、平台搭建、人才培养、学术交流及组织文化建设等方面。这个工作主要由理事会领导完成，理事会、管理委员会和学术委员会共同将战略规划进行分解，制订年度工作计划，以便对每年战略目标的完成情况进行监控。最后，就是对绩效评价机制的执行情况进行自检和自评，每年年末管委会联合监事会对协同活动进展情况进行内部检查，并根据计划偏差情况对人员和工作机制等进行调整，在协同创新活动末期委托第三方评价机构对协同创新平台建设及运营情况进行评价。

4.5　利益分配机制

利益分配机制是高校协同创新中最重要的契约机制，有效的利益分配机制是高校协同创新长效发展的关键。对高校协同创新中的研究经费及创新成果收益等进行科学合理的分配，对于保证各创新主体及成员参与协同创新的积极性和主动性有重要的意义。

4.5.1　利益分配主体和客体

高校协同创新利益分配机制是指对各方主体在协同创新过程中所形成的利益进行分配的一套合理的方法。利益分配的主体指高校协同创新的各参与单位，如高校、企业和科研机构等基本主体及政府、科技中介、金融机构和 NGO 等其他支撑主体，这些协同参与主体共同形成系统的利益相关体。

利益分配的客体即为分配的内容，指高校协同创新系统各创新主体通过协同创新活动，作为一个整体所创造的新增收益。利益分配中涉及的利益主要包括有形利益和无形利益两种类型。

有形利益是可以直接或间接量化，指定所有权归属的价值，包括国家或地方政府拨给的专项科研经费、技术成果转化为产品后获得的利润、协同创新过程中产生的新技术及知识产权等。

无形利益则范围广泛，包含了各方的利益诉求，如高校协同创新中产生的各种经验总结即隐性知识，高校、科研机构和企业等经过协同创新后自身综合能力的提升情况，各创新参与主体社会影响力的提升情况，人才培养即系统成员经过相互交流、学习后自身创新能力的提升情况等。

4.5.2　利益分配的原则

利益分配关系到高校协同创新的稳定性和合作质量。在设计高校协同创新利益分配机制时，要充分考虑相关的影响因素。一方面，是高校协同创新中投入的各种资源，这些投入是创新的基础，利益分配必然要考虑各创新主体的资源投入情况；另一方面，利益分配受创新的风险性影响，在高校协同创新中各参与主体所承担的风险是不同的，在进行利益分配时必须要考虑到这些情况。

为了保障高校协同创新的稳定性，在利益分配时必须使各主体的收益与其付出成正比，因此，利益分配需遵守以下三条原则：

一是投入与收益相一致的原则，这是利益分配的首要原则。高校协同创新各参与组织在分工和职能上各有不同，它们所掌握的和投入高校协同创新的资源也不同，对协同创新活动的贡献也有一定的差异。各参与高校协同创新的主体在协同活动后获得的收益应与其投入和贡献一致。创新资源投入越少，对高校协同创新的贡献越小，所获收益理所应当就越少。

二是公平与效率兼顾原则。公平是指高校协同创新系统中各合作组织参与协同活动的权利是平等的，各个合作组织在高校协同创新系统中的地位是平等的。但公平并不意味着平均分配，这是因为各自对系统的贡献不相等。因此，制订利益分配机制要兼顾公平与效率，在算法设计中尽力找到两者之间的平衡。

三是协商主体相对最满意原则。高校协同创新利益分配是需要各方主体进行沟通协商的过程。各主体满意的分配方案不一定是可量化的利益在数量上相等，因为分配过程体现各协商主体的主观愿望。各方主体基于主观愿望进行平等协商，共同确定利益分配的内容、方法和模式，才可能形成真正的满意。此外，对风险的承担也是利益分配的重要依据，但风险无法进行定量评价，协商才是相对有效的方式。

4.5.3 机制有效运行

由高校协同创新的构成复杂性及运行特点可以看出，各协同参与主体的利益分配并非一次性的，而是伴随协同创新进程不断动态调整的，图 4.3 反映了高校协同创新利益分配的一般流程。高校协同创新的利益分配机制如同协同创新系统整体一样，同样需要合理的运行机制，利益分配的运行机制可从运行基础和合约保障两方面构建，如图 4.4 所示。

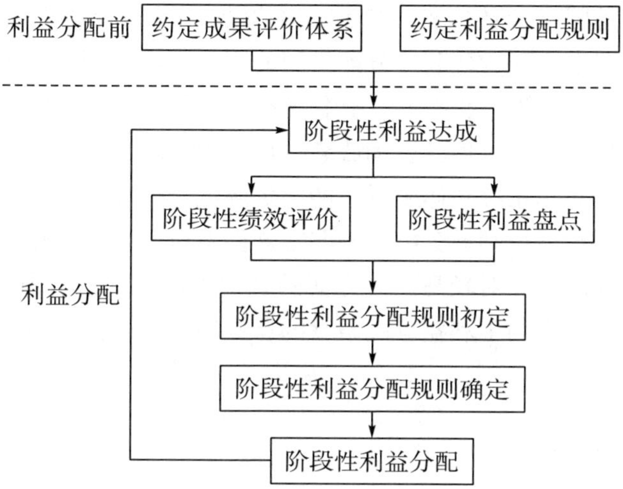

图 4.3　利益分配的一般流程

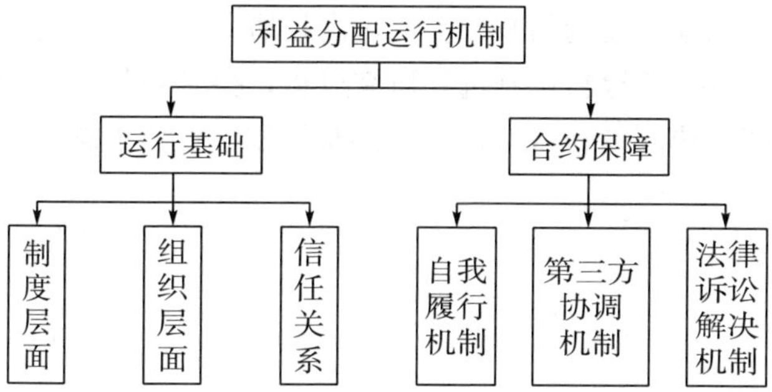

图 4.4　利益分配的运行机制

一是完善高校协同创新利益分配机制的运行基础，这可从以下三个方面进行：①制度，在高校协同创新建立之初，就应由各参与主体的主要人员研究制订系统的组织机构和治理体系，并将各主体参与协同创新的权力、责任、利益及绩效评估方式等以契约的方式加以明确。②组织，在高校协同创新平台上，在理事会和管理委员会之下设立利益分配协调机构，对各方利益诉求积极统筹，减少在利益分配中的矛盾冲突。③信任，充分的信任关系是各主体进行协同创新活动的重要保证，因此，各主体需建立稳固的信任关系，确保协同创新活动的持续推进。

二是加强利益分配机制的合约保障。在高校协同创新成立之初，有些合作契约并没有进行具体约定，这就导致合作契约不完备，且高校协同创新各主体在履约过程中还可能存在各种不确定性，这与创新风险及行为不确定有一定关系，这两方面的问题会造成各方履约成本增加，导致合约不能有效履行。因此，可从以下三个方面构建利益分配机制的合约保障，即自我履行机制、第三方协调机制及法律诉讼解决机制。自我履行机制是对高校协同创新参与主体自我行为的约束机制，可以使其主动放弃投机行为；第三方协调机制是对自我履行机制的补充，对于系统整体来说，能有效降低实施成本；法律诉讼解决机制作为高校协同创新系统利益分配时的非常规保障机制，只能作为最后的保障措施，毕竟其实施成本相对较高。三方面的合约保障机制相互补充、协同配合，保证高校协同创新合约中利益分配条款的有效履行。

4.6 本章小结

本章立足于高校协同创新基于创新链的形成过程，在第 3 章基于创新链的高校协同创新理论模型建构的基础上，对高校协同创新系统的动力机制、协同机制和利益分配机制等运行机制进行研究分析，探索高校协同创新系统的运行规律，为推动高校协同创新持续运行提供制订相关保障措施的依据。

第5章　基于创新链的高校协同创新运行机制实证

高校协同创新涉及多个主体、多种要素及创新链的多个环节，这使得高校协同创新系统复杂性较高，为实现系统“整体功能大于部分之和”的协同效应，必须将系统的运行机制进行深入分析，探析系统运行中的关键要素和关键路径。本章将在第4章动力机制、协同机制、绩效评价机制和利益分配机制等研究的基础上，通过相关调查数据对系统的运行规律和特点进行实证分析。由于系统相关运行机制都不是直接可以观察的概念，本章采用问卷调查法采集相关数据资料，并应用结构方程模型方法对高校协同创新的运行机制进行定量研究。

5.1　研究方法

本章的主要方法工具即为结构方程模型（Structural Equation Modeling，SEM）。结构方程模型又称协方差结构模型、联立方程模型、因果关系模型等，是一种非常通用的、线性的、借助于理论进行假设检验的统计建模技术，它能够处理检验观测变量与潜变量之间、潜变量与潜变量之间的统计关系。结构方程模型是一种利用可获取的观察指标，验证研究者事先假设的理论概念及它们之间定量关系的数学方法，思想起源于20世纪20年代Sewall Wright提出的路径分析概念。结构方程模型是当代行为与社会科学领域量化研究的重要统计方法，融合了传统多变量统计分析中的“因子分析”与“线性模型的回归分析”统计技术，能够对各种因果模型进行有效的识别、估计与验证（邱皓政，2005）。结构方程模型将测量（Measurement）和分析（Analysis）整合为一，是能够同时处理测量和分析问题的计量研究技术；可以评价多维的和相互关联的关系，能够发觉这些关系中不易觉察到的概念关系，并在评价过程中解释测量误差。鉴于结构方程模型的强大功能和特点，本书的实证分析借助结构方程模型来完成。

下面的章节先利用调查数据对样本数据进行统计性分析，然后检验模型假设并对相关数据结果进行分析。本章主要利用 AMOS 22.0 和 SPSS 22.0 数据分析工具，以问卷调查为数据收集方式，以结构方程模型为分析手段。本章的统计分析方法，包括描述性统计分析和结构方程模型分析等。描述性统计分析反映的是被调查样本的人口统计特征。结构方程模型分析用于检验潜在变量的相互作用机制，即动力机制、协同机制、绩效评价机制、利益分配机制与协同创新绩效之间的关系。

5.2 研究模型与假设

5.2.1 研究模型

高校协同创新动力要素的研究建立在“动力要素—协同机制—协同创新绩效”的关系基础之上，通过研究基于创新链的高校协同创新的动力要素对协同创新绩效的作用机制，进而对高校协同创新的运行机制进行实证研究。

以往有关协同创新、影响因素或作用机制等的理论与研究成果，可为本章建构概念模型提供理论基础。根据第 4 章——基于创新链的高校协同创新运行机制的研究结论，协同创新外部动力因素由市场需求拉动力、市场竞争压力、技术推动力和政府支持力四个维度构成，内部动力因素由利益驱动力、战略协同引导力、内部激励推动力、创新能力保障力四个维度构成，协同机制由协同组织机制、资源共享机制和人才管理机制三个维度构成，评价分配机制由绩效评价机制和利益分配机制两个维度构成。据此，本章提出的研究概念模型如图 5.1 所示。

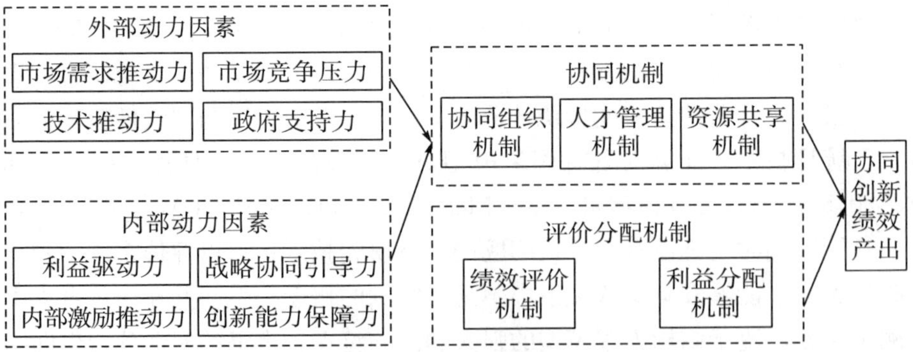

图 5.1 研究概念模型

5.2.2 研究假设

(1) 关于外部动力因素与协同机制关系的研究假设。

由第4章中关于高校协同创新的外部动力因素分析可知，高校协同创新系统的外部动力因素构成协同创新系统的外部环境，通过间接的作用方式推动各主体协同创新活动的进展。创新源于市场，最终又回归市场。企业为适应不断变化的市场需求积极参与到协同创新中来。Brown、Eisenhardt（1995）发现，企业要想保持长期的竞争优势，不仅要满足顾客对产品或服务的需求，而且还要把握市场环境的未来走向。包叶群和曾小彬（2008）研究指出，市场需求的变化为企业带来新的机会，为协同创新指示了发展的方向。Chesbrough（2003）认为，市场需求是创新活动的起点和成功保证，组织创新活动的目的是丰富且满足不断发展的社会需求，市场需求与创新活动形成一个良性的“需求—创新—新需求—再创新”的循环过程。因此，市场需求与协同创新系统的形成和组织运行等有显著的正相关关系，市场对产品或服务的需求越迫切，创新主体寻求创新合作伙伴的积极性就越高，协同创新系统运行就越顺畅，故提出假设1。

H1：高校协同创新的市场需求因素与协同机制有显著的正相关关系。

H1a：市场需求与协同组织有显著的正相关关系；

H1b：市场需求与资源共享有显著的正相关关系；

H1c：市场需求与人才管理有显著的正相关关系。

市场环境中激烈的竞争和快速的发展为各创新主体带来了很多挑战和机会，迫于压力和自身的目标，各主体合作的积极性也会提升。市场竞争的压力促使高校协同创新各主体寻求创新合作伙伴，并充分发挥自身的资源优势，与协同创新系统的其他成员形成良好的合作关系，推动高校协同创新系统的运行（李春艳、肖国东，2008；李美玲，2013）。市场竞争与高校协同创新系统的协同运行有明显的正相关关系，竞争压力越大，各创新主体参与协同创新的自觉性、主动性就越强，参与协同创新活动的积极性就越高，故可提出假设2。

H2：高校协同创新的市场竞争因素与协同机制有显著的正相关关系。

H2a：市场竞争与协同组织有显著的正相关关系；

H2b：市场竞争与资源共享有显著的正相关关系；

H2c：市场竞争与人才管理有显著的正相关关系。

新兴技术的高度不确定性、创造性毁灭及赢者通吃等特点带给创新主体巨大的研发和市场风险，且新兴技术的研发往往需要大量的基础科学作为支撑，这就要求创新主体借助外部资源，与其他主体进行合作，这样才有可能实现研发成本的降低和创新效率的提高，以及一旦成功带来的高额回报（陈劲、阳银娟，2012；柴张琦，2013）。对新技术的需求驱动各创新主体建立联系，形成协同创新系统，深入开展协同活动，将更新的技术应用转化，从而实现更高的预期。因此，对新兴技术的需求推动了高校协同创新的形成与运行，两者具有明显的正相关关系，故可提出假设 3。

H3：高校协同创新的技术推动因素与协同机制有显著的正相关关系。

H3a：技术推动与协同组织有显著的正相关关系；

H3b：技术推动与资源共享有显著的正相关关系；

H3c：技术推动与人才管理有显著的正相关关系。

政府是协同创新系统中不容忽视的主体，政府的支持为高校协同创新构建有利的政策法规体系和良好的创新文化环境。North 等（2001）认为，政府财政支持是创新过程中非常重要的手段，不足的资金支持可能导致创新的最终失败。王君华（2012）指出，政府在协同创新中起着政策推广、资金扶持和人才培养三大作用。洪嬴星（2013）指出，协同创新的发展离不开政府的推动。解学梅（2010）、杜兰英和陈鑫（2012）等研究也反映出政府的引导和推动对高校协同创新有正向的影响作用，故可提出假设 4。

H4：高校协同创新的政府支持因素与协同机制有显著的正相关关系。

H4a：政府支持与协同组织有显著的正相关关系；

H4b：政府支持与资源共享有显著的正相关关系；

H4c：政府支持与人才管理有显著的正相关关系。

（2）关于内部动力因素与协同机制关系的研究假设。

高校协同创新的内部动力因素激发系统内部各方主体的协同创新的积极性、主动性，从而更好地实现系统预期的战略目标。对于参与高校协同创新系统的各主体，追求各自利益并实现最大化是各方主体参与协同创新的最根本内部动力。这种内在驱动力包括各创新主体所追求的经济效益和社会效益，同时实现自身价值，并推动科学技术进步和促进社会发展（冀晴，2015）。在各自利益的驱使下，协同创新机制中的任一主体对利益的渴望都能加快协同创新的进程。因此，利益驱动与协同创新机制有显著的正相关关系，故可提出假设 5。

H5：高校协同创新的利益驱动因素与协同机制有显著的正相关关系。

H5a：利益驱动与协同组织是显著正相关关系；

H5b：利益驱动与资源共享是显著正相关关系；

H5c：利益驱动与人才管理是显著正相关关系。

高校协同创新需要协调和整合多方主体的资源，由于各主体的性质不同，容易产生误解和冲突。高校协同创新机制内的各个主体在战略协同的引领下，各个成员拥有相同的价值和行为取向，达到预期目标的协同、统一，对促进和维持协同创新具有重要的作用，对协同创新绩效有显著的影响，故可提出假设 6。

H6：高校协同创新的战略协同因素与协同机制有显著的正相关关系。

H6a：战略协同与协同组织是显著正相关关系；

H6b：战略协同与资源共享是显著正相关关系；

H6c：战略协同与人才管理是显著正相关关系。

协同创新系统的内部激励其最终目的是提高协同创新系统的创新产出。安新颖、冷伏海（2008）研究得出，激励机制间接地影响创新绩效。Hansen 等（1999)认为，对员工的激励有助于激发员工进行知识共享，进而提高创新活动效率。吴邦正、李芳（2013）研究认为，员工激励方式对组织创新绩效有正向促进作用。吴悦、顾新（2012）认为，激励机制影响协同创新主体的协同意愿的发挥。综合以上观点可得出，协同创新的内部激励对于协同创新有显著的正相关关系，故可提出假设 7。

H7：高校协同创新的内部激励因素与协同机制有显著的正相关关系。

H7a：内部激励与协同组织是显著正相关关系；

H7b：内部激励与资源共享是显著正相关关系；

H7c：内部激励与人才管理是显著正相关关系。

创新能力主要是指高校协同创新系统中各参与个体的技术创造和技术创新的能力，它主要体现在创新主体对新知识的搜寻获取或对已有知识的重新组合、重新应用的能力。各协同创新主体的创新能力是协同创新系统运行，形成协同创新系统的综合能力，进而共同努力达到预期战略目标的重要能力保障(Rogers，1996；Zahra、George，2002；许庆瑞，2004；潘旭明，2006)。因此，协同创新各主体的创新能力与高校协同创新系统的协同运行机制有显著的正相关关系，故可提出假设 8。

H8：高校协同创新的创新能力因素与协同机制有显著的正相关关系。

H8a：创新能力与协同组织是显著正相关关系；

H8b：创新能力与资源共享是显著正相关关系；

H8c：创新能力与人才管理是显著正相关关系。

（3）关于协同机制与协同创新绩效关系的研究假设。

高校协同创新的协同机制是系统运行的基础，是实现各种创新资源的有效融合的重要保障。良好的组织沟通能够降低协同合作中的不确定性，对于协同目标的实现有积极意义（Beckett－Camarata，1998）。Rothwell（1992）、Jeffrey 和 Dennis（1987）、Santoro（2000）、刘衡等（2010）、汪秀婷（2012）等研究都证明了组织沟通对于组织创新绩效有显著的影响。刘惠琴和张德（2007）、朱少英等（2008）研究认为，组织氛围对团队创新绩效的影响是非常显著的。Sveiby 和 Simons（2002）、Goh（2002）等认为，一个彼此信任和信赖、充分共享的组织环境，对于积极自发地进行资源共享具有巨大的推动作用。Bailey（1999）指出组织成员是一个企业中最活跃、最重要的资源。李春艳（2008）认为人是创新活动中的创造者，也是创新知识的载体，各种专业技术人才是整体创新活动顺利进行的保障。Delmar（1996）认为创新活动中需要各层次的人才。Wiklund（2003）认为除创新型人才外，管理型人才也在创新过程中担任重要的角色。协同创新系统内各种资源在员工内部传播、整合，各种创新人才的复杂非线性相互作用碰撞出新的火花，为协同创新的运行做出重要的贡献，因此，各种人才的管理对创新的成功起着很关键的作用，故可提出假设 9。

H9：高校协同创新的协同机制与协同创新绩效有显著的正相关关系。

H9a：协同组织与协同创新绩效有显著的正相关关系；

H9b：资源共享与协同创新绩效有显著的正相关关系；

H9c：人才管理与协同创新绩效有显著的正相关关系；

（4）关于评价分配机制与协同创新绩效关系的研究假设。

利益分配机制是高校协同创新中最重要的契约机制，合理的利益分配机制能让各参与方愿意付出各自最大的努力来取得自身及其他协同主体利益的最大化，是维持协同创新持续动力的源泉和持续发展的保障。而科学的绩效评价机制是利益合理分配、实现有效激励的基础，对协同创新系统的绩效产出具有评估、监督、激励和导向作用。韩馥冰（2013）在研究中明确了绩效评价、利益分配是影响创新联盟创新绩效的因素。张志华和李瑞芝（2015）、张志华等（2016）分别对高校主导型的协同创新及多主体参与的协同创新体的利益分配机制的影响进行研究，都得出了绩效评价机制和利益分配机制与协同创新绩效产出有显著的相关关系，故可提出假设 10。

H10：高校协同创新的评价分配机制与协同创新绩效有显著的正相关关系。

H10a：绩效评价机制与协同创新绩效有显著的正相关关系；

H10b：利益分配机制与协同创新绩效有显著的正相关关系。

鉴于以上所做的各变量之间的相关关系的假设是本章后面几节进行分析的基础，为更清楚地进行对比检验，这里将所有假设汇总，见表 5.1，并构建假设模型如图 5.2 所示。

表 5.1　研究假设汇总表

假设	研究假设相关关系
H1	高校协同创新的市场需求因素与协同机制有显著的正相关关系
	H1a：市场需求与协同组织有显著的正相关关系
	H1b：市场需求与资源共享有显著的正相关关系
	H1c：市场需求与人才管理有显著的正相关关系
H2	高校协同创新的市场竞争因素与协同机制有显著的正相关关系
	H2a：市场竞争与协同组织有显著的正相关关系
	H2b：市场竞争与资源共享有显著的正相关关系
	H2c：市场竞争与人才管理有显著的正相关关系
H3	高校协同创新的技术推动因素与协同机制有显著的正相关关系
	H3a：技术推动与协同组织有显著的正相关关系
	H3b：技术推动与资源共享有显著的正相关关系
	H3c：技术推动与人才管理有显著的正相关关系
H4	高校协同创新的政府支持因素与协同机制有显著的正相关关系
	H4a：政府支持与协同组织有显著的正相关关系
	H4b：政府支持与资源共享有显著的正相关关系
	H4c：政府支持与人才管理有显著的正相关关系
H5	高校协同创新的利益驱动因素与协同机制有显著的正相关关系
	H5a：利益驱动与协同组织是直接正相关关系
	H5b：利益驱动与资源共享是直接正相关关系
	H5c：利益驱动与人才管理是直接正相关关系
H6	高校协同创新的战略协同因素与协同机制有显著的正相关关系
	H6a 战略协同与协同组织是直接正相关关系
	H6b 战略协同与资源共享是直接正相关关系
	H6c 战略协同与人才管理是直接正相关关系

续表5.1

假设	研究假设相关关系
H7	高校协同创新的内部激励因素与协同机制有显著的正相关关系
	H7a：内部激励与协同组织是直接正相关关系
	H7b：内部激励与资源共享是直接正相关关系
	H7c：内部激励与人才管理是直接正相关关系
H8	高校协同创新的创新能力因素与协同机制有显著的正相关关系
	H8a：创新能力与协同组织是直接正相关关系
	H8b：创新能力与资源共享是直接正相关关系
	H8c：创新能力与人才管理是直接正相关关系
H9	高校协同创新的协同机制与协同创新绩效有显著的正相关关系
	H9a：协同组织与协同创新绩效有显著的正相关关系
	H9b：资源共享与协同创新绩效有显著的正相关关系
	H9c：人才管理与协同创新绩效有显著的正相关关系
H10	高校协同创新的评价分配机制与协同创新绩效有显著的正相关关系
	H10a：绩效评价机制与协同创新绩效有显著的正相关关系
	H10b：利益分配机制与协同创新绩效有显著的正相关关系

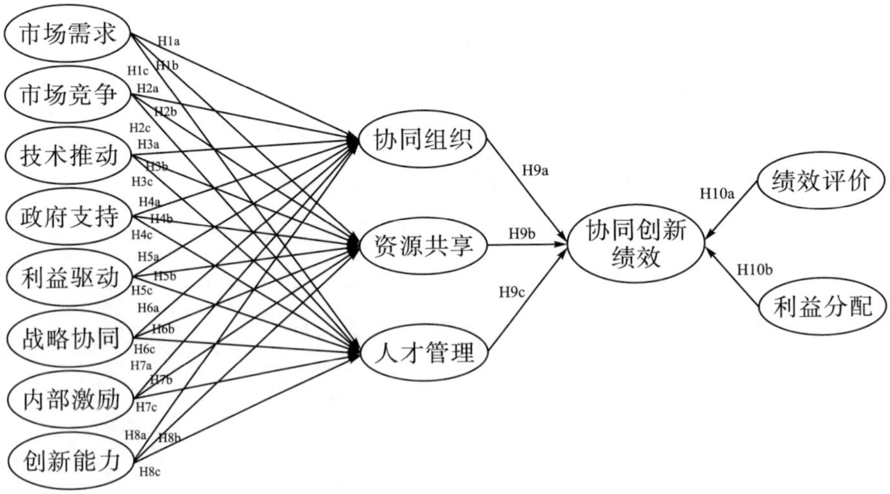

图 5.2　研究假设模型

5.3　问卷设计与数据统计

5.3.1　量表题项设计

研究通过问卷调查的形式收集数据，为证实研究假设提供数据支撑。首先，以上文提出的概念模型为理论依据；其次，根据对相关文献和研究成果的分析和整理；最后，再参考国内外相关学者研究量表的基础上，提炼出本书的相关变量。

为使问卷更加合理有效，首先，项目组询问有关政府、高校、科研机构、企业科研工作者和科技中介机构，对问卷的设计提出意见和补充。其次，听取、归纳有关研究专家的意见，并与导师反复地进行讨论，对语言描述不够准确或恰当的项目进行了修正，合并了部分项目，形成了调查问卷的初步设计。最后，小规模地发放问卷进行样本测试，根据测试结果，对调查问卷进行改善，形成最终的调查问卷（详见附录 1）。调查问卷内容分为三大部分：第一部分为问卷填写说明和术语解释，帮助问卷填写人熟悉问卷的内容，并对填写时需要注意的问题进行说明，以提高问卷的答题质量；第二部分是被调查者的基本信息，包括性别、年龄、工作单位、学历及参与协同创新组织工作的情况等；第三部分是变量测量部分，依据假设模型中的变量进行题项的设计。调查问卷采用 Likert 五点等级量表，每个测量题项的度量级分别为五级，即每个测量题项的选择分值为 1～5 分。其中，1 表示完全不同意，2 表示比较不同意，3 表示无法确定，4 表示比较同意，5 表示完全同意。本书设计的各变量指标见表 5.2，其中，表格第四列是各变量对应指标设计的参考来源。

表 5.2　各变量的题项

变量	ID	题项	来源
市场需求	MD1	协同创新的技术或产品是市场亟须的	Brown、Eisenhardt（1995）；包叶群、曾小彬（2008）；李美玲（2013）
	MD2	协同创新培养的人才能够更适应市场的需求	
市场竞争	MC1	市场竞争压力使创新主体更愿意参与协同创新	Chesbrough（2003）；李春艳、肖国东（2008）；李美玲（2013）
	MC2	创新主体需要通过协同创新提升自身市场竞争力	

续表5.2

变量	ID	题项	来源
技术推动	TD1	协同创新参与主体有较强的技术基础	陈劲、阳银娟（2012）；柴张琦（2013）
	TD2	创新主体需要通过协同创新提升自身技术创新水平	
政府支持	GS1	政府在协同创新主体之间发挥整合、协调的作用	North 等（2001）；解学梅（2010）；洪赢星（2013）
	GS2	政府通过相关政策对协同创新给予一定的资助	
利益驱动	PD1	追求利益是各创新主体参与协同的根本驱动力	周正等（2013）；卢美圆、王世红（2015）
	PD2	因为参与协同，各主体能够得到各种物质、非物质的激励	
战略协同	SC1	各主体有明确的创新战略，且非常重视与其他主体战略上的协同	Mancinelli（2008）；曲怡颖等（2012）；吴悦、顾新（2012）
	SC2	各协同主体都承诺要为共同的目标而努力	
内部激励	IS1	协同激励方式多样，层次互补	张大伟（2011）；吴悦、顾新（2012）；吴邦正、李芳（2013）
	IS2	协同激励机制能够贯彻落实	
	IS3	激励机制是科学、规范的	
创新能力	IC1	各协同主体有很好的知识获取能力	张媛媛、张宗益（2009）；周增骏（2015）
	IC2	各协同主体有很好的知识创造能力	
	IC3	各协同主体有很好的知识应用能力	
协同组织	CO1	协同创新系统建立了协同创新平台管理机制和组织管理体系	Steiul（2002）；Lansiti、Levien（2004）；熊励（2011）
	CO2	各协同主体间能够保持经常性的沟通交流	
	CO3	各协同主体各层级、各部门间信息和知识沟通渠道畅通	

续表5.2

变量	ID	题项	来源
资源共享	RS1	协同伙伴的资源对自己很有价值，可以补充自身的不足	Gaycr（2001）；朱少英等（2008）；杜宝苍、李朝明（2013）
	RS2	各主体协同创新知识共享形式、手段比较多样	
	RS3	协同创新组织中的资源共享机制完善	
人才管理	TM1	协同创新组织有层次合理、数量适宜的人才队伍	Delmar（1996）；Sivadas（2000）；Wiklund（2003）；李春艳（2008）
	TM2	协同创新组织内人才的流动、交流比较顺畅	
	TM3	协同创新组织有规范的人才管理机制	
绩效评价	PE1	协同创新组织建立了合理可行的绩效评价指标体系	刘志远（2013）；张志华、李瑞芝（2015）
	PE2	协同创新组织建立了规范的绩效考核制度	
利益分配	BD1	各协同主体间利益分配公平合理	Cyert、Goodman(1997)；易余胤（2009）；戴芳、贾进（2012）
	BD2	各协同主体间利益分配方式多样化	
	BD3	各协同主体间有正式的利益分配约定或协议	
协同创新绩效	IP1	协同主体间拥有非常好的沟通过程和协同行为	曹静等（2010）；谢思全等（2014）；张志华、李瑞芝（2015）
	IP2	协同主体间拥有非常好的协同创新产出，例如专利、论文等	
	IP3	协同创新成果拥有非常好的经济和社会效益	

注：MD 为市场需求；MC 为市场竞争；TD 为技术推动；GS 为政府支持；PD 为利益驱动；SC 为战略协同；IS 为内部激励；IC 为创新能力；CO 为协同组织；RS 为资源共享；TM 为人才管理；PE 为绩效评价机制；BD 为利益分配机制；IP 为协同创新绩效。

5.3.2　数据统计分析

问卷的调研对象是我国参与高校协同创新或从事协同创新相关研究的相关人员，相关单位选取了高校、科研机构及企业。本书的调研时间为 2016 年 11—12 月。问卷的发放对象包括基层、中层和高层的管理、技术工作者。调查对象的多样性和差异性避免了研究结果的特殊局限性，从而更好地反映了研究问题的真实情况，使研究结论更具适用性。

调查问卷的数据获取主要是通过问卷星网站的在线调研。使用问卷星网站中的“样本服务”功能，把前面设计好的调查问卷传上去，问卷星网站的工作人员会根据样本要求，让符合要求的人员填写调查问卷。传统的调研方式（如传真方式、邮件形式）回收较慢，调研费用高，样本范围有限，而在线调研的形式正好规避了这些缺点，调研的样本分布偏差也小。

经过整理，本次调查有效回收问卷 216 份。无效问卷的确定标准为：问卷填写不完整，即没有答完全部项目；一个项目有两个或两个以上答案者；答题过于随意者，即全部或部分问卷中只选择同一个选项。相关样本统计数据见表 5.3和表 5.4。

表 5.3　样本特征描述

变量	类别	频数	比例（%）
性别	男	127	58.8
	女	89	41.2
年龄	25 岁以下	29	12.5
	25～35 岁	67	32.5
	36～45 岁	81	37.9
	46～55 岁	32	14.3
	55 岁以上	7	2.9
学历	博士	41	19.0
	硕士	82	38.0
	本科	75	34.7
	专科及以下	18	8.3
单位	高校	117	54.2
	研究机构	21	9.7
	企业	78	36.1

续表5.3

变量	类别	频数	比例（%）
职位	从事技术工作	55	25.5
	高层管理	31	14.4
	中层管理	86	39.8
	基层管理	44	20.4
工作时间	1 年以下	45	20.8
	1～3 年	77	35.6
	4～5 年	69	31.9
	6～10 年	18	8.3
	10 年以上	7	3.2

本书采用 SPSS 22.0 统计软件，主要用均值和标准差来对量表题项进行描述统计，分析结果见表 5.4。

表 5.4　题项的描述性统计

变量	ID	题项	均值	标准差
市场需求	MD1	协同创新的技术或产品是市场亟须的	4.13	0.947
	MD2	协同创新培养的人才能够更适应市场的需求	4.00	1.022
市场竞争	MC1	市场竞争压力使创新主体更愿意参与协同创新	4.17	0.637
	MC2	创新主体需要通过协同创新提升自身市场竞争力	4.54	0.588
技术推动	TD1	协同创新参与主体有较强的技术基础	4.13	0.797
	TD2	创新主体需要通过协同创新提升自身技术创新水平	4.29	0.550
政府支持	GS1	政府在协同创新主体之间发挥整合、协调的作用	4.29	0.690
	GS2	政府通过相关政策对协同创新给予一定的资助	4.33	0.702
利益驱动	PD1	追求利益是各创新主体参与协同的根本驱动力	4.04	0.955
	PD2	因为参与协同，各主体能够得到各种物质、非物质的激励	4.33	0.637

续表5.4

变量	ID	题项	均值	标准差
战略协同	SC1	各主体有明确的创新战略，且非常重视与其他主体战略上的协同	3.92	0.565
	SC2	各协同主体都承诺要为共同的目标而努力	4.33	0.565
内部激励	IS1	协同激励方式多样，层次互补	4.25	0.608
	IS2	协同激励机制能够贯彻落实	4.00	0.659
	IS3	激励机制是科学、规范的	3.83	0.816
创新能力	IC1	各协同主体有很好的知识获取能力	4.00	0.590
	IC2	各协同主体有很好的知识创造能力	4.08	0.584
	IC3	各协同主体有很好的知识应用能力	4.00	0.885
协同组织	CO1	协同创新系统建立了协同创新平台管理机制和组织管理体系	4.17	0.963
	CO2	各协同主体间能够保持经常性的沟通交流	4.21	0.721
	CO3	各协同主体各层级、各部门间信息和知识沟通渠道畅通	4.04	0.751
资源共享	RS1	协同伙伴的资源对自己很有价值，可以补充自身的不足	3.96	0.690
	RS2	各主体协同创新知识共享形式、手段比较多样	4.13	0.680
	RS3	协同创新组织中的资源共享机制完善	4.08	0.717
人才管理	TM1	协同创新组织有层次合理、数量适宜的人才队伍	3.96	0.624
	TM2	协同创新组织内人才的流动、交流比较顺畅	3.96	0.690
	TM3	协同创新组织有规范的人才管理机制	4.04	0.690
绩效评价	PE1	协同创新组织建立了合理可行的绩效评价指标体系	4.04	0.806
	PE2	协同创新组织建立了规范的绩效考核制度	4.00	0.659
利益分配	BD1	各协同主体间利益分配公平合理	3.92	0.881
	BD2	各协同主体间利益分配方式多样化	4.08	0.881
	BD3	各协同主体间有正式的利益分配约定或协议	4.38	0.647

续表5.4

变量	ID	题项	均值	标准差
协同创新绩效	IP1	协同主体间拥有非常好的沟通过程和协同行为	4.08	0.717
	IP2	协同主体间拥有非常好的协同创新产出，例如专利、论文等	4.17	0.702
	IP3	协同创新成果拥有非常好的经济和社会效益	4.04	0.806

5.4　量表信度与效度分析

为了确定观测变量指标是否能够真正客观全面、有效地衡量各项潜变量因子，实证研究中还必须通过一系列统计检验，才能判别出最终的衡量效果。衡量潜变量因子的可靠性和有效性主要借助信度和效度这两个重要统计指标的分析来进行。

5.4.1　量表信度检验

信度，又叫可靠性，是指问卷的可信程度。它主要表现检验结果的一贯性、一致性、再现性和稳定性。信度检验的作用是分析潜变量被观测变量解释的程度，进而对量表的一致性和稳定性进行验证。这里利用 Cronbach's α 值进行检验。Nunnally（1978）认为，在问卷与量表中，总体信度分析数据表中的信度系数 Cronbach's α 在 0.8 以上最好，表明信度很高；若在 0.7~0.8 这个区间，表明信度较好；而各变量信度分析数据表中如果 Cronbach's α 在 0.7 以上仍表明信度较好，在 0.6~0.7 之间能够勉强使用。

首先，对全体样本数据进行信度检验，结果见表 5.5。Cronbach's α 值为 0.957，信度水平较高，说明总体量表可靠性较高，可以进行下一步分析。

表 5.5　总体信度分析数据

Cronbach's α 值	可测变量数目
0.957	35

其次，对问卷中的每个潜在变量分别进行信度检验，检验结果见表 5.6。从表 5.6 中数据可看出，各题项对总项的相关系数 CITC 均大于 0.6，大多数均超过较高的 0.7 的标准，各变量 Cronbach's α 值基本都大于 0.7，证明问卷

量表的信度较好。

表 5.6　各变量信度分析数据

变量	题项	CITC	Cronbach's α (if Item Deleted)	Cronbach's α
市场需求	协同创新的技术或产品是市场亟须的	0.804	0.819	0.812
	协同创新培养的人才能够更适应市场的需求	0.812	0.824	
市场竞争	市场竞争压力使创新主体更愿意参与协同创新	0.795	0.829	0.772
	创新主体需要通过协同创新提升自身市场竞争力	0.727	0.829	
技术推动	协同创新参与主体有较强的技术基础	0.745	0.824	0.774
	创新主体需要通过协同创新提升自身技术创新水平	0.696	0.831	
政府支持	政府在协同创新主体之间发挥整合、协调的作用	0.686	0.721	0.807
	政府通过相关政策对协同创新给予一定的资助	0.750	0.691	
利益驱动	追求利益是各创新主体参与协同的根本驱动力	0.713	0.702	0.761
	因为参与协同，各主体能够得到各种物质、非物质的激励	0.746	0.705	
战略协同	各主体有明确的创新战略，且非常重视与其他主体战略上的协同	0.723	0.731	0.796
	各协同主体都承诺要为共同的目标而努力	0.777	0.808	
内部激励	协同激励方式多样，层次互补	0.738	0.783	0.763
	协同激励机制能够贯彻落实	0.775	0.762	
	激励机制是科学、规范的	0.709	0.748	
创新能力	各协同主体有很好的知识获取能力	0.761	0.721	0.778
	各协同主体有很好的知识创造能力	0.821	0.791	
	各协同主体有很好的知识应用能力	0.672	0.706	
协同组织	协同创新系统建立了协同创新平台管理机制和组织管理体系	0.672	0.775	0.820
	各协同主体间能够保持经常性的沟通交流	0.769	0.741	
	各协同主体各层级、各部门间信息和知识沟通渠道畅通	0.703	0.780	

续表5.6

变量	题项	CITC	Cronbach's α（if Item Deleted）	Cronbach's α
资源共享	协同伙伴的资源对自己很有价值，可以补充自身的不足	0.658	0.802	0.827
	各主体协同创新知识共享形式、手段比较多样	0.784	0.733	
	协同创新组织中的资源共享机制完善	0.671	0.797	
人才管理	协同创新组织有层次合理、数量适宜的人才队伍	0.709	0.822	0.823
	协同创新组织内人才的流动、交流比较顺畅	0.725	0.727	
	协同创新组织有规范的人才管理机制	0.703	0.722	
绩效评价	协同创新组织建立了合理可行的绩效评价指标体系	0.715	0.719	0.794
	协同创新组织建立了规范的绩效考核制度	0.807	0.716	
利益分配	各协同主体间利益分配公平合理	0.754	0.731	0.819
	各协同主体间利益分配方式多样化	0.721	0.740	
	各协同主体间有正式的利益分配约定或协议	0.796	0.847	
协同创新绩效	协同主体间拥有非常好的沟通过程和协同行为	0.667	0.788	0.847
	协同主体间拥有非常好的协同创新产出，例如专利、论文等	0.718	0.812	
	协同创新成果拥有非常好的经济和社会效益	0.663	0.756	

5.4.2　量表效度检验

最常用的效度可以分为两类：内容效度与结构效度。本书量表是通过文献参考、专家访谈及游客调研形成的，在正式调查之前，根据试调查的情况对问卷进行了修正，因此，量表内容效度较高，这里需对其结构效度进行检验。结构效度检验的作用是考查系列变量评价的问题特性，结构效度检验需要研究者对研究对象的本质及各方面的相互关系进行理论分析，然后根据理论分析结论对变量关系进行假设，量表测量的即是理论分析与假设设定的对应关系。对于效度通过 KMO 检验进行分析，检验结果见表 5.7。

表 5.7　各变量信度分析数据（KMO 检验）

变量	题项	KMO
市场需求	协同创新的技术或产品是市场亟须的	0.768
	协同创新培养的人才能够更适应市场的需求	
市场竞争	市场竞争压力使创新主体更愿意参与协同创新	0.774
	创新主体需要通过协同创新提升自身市场竞争力	
技术推动	协同创新参与主体有较强的技术基础	0.791
	创新主体需要通过协同创新提升自身技术创新水平	
政府支持	政府在协同创新主体之间发挥整合、协调的作用	0.755
	政府通过相关政策对协同创新给予一定的资助	
利益驱动	追求利益是各创新主体参与协同的根本驱动力	0.755
	因为参与协同，各主体能够得到各种物质、非物质的激励	
战略协同	各主体有明确的创新战略，且非常重视与其他主体战略上的协同	0.727
	各协同主体都承诺要为共同的目标而努力	
内部激励	协同激励方式多样，层次互补	0.802
	协同激励机制能够贯彻落实	
	激励机制是科学、规范的	
创新能力	各协同主体有很好的知识获取能力	0.850
	各协同主体有很好的知识创造能力	
	各协同主体有很好的知识应用能力	
协同组织	协同创新系统建立了协同创新平台管理机制和组织管理体系	0.820
	各协同主体间能够保持经常性的沟通交流	
	各协同主体各层级、各部门间信息和知识沟通渠道畅通	
资源共享	协同伙伴的资源对自己很有价值，可以补充自身的不足	0.822
	各主体协同创新知识共享形式、手段比较多样	
	协同创新组织中的资源共享机制完善	
人才管理	协同创新组织有层次合理、数量适宜的人才队伍	0.797
	协同创新组织内人才的流动、交流比较顺畅	
	协同创新组织有规范的人才管理机制	

续表5.7

变量	题项	KMO
绩效评价	协同创新组织建立了合理可行的绩效评价指标体系	0.768
	协同创新组织建立了规范的绩效考核制度	
利益分配	各协同主体间利益分配公平合理	0.884
	各协同主体间利益分配方式多样化	
	各协同主体间有正式的利益分配约定或协议	
协同创新绩效	协同主体间拥有非常好的沟通过程和协同行为	0.779
	协同主体间拥有非常好的协同创新产出，例如专利、论文等	
	协同创新成果拥有非常好的经济和社会效益	

由表 5.7 可以看出，各变量的 KMO 值均高于 0.7，说明本问卷具有较高的效度。

5.5　结构方程模型分析

本节将利用 AMOS 22.0 软件对构建的概念模型进行验证分析，它能够进行结构方程建模，并检验和分析变量之间的相互影响。模型中共包含 14 个潜在变量，即市场需求、市场竞争、技术推动、政府支持、利益驱动、战略协同、内部激励、创新能力、协同组织、资源共享、人才管理、绩效评价机制、利益分配机制和协同创新绩效；35 个观测变量，即 MD1、MD2、MC1、MC2、TD1、TD2、GS1、GS2、PD1、PD2、SC1、SC2、IS1、IS2、IS3、IC1、IC2、IC3、CO1、CO2、CO3、RS1、RS2、RS3、TM1、TM2、TM3、PE1、PE2、BD1、BD2、BD3、IP1、IP2、IP3。通过 AMOS 22.0 软件构建出了研究的结构方程模型，具体内容如图 5.3 所示。下面将对初始结构方程模型进行模型路径和理论假设的检验。

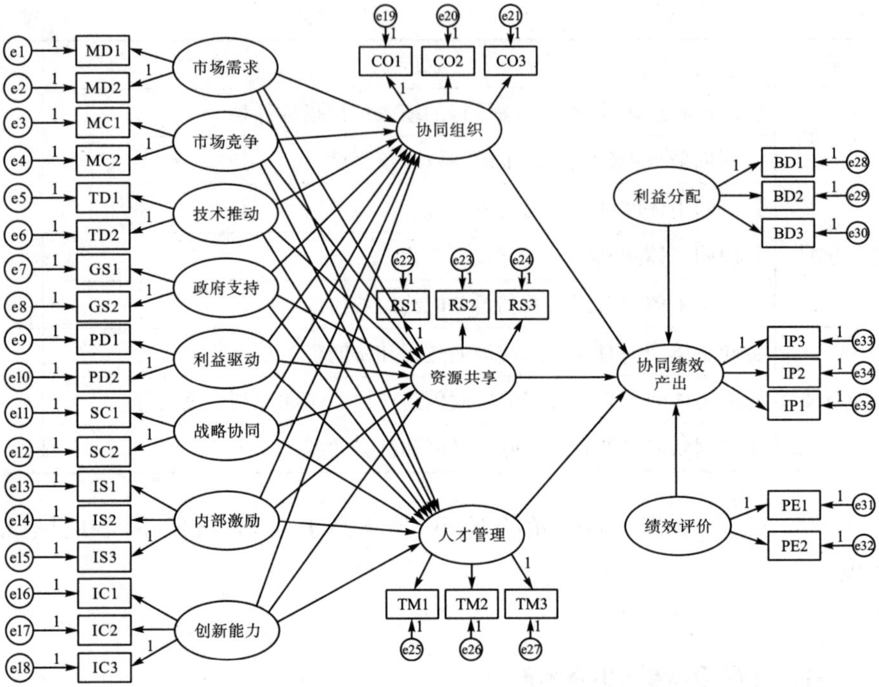

图 5.3　初始结构方程模型路径图

5.5.1　假设检验

模型的检验与结果评价是 SEM 评价的重要阶段，也是一个较复杂的过程，不同的研究者往往根据建立的初始模型的具体情况出发，采用不同的拟合策略。上节对模型的总体拟合情况做了一个全面的分析，下面将对模型的路径进行分析，从而检验变量的假设关系。

在结构方程建模中，临界比例（Critical Ratio，简记为 C. R.），一般称为临界比值，是判定回归系数显著与否的标准，如果临界比值的绝对值不小于 1.96，则认为在显著性水平 0.05 下差异显著（侯杰泰等，2004）。利用 AMOS 22.0 软件路径分析得到结构模型路径系数见表 5.8，路径系数代表的是变量间的作用强度。

表 5.8　SEM 路径系数和假设检验

假设路径		标准化路径系数	C. R.	*P*	假设检验
H1a	协同组织←市场需求	0.680	17.352	0.007	支持
H1b	资源共享←市场需求	0.612	22.257	0.025	支持

续表5.8

假设路径		标准化路径系数	C. R.	*P*	假设检验
H1c	人才管理←市场需求	0.536	5.210	0.039	支持
H2a	协同组织←市场竞争	0.578	13.131	0.000	支持
H2b	资源共享←市场竞争	0.432	5.726	0.027	支持
H2c	人才管理←市场竞争	0.305	3.675	0.000	支持
H3a	协同组织←技术推动	0.399	7.926	0.000	支持
H3b	资源共享←技术推动	0.583	3.641	0.000	支持
H3c	人才管理←技术推动	0.617	6.193	0.014	支持
H4a	协同组织←政府支持	0.504	31.977	0.000	支持
H4b	资源共享←政府支持	0.353	3.986	0.017	支持
H4c	人才管理←政府支持	0.618	5.213	0.000	支持
H5a	协同组织←利益驱动	0.788	2.999	0.041	支持
H5b	资源共享←利益驱动	0.497	3.675	0.000	支持
H5c	人才管理←利益驱动	0.446	6.384	0.000	支持
H6a	协同组织←战略协同	0.598	2.334	0.000	支持
H6b	资源共享←战略协同	0.271	0.926	0.762	不支持
H6c	人才管理←战略协同	0.298	7.705	0.000	支持
H7a	协同组织←内部激励	0.733	2.235	0.042	支持
H7b	资源共享←内部激励	0.143	0.557	0.189	不支持
H7c	人才管理←内部激励	0.367	1.261	0.324	不支持
H8a	协同组织←创新能力	0.377	3.033	0.000	支持
H8b	资源共享←创新能力	0.327	5.499	0.025	支持
H8c	人才管理←创新能力	0.294	2.871	0.000	支持
H9a	协同创新绩效←协同组织	0.683	17.376	0.000	支持
H9b	协同创新绩效←资源共享	0.636	29.975	0.000	支持
H9c	协同创新绩效←人才管理	0.817	16.019	0.000	支持
H10a	协同创新绩效←绩效评价	0.830	26.997	0.000	支持
H10b	协同创新绩效←利益分配	0.772	8.986	0.004	支持

依据表 5.8 所列的标准化路径系数、临界比值及 P 值，对前面章节提出的10 大项共 29 小项理论假设进行检验。

（1）市场需求因素对协同机制的影响。从表 5.8 中可以看出，市场需求对协同组织的标准化路径系数为 0.680（$P<0.01$），在 0.01 水平上显著，表明两者之间的正向作用是显著的，假设 H1a 得到支持。市场需求对资源共享的标准化路径系数为 0.612（$P=0.025$），在 0.05 水平上显著，表明两者之间的正向作用是显著的，假设 H1b 得到支持。市场需求对人才管理的标准化路径系数为 0.536（$P=0.039$），在 0.05 水平上显著，表明两者之间的正向作用是显著的，假设 H1c 得到支持。

（2）市场竞争因素对协同机制的影响。由表 5.8 可以看出，市场竞争对协同组织和人才管理的标准化路径系数均在 0.001 水平上显著，市场竞争对资源共享在 0.05 水平上显著，表明市场竞争与协同机制的正向作用机制是显著的，假设 H2a、H2b、H2c 得到支持。

（3）技术推动因素对协同机制的影响。由表 5.8 可以看出，技术推动对协同组织和资源共享的标准化路径系数均在 0.001 水平上显著，技术推动对人才管理在 0.05 水平上显著，表明技术推动与协同机制的正向作用机制是显著的，假设 H3a、H3b、H3c 得到支持。

（4）政府支持因素对协同机制的影响。由表 5.8 可以看出，政府支持对协同组织和人才管理的路径系数均在 0.001 水平上显著，政府支持对资源共享在 0.05 水平上显著，表明政府支持与协同机制的正向作用机制是显著的，假设 H4a、H4b、H4c 得到支持。

（5）利益驱动因素对协同机制的影响。由表 5.8 可以看出，利益驱动对资源共享和人才管理的路径系数均在 0.001 水平上显著，利益驱动对协同组织在 0.05 水平上显著，表明利益驱动与协同机制的正向作用机制是显著的，假设 H5a、H5b、H5c 得到支持。

（6）战略协同因素对协同机制的影响。由表 5.8 可以看出，战略协同对协同组织和人才管理的路径系数均在 0.001 水平上显著，假设 H6a、H6c 得到支持。战略协同对资源共享的标准化路径系数为 0.271（$P=0.762$），未达到显著水平，表明没有显著直接的影响关系，假设 H6b 没有得到支持。

（7）内部激励因素对协同机制的影响。由表 5.8 可以看出，内部激励对协同组织的标准化路径系数为 0.733（$P=0.042$），在 0.05 水平上显著，假设 H7a 得到支持。但是，内部激励对资源共享和人才管理的标准化路径系数分别为 0.143（$P=0.189$）、0.367（$P=0.324$），未达到显著水平，表明内部激励对资源共享和人才管理没有显著影响，假设 H7b、H7c 没有得到支持。

（8）创新能力因素对协同机制的影响。由表 5.8 可以看出，创新能力对协同组织、人才管理的标准化路径系数均在 0.001 水平上显著，创新能力对资源共享在 0.05 水平上显著，表明创新能力与协同机制的正向作用机制是显著的，假设 H8a、H8b、H8c 得到支持。

（9）协同机制对协同创新绩效产出的影响。由表 5.8 可以看出，协同组织、资源共享和人才管理对协同创新绩效的标准化路径系数均在 0.001 水平上显著，表明协同机制与协同创新绩效的正向作用机制是显著的，假设 H9a、H9b、H9c 得到支持。

（10）评价分配机制对协同创新绩效产出的影响。由表 5.8 可以看出，绩效评价对协同创新绩效的标准化路径系数在 0.001 水平上显著，利益分配对协同创新绩效的标准化路径系数均在 0.01 水平上显著，表明绩效评价机制、利益分配机制与协同创新绩效的正向作用机制是显著的，假设 H10a、H10b 得到支持。

综合以上模型假设检验结果，根据假设而提出的整体理论模型如图 5.4 所示。

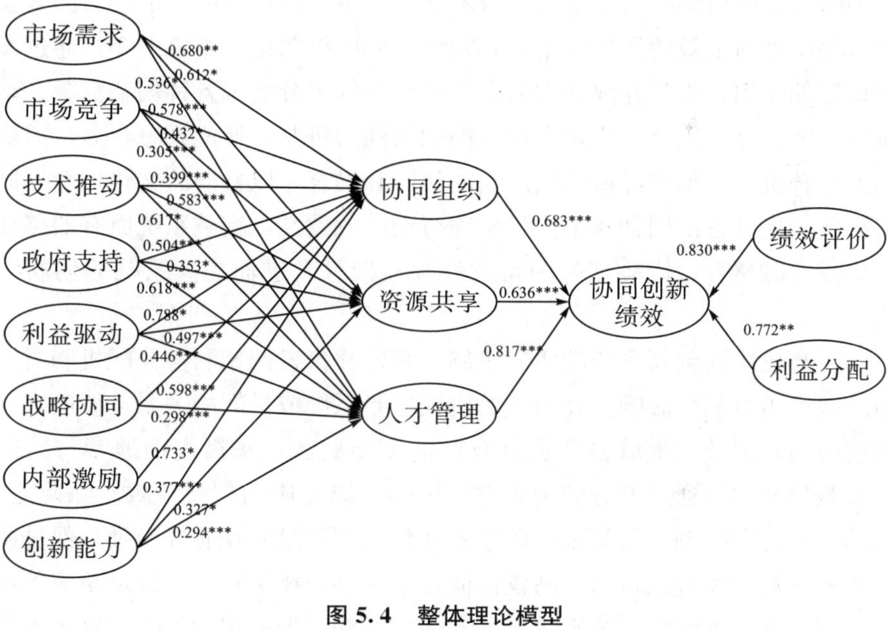

图 5.4　整体理论模型

注：* 、** 、*** 分别代表在 5%、1%、0.1%的显著性水平下显著。

5.5.2 实证结果讨论

上面章节使用统计分析软件进行了实证分析，并检验了研究假设，由表5.8可知，本书提出的大部分的研究假设可通过验证，只有个别假设得不到支持，无法通过验证。具体结论如下：

（1）内部激励因素对协同创新系统资源共享机制和人才管理机制没有显著影响。这说明因变量协同机制中资源共享、人才管理与内部激励的三个测量指标之间的相关性不是特别大。内部激励对于高校协同创新系统的运行而言，对充分调动并发挥各创新参与主体的积极性和潜力，使各成员的行为与目标兼容，有着非常重要的作用。然而，尽管大家都已经认识到激励的重要作用，但在实际的协同创新中心或组织中，科学、规范的激励机制还不够健全，且激励方式的多样化、激励措施的具体落实都做得还不够。调查问卷的调查结果反映出的现实情况表明，为了有效激发各参与组织及人员的创新激情、创造潜能和工作积极性，必须要建立科学化、规范化的内部激励机制，并真正地落实下去，发挥实际的作用。

（2）高校协同创新系统的内外部动力因素对协同机制有显著的影响。高校协同创新系统的协同机制是系统运行的基本保障。系统的内外部动力因素要发挥其对协同创新绩效的影响作用，必须借助协同机制这一重要中介，通过发挥协同机制的作用，将内外部动力因素形成合力，充分实现各种创新资源、动力资源的有效融合。因此，构建高校协同创新动力机制，形成系统合力，需要建立制度融合机制，促进各协同主体间的认同和融合，以共同的文化理念、制度和组织认同提高各协同创新主体目标和行动的一致性，突破系统原有的路径依赖，加强资源整合、优势互补的自觉性和有效性，进而提高系统的创新绩效产出。

（3）高校协同创新系统的协同机制、绩效评价机制和利益分配机制对协同创新绩效产出有显著影响。高质量的协同创新系统成员间的关系，彼此之间信任程度很高，因此，也就愿意贡献自己的创新资源，积极主动地参与协同创新，加强信息的沟通，充分利用各方的优势，提升协同创新绩效。除此之外，有效的利益分配机制、科学合理的绩效评价机制都是实现有效激励，促进协同创新长效发展的关键。目前，高校协同创新中心或相关组织，以及相应的组织机制、资源共享方案和人才政策都基本建立起来，但稳定的绩效评价机制和利益分配机制很多不是落地实施，就是实施力度不够。因此，为有效地提高协同创新绩效产出，各协同创新系统务必要真正落实各系统的运行工作机制，而不只是停留在制度上墙的层面。

5.6　本章小结

本章利用结构方程模型法研究了高校协同创新的动力要素对协同创新绩效的影响作用机制。通过分析“动力要素—协同机制—协同创新绩效”的相互关系，本章提出了动力要素与协同机制、评价机制与协同创新绩效之间关系的假设模型，并通过调查问卷收集数据，使用 SPSS 22.0 和 AMOS 22.0 软件对收集的数据进行统计分析，并对量表的信度和效度进行检验，从而考查量表的可靠性和有效性，又对结构方程模型进行路径分析和假设检验。研究揭示了高校协同创新系统内外部动力要素对协同创新绩效产出的一系列作用机制，这些研究结论将为实际协同创新管理决策提供理论指导。

第 6 章　基于创新链的高校协同创新能力评价

高校协同创新由多个创新主体共同参与，各创新主体在内外部动力作用之下建立起协同创新联系及平台，而协同创新平台的运行则需各主体之间有较强的协同能力来支撑，各主体之间的协同能力决定了协同创新系统的创新产出及效率。图 6.1 为高校协同创新系统运行产出示意图。良好的协同能力是高校协同创新系统发展的潜动力和引擎机，协同能力可作为衡量系统运行管理者管理能力的重要标准。对协同能力进行评价研究，一方面，能够帮助管理者发现各主体在协同活动进程中出现的问题，并根据具体原因针对性的及时予以解决，能保证协同创新活动的顺利进行与持续发展；另一方面，可丰富协同评价等相关研究领域的理论体系。目前，对于以高校协同创新系统为对象，对其内部主体的协同创新能力进行评价的研究还比较缺乏，本章将从高校协同创新系统的整体角度出发，针对各参与主体在协同创新过程中的协同能力建立评价体系，采用科学合理的方法，对协同能力进行客观有效地评价，以期指导创新活动的协同行为。

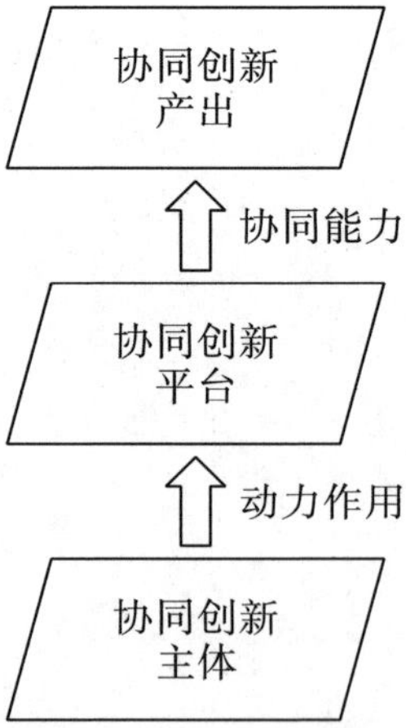

图 6.1　高校协同创新系统运行产出示意图

6.1　评价指标体系设计

近年来，我国不少学者对协同创新系统中各创新主体的协同能力的评价与测度进行了一些探索，相关的研究成果在 2.2.5 节中进行了综述。参考相关研究成果，对高校协同创新的协同能力进行评价，先要分析影响协同能力的因素。高校协同创新的影响因素涉及很多方面，是一个多层次的复杂系统，因此，在进行协同能力评价时要涵盖这些影响因素，就必须要建立多层次的指标体系。

6.1.1　指标体系设计原则

协同能力是协同活动高质量进行的保障，直接决定着协同创新系统的目标能否顺利实现，也会影响协同创新的绩效产出。在高校协同创新系统中，各协同主体的协同主要是技术、知识等的交流与转移，将各方主体的资源进行整合，从而提高高校协同创新系统的创新效率和创新目标。针对高校协同创新的主体协同创新能力的评价，需要设计一套科学、合理且具有可操作性的评价指标体系，评价指标体系的设计应遵循以下五点原则：

（1）目的性。遵循目的性原则，在设计协同能力评价指标体系时，既要与系统整体战略目标一致，也要体现不同阶段的协同创新工作重心，充分发挥高校协同创新的主体协同创新能力评价对协同创新工作的导向作用。

（2）全面性。影响各主体协同能力的因素较多，在进行评价指标体系设计时，指标体系应能够基本覆盖这些影响因素，这样设计出来的评价指标体系才可以全面地、完整地反映系统的真实情况。

（3）重点性。在进行评价指标设计时除了要尽可能覆盖全部影响因素，还要在此基础上进行适当的简化与合并，也就是评价指标不能过于贪多，要突出评价指标在影响因素反映上的代表性和重点性；否则，指标体系过于庞大会使计算复杂度大大提升，不利于评价的具体实施。

（4）可比性。可比性是指评价指标在内涵、外延、统计口径及时间长度等方面应当保持一致，这样对于进行系统内部纵向比较、系统外部横向比较都有可比性，且能够保证评价结果客观、真实、合理。

（5）可行性。一方面，评价指标的设计和应用是可行的，在含义上是清晰的，且相关数据便于收集。另一方面，进行协同能力评价时选取的评价方法要简易可行，这样才能保证评价过程的可操作性。

6.1.2 评价指标体系框架

高校协同创新各主体协同能力的影响因素有很多，各主体相互作用、相互影响，高校和科研机构提供技术、企业进行技术转化、产品产生和市场化。在此过程中，科技中介机构起衔接作用，政府起总体协调作用，各主体共同作用使得协同创新过程顺利进行。

本书研究的对象是高校协同创新系统，依据创新链的环节，可将协同创新过程进行分解，如图 6.2 所示。协同过程根据创新链的运行过程分为协同环境、资源投入、科技协同、协同效益及运行管理五个环节，这五个环节将高校协同创新的各个主体和各种要素进行有机融合，通过促进创新链的运行发展按照一定的方式协同合作。各参与主体间的协同关系促进各环节的耦合作用，使整个创新链有机融合、高效运行。

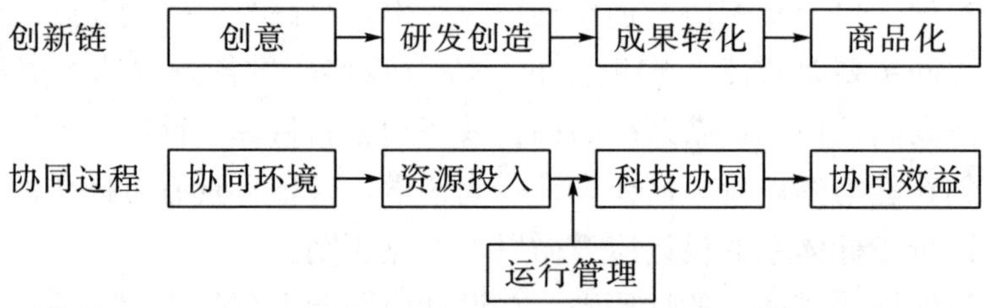

图 6.2 高校协同创新的协同创新能力评价指标体系设计依据

高校协同创新中，协同环境会对资源投入和应用效果产生影响，而协同环境的优劣、资源投入的多少会影响到科技的协同，进而影响协同创新的经济社会生态等方面的效益。依据这样的高校协同创新运行路径建立高校协同创新的协同能力评价指标体系，下面具体阐述各个环节对协同创新的作用或影响，进而指导对相关指标的选取。

6.1.2.1 协同环境

（1）外部环境。

①政策保障水平。

我国各种协同创新活动总是在一定的政策环境下进行，如各级政府的各种专项行动计划、相关法律法规等。政策直接或间接地对协同创新主体间的协同水平产生影响，有利的政策对于协同创新主体的协同能力提升有正向的促进作用。反之，不利的政策则会对协同能力提升有负向的阻碍作用，进而影响高校协同创新的效率和绩效。

②行业景气指数。

高校协同创新总是针对某一行业开展，相应行业的景气程度，也就是行业的所处状态或发展态势对于协同创新过程中的协同能力会有一定的影响，因此，需要对整个行业的景气指数进行一定了解，才能把握行业的发展方向。

（2）内部环境。

①文化相似程度。

文化是指高校协同创新各参与组织的价值观和风俗习惯等，组织文化直接对群体的组织行为产生影响。要保证各协同创新主体有较强的协同能力，就需要各主体在价值观上能够协同，这是各主体能够形成协同的内在动力。文化其本质是各组织相对稳定的价值观，因此，各协同创新主体的文化背景越相似，其价值观协同水平越高，其协同创新能力也就越强。

②平台的支撑力。

平台是指高校协同创新的环境或基础条件，也包括各主体互动、交流和学习的载体，在高校协同创新系统中，平台的支撑力直接影响主体的协同能力。

6.1.2.2　资源投入

（1）人才投入。

①人才规模。

高校协同创新系统中的人才涉及相关技术人才、专业技能人才和相关管理人才。人才投入的规模过大，人员意见分歧多，协同局面不利于达成；若人才投入的规模过小，对于集思广益、激发新思维不利。只有人才投入规模适度，才能保证协同创新工作人员的有效沟通与协同，保证协同创新活动顺利推进。

②人才的素质水平。

人才的素质水平直接关系人才与他人沟通的水平与效果，如果人才的素质水平高，则其在相互学习、沟通交流及知识传递等方面都具有较强优势，在创新过程中协同水平更高，且还能创造更多的协同机会。反之，如果人才的素质水平不高，则不利于协同。

（2）资金投入。

①资金投入规模。

资金是高校协同创新中保障协同创新活动得以开展、进行和成功的关键资源。原材料、设备采购，专利引进购买，劳动报酬发放均需要资金的投入。通常来说，资金投入规模与主体参与协同的动力是正相关关系。

②政府投入比重。

政府投入资金额占资金投入总额的比重即为政府投入比重。在高校协同创新活动的资金来源中，政府投入占较大的一部分。政府投入比重越高，表明政府对协同创新活动的支持力度越高，相应地，协同创新活动得到的保障水平越高，协同水平也就更高。

③企业投入比重。

企业投入资金额占投入总额的比重即为企业投入比重。企业的资金投入是高校协同创新活动中资金最重要的来源。在高校协同创新系统中，企业作为主要的参与主体，其投入的资金越多，说明企业的协同意愿越强，企业资金方面的优势资源参与创新活动，必然提高创新主体的协同能力。

（3）物力投入。

①物力资源投入的规模。

物力资源涉及场地、设备、能源及原材料等在协同创新活动中需要的物资。物力资源投入规模越大，协同创新主体进行协同创新活动的物资保障就越充足，创新活动进行就越顺利，协同能力就越高。

②物力资源的互补程度。

物力资源的互补程度是指高校、科研机构和企业等不同创新主体之间拥有的物资的互补程度，这种物资上的互补程度很大层面上影响了各主体的协同程度。任何的创新活动均需要一定的物资保障，而在高校协同创新系统中，协同创新活动所需要的物资保障往往不是某一个主体能够单独供给的，需要各主体协同供应。

③物力资源的匹配程度。

物力资源的匹配程度是指高校协同创新系统中不同主体在参与协同创新时所贡献出来的物资与其他主体物资的可搭配程度。由于各主体拥有的物资，尤其是机器设备等先进程度不同，如果不能很好地匹配，就会导致协同效果较差；如果各主体的物资匹配程度高，则会使物资能够更好地兼容，协同效果也就更好。

（4）信息投入。

①信息的通畅程度。

高校协同创新系统中的信息涉及创新全过程中所获取、产生、传输与使用的一切信息资源。信息的获取与传输渠道的通畅程度直接影响各主体交流互动的效果，对协同创新活动的有效进行有很大影响。

②信息的互补程度。

信息的互补程度是指高校协同创新系统中不同主体之间拥有的信息的互补

程度。一定程度上，这种信息的互补程度对他们的协同水平产生较大的影响。各主体信息的互补程度越高，对创新活动的支撑作用就越大，协同能力就越高。

6.1.2.3　科技协同

（1）科学知识。

①科学知识的积累水平。

科学知识的积累水平反映了高校协同创新系统中的个人或组织的科学知识积淀的深厚程度。在高校协同创新系统中，组织或个人科学知识的积累水平越高，对他们的知识交流与共享越有利，对协同创新活动的帮助作用就越大。

②显性知识与隐性知识的比率。

显性知识与隐性知识相比较而言，显性知识可用文字、公式或图表等承载表示，便于传播；隐性知识则相反，难以用确定的符号进行表示，不易被理解和掌握，且传播较难。显性知识所占比例越高，被理解、掌握和传播的知识越多，对于高校协同创新活动越有利。

（2）技术。

①技术成果的积累水平。

技术成果的积累水平是指高校协同创新系统中各主体关于专利、专有技术、科技论文及专著等的积累，这种积累越多，对于组织参与协同创新活动帮助作用就越大，越有利于各协同创新主体在技术创新上进行协同。

②技术的互补程度。

技术的互补程度是指高校协同创新系统中高校、科研机构和企业等各主体拥有的技术上的互补程度。协同创新活动中一些关键技术的创新需要多方主体提供优势技术进行协同，技术的互补程度越高，各方的协同能力也就越强。

③技术的复杂程度。

这里的技术是指高校协同创新活动中各方主体经过协同活动要实现的目标技术，技术的复杂程度即其创新难度。目标技术的复杂程度越高，创新难度越大，就越需要多方主体进行协同攻关，因为单靠个体或组织的单独力量无法实现技术创新。因此，创新技术的复杂程度对协同创新能力有影响。

6.1.2.4　运行管理

（1）组织。

①组织目标的一致性。

高校协同创新系统的成员组织在协同创新活动中有各自的利益追求和具体

目标，只有当各主体对其目标进行协同，使各自目标一致性较高时，才能形成较强的合力。协同创新各主体要调整自己的目标，符合系统总体目标；否则，如果各主体目标分散，只关注自身利益和组织目标的实现，就会对系统的协同创新活动造成阻碍，甚至无法协同。

②组织结构的合理性。

在高校协同创新系统中，合理的组织结构是组织运行的基础构架，有利于各主体进行有效的沟通和资源共享，对各主体在技术创新中的协同能力提升有很大的帮助作用。

③高校的主导能力。

在高校协同创新系统中，高校的主导能力是指高校主导作用的强弱。高校在协同创新中的主导能力主要体现在对其他主体的引导、协调及对系统整体的把控上。高校主导能力越强，系统整体表现越好。

（2）行为。

①相互沟通水平。

沟通是组织活动中必可不少的环节，情感表达、信息传递、激励和控制等均要建立在合理高效沟通的基础之上。在高校协同创新中，各参与主体之间沟通越多，水平越高，他们合作的深度也就越高，稳定性也越强，协同能力也就越强。

②相互信任程度。

在高校协同创新系统中，各参与主体主动分享自己的信息和技术等优势资源是建立在对其他主体充分信任的基础之上的，进而才可能愿意同其他主体共同承担风险。对系统中其他合作主体的信任程度直接影响各方主体的协同水平，相互信任程度越高，协同能力提升越显著。

（3）分配。

①风险分担的合理程度。

在高校协同创新系统中，各主体对于风险的合理分担能够帮助他们重视自身行为的理性，重视与其他组织的合作与协同。合理的风险分担需要建立在对风险准确的识别、度量的基础之上。

②收益分配的合理程度。

合理的收益是高校协同创新各主体参与协同的主要目的。收益分配的合理程度直接影响各主体参与协同的积极性，对协同能力有直接影响。合理的收益分配是高校协同创新的基本前提。

6.1.2.5　协同效益

（1）经济效益。

①收益的增加率。

在高校协同创新系统中，各方主体贡献自己的优势资源并进行充分整合，经过技术创新、技术转化、产品生产、产品市场化过程，获得相应的收益。对于参与协同创新的各方主体，收益的增加率越高，他们参与协同创新的动力越足，就对协同创新越有利。

②成本的节约率。

在高校协同创新系统中，各方主体参与协同，资源共享、优势互补，在协同创新活动中，协同主体借助其他主体的优势，补全自己的短板，可节约自己在创新方面的大量成本，可获得可观的收益。通过协同创新节约的成本越多，各主体参与协同的意愿就越强，协同能力自然也就越强。

（2）社会效益。

①人才培养的质量。

高校协同创新整合各方优势资源，除进行技术成果转化创造经济效益外，培养创新型人才也是高校协同创新的一项重要任务。高层次的创新人才对于高校、科研机构及企业都是非常重要的战略资源。

②环境保护的水平。

目前，技术创新对环境的影响受到越来越多的重视，环境因素已成为技术创新活动的重要考虑因素，这是由于环境方面的影响更为深远。高校协同创新对行业技术的研究开发和转化应用应以对环境不造成负面影响为前提。结合国家相关政策要求，环境保护能够提高协同创新系统中各参与主体的积极性，对提高各主体间的协同能力也有很大作用。

6.1.3　评价指标体系选择

截至 2017 年，关于高校协同创新的协同能力的评价研究较少，尚未形成一个统一的指标体系。本书在构建评价指标体系时，选取参考文献中比较权威的指标，结合专家的相关评价及笔者的经验判断。具体指标的选取思路参考了张丽娜的《行业特色型高校协同创新的机制研究》一文。

根据图 6.2 所示，本节将针对高校协同创新的协同环境、资源投入、科技协同、协同效益及运行管理五个环节，分别设计评价指标。准则层的指标有 5 个，包括协同环境、资源投入、科技协同、运行管理和协同效益，准则层下具体指标有 30 个，见表 6.1。

表 6.1　高校协同创新协同能力评价指标体系

目标层	准则层Ⅰ	准则层Ⅱ	具体指标	来源
高校协同创新协同能力评价 X	协同环境 X_1	外部环境 X_{11}	政策保障水平 X_{111}	Barbarou（2012）；张丽娜（2013）；付一凡（2014）
			行业景气指数 X_{112}	
		内部环境 X_{12}	文化相似程度 X_{121}	
			平台的支撑力 X_{122}	
	资源投入 X_2	人才 X_{21}	人才规模 X_{211}	Burton（2002）
			人才的素质水平 X_{212}	
		资金 X_{22}	资金投入规模 X_{221}	丁洪（2013）；付一凡（2014）；马娟、陈岸涛（2014）；卜凡彪等（2015）
			政府投入的比重 X_{222}	
			行业企业投入的比重 X_{223}	
		物力 X_{23}	物力资源投入的规模 X_{231}	Olive（2007）；张哲（2008）；张丽娜（2013）
			物力资源的互补程度 X_{232}	
			物力资源的匹配程度 X_{233}	
		信息 X_{24}	信息的通畅程度 X_{241}	Simatupang、Sridharan(2005)；Larry、Santamara（2007）
			信息的互补程度 X_{242}	
	科技协同 X_3	科学知识 X_{31}	科学知识的积累水平 X_{311}	Burton（2002）；丁洪（2013）；卜凡彪等（2015）
			显性知识与隐性知识的比率 X_{312}	
		技术 X_{32}	技术成果的积累水平 X_{321}	Burton（2002）；Barbaroux（2012）；张丽娜（2013）
			技术的互补程度 X_{322}	
			技术的复杂程度 X_{323}	
	运行管理 X_4	组织 X_{41}	组织目标的一致性 X_{411}	Burton（2002）；Larry、Santamara（2007）；付一凡（2014）
			组织结构的合理性 X_{412}	
			高校的主导能力 X_{413}	
		行为 X_{42}	相互沟通水平 X_{421}	Simatupang、Sridharan(2005)；付一凡（2014）
			相互信任程度 X_{422}	
		分配 X_{43}	风险分担的合理程度 X_{431}	Simatupang、Sridharan(2005)；张丽娜（2013）
			收益分配的合理程度 X_{432}	

续表 6.1

目标层	准则层Ⅰ	准则层Ⅱ	具体指标	来源
高校协同创新协同能力评价 X	协同效益 X_5	经济效益 X_{51}	收益的增加率 X_{511}	付一凡（2014）；黄志建、张清华（2014）
			成本的节约率 X_{512}	
		社会效益 X_{52}	人才培养的质量 X_{521}	丁洪（2013）；马娟、陈岸涛（2014）；卜凡彪等（2015）
			环境保护的水平 X_{522}	

6.1.4　评价指标解释说明

6.1.4.1　协同环境指标说明

（1）外部环境。

①政策保障水平。

政策保障水平是指政府计划、法律法规等相关政策对高校协同创新的鼓励水平，可将其分为高级、中级、低级三个等级。各个等级的划分标准如下：

高级：相关政策明显鼓励高校协同创新。

中级：相关政策适度鼓励高校协同创新。

低级：相关政策稍微鼓励高校协同创新。

②行业景气指数。

行业景气指数以行业经济总量指标为权数，对各企业主体所做的结论进行加权处理。行业景气指数通常以 100 为临界值，范围在 0～200 之间。行业景气指数取值（100，200），表明行业经济状态处于改善或上升状态；行业景气指数取值（0，100），表明行业经济状态处于恶化或下降状态，即不景气。

（2）内部环境。

①文化相似程度。

文化相似程度分为三个等级，各个等级中间的部分按实际情况进行打分。最高等级为协同创新各主体组织文化基本一致；最低等级为协同创新各主体组织文化完全不一样，相互之间不能接受彼此的组织文化；中间等级为最高等级和最低等级的中间状态。

②平台的支撑力。

高校协同创新中平台的支撑力用分级指标来反映。最高水平是能充分促进各协同创新主体的交流与合作，用 1 表示；最低水平则是不能促进各协同创新主体的交流与合作，用 0 表示；中间水平则用 [0，1] 区间内的数据来表示。

6.1.4.2 资源投入指标说明

（1）人才。

①人才规模。

人才规模可以用人才的数量来表示，但是人才规模对协同创新能力的影响程度从绝对数量上不便进行比较，因此，仿照前面章节中指标对人才规模进行分级处理。最高等级是人才投入能够满足协同创新需要，也就是协同创新既无冗余，也没有短缺；最低等级表示人才投入量非常少，远远不够满足需求；中间等级即为介于最高等级和最低等级之间的状态。

②人才的素质水平。

人才的素质水平：

$$t = \frac{q_g}{q} \times 100\% \tag{6-1}$$

式中，q_g是人才投入中研究生以上学历的数量，q 为人才投入总量。

（2）资金。

①资金投入规模。

资金投入规模的处理方式类似于人才规模指标，分为三个等级：最高等级是指高校协同创新中资金投入能够满足需要，也就是不会出现资金短缺问题；最低等级是指高校协同创新中资金投入量极低，完全不能满足创新需要；中间等级即为介于最高等级和最低等级之间的状态。

②政府投入的比重。

政府投入的比重：

$$r_g = \frac{m_g}{m} \times 100\% \tag{6-2}$$

式中，m_g为高校协同创新资金投入总额中政府资金投入的数额，m 为高校协同创新各方投入的资金总额。

③企业投入的比重。

企业投入的比重：

$$r_e = \frac{m_e}{m} \times 100\% \tag{6-3}$$

式中，m_e为企业投入的资金总额。

（3）物力。

①物力资源投入规模。

类似于人才规模指标，将物力资源投入规模分为三个等级：最高等级为物力资源投入总量能够满足需要，不会出现物力资源短缺的问题；最低等级表示相对于正常需要而言，实际的物力资源投入量极低，完全不能满足创新活动需要。

②物力资源的互补程度。

用变量 α 表示物力资源的互补程度，$\alpha \in [0,1]$。其中，$\alpha = 1$ 表示最高等级，各创新主体拥有的物力资源完全不同，具有绝对的互补性；$\alpha = 0$ 表示最低等级，各创新主体拥有的物力资源完全相同，不存在互补性；$0 < \alpha < 1$ 表示中间等级，各创新主体拥有的物力资源具有一定的互补性，数值越大，互补性越高。

③物力资源的匹配程度。

物力资源的匹配程度用三个等级进行表述：最高等级指系统中各协同创新主体拥有的物力资源完全匹配；最低等级指系统中各协同创新主体拥有的物力资源完全不匹配；中间等级是介于最高等级和最低等级之间的状态，表示系统中各协同创新主体拥有的物力资源存在一定匹配关系。

（4）信息。

①信息的通畅程度。

信息的通畅程度：

$$r_o = \frac{I_o}{I} \times 100\% \qquad (6-4)$$

式中，I_o 表示高校协同创新系统获得的信息量，I 表示高校协同创新系统中各成员组织拥有的信息量总和。

②信息的互补程度。

用变量 β 表示信息的互补程度，$\beta \in [0,1]$。其中，$\beta = 1$ 表示最高等级，各协同创新主体拥有的信息有绝对的互补性；$\beta = 0$ 表示最低等级，各协同创新主体拥有的信息不存在互补性；$0 < \beta < 1$ 表示中间等级，各协同创新主体拥有的信息有一定的互补性，数值越大，信息互补性越高。

6.1.4.3　科技协同指标说明

（1）科学知识。

①科学知识的积累水平。

科学知识中，显性知识可以通过专利及论文的数量进行衡量，但隐性知识没有办法用定量指标进行计算，因此，仿照前面章节中各项指标进行分级处理：最高等级为高校协同创新中科学知识积累总量能够满足需要，没有科学知识短缺问题；最低等级为高校协同创新中科学知识积累总量极少，完全不能满足需要；中间等级即为最高等级和最低等级之间的状态。

②显性知识与隐性知识的比率。

显性知识与隐性知识的比率：

$$r_k = \frac{k_d}{k_r} \times 100\% \tag{6-5}$$

式中，k_d 表示显性知识，k_r 表示隐性知识。由于隐性知识不能定量计算，因此，该比率由专家根据经验进行定性评价。

（2）技术。

①技术成果的积累水平。

类似于科学知识的积累水平指标，技术成果的积累水平也分等级进行处理：最高等级是指高校协同创新中技术成果的积累总量能够满足需要，不会出现短缺的现象；最低等级是指高校协同创新中技术成果的积累总量极少，远远不能满足需要；中间等级即为最高等级和最低等级之间的状态。

②技术的互补程度。

用变量 γ 表示技术的互补程度，$\gamma \in [0,1]$。其中，$\gamma = 1$ 表示最高水平，表明协同创新各主体的技术完全不同，具有绝对的互补性；$\gamma = 0$ 表示最低水平，表明协同创新各主体的技术完全相同，不存在互补性；$0 < \gamma < 1$ 表示中间状态，表明协同创新各主体的技术存在一定的互补性，数值越大，各主体间的技术互补性较高。

③技术的复杂程度。

技术的复杂程度是定性指标，在行业关键技术创新中，使用的技术越多，其技术复杂程度就越高。将技术的复杂程度定义如下：

$$l = \frac{\sum_{i=1}^{n} T_i}{\sum T_j} \tag{6-6}$$

式中，$\sum T_j$ 表示行业内所有的相关技术折算总和，$\sum_{i=1}^{n} T_i$ 表示行业关键技术创新过程中应用到的 n 项技术的折算总和。

6.1.4.4 运行管理指标说明

（1）组织。

①组织目标的一致性。

用变量 λ 表示组织目标的一致性，$\lambda \in [0,1]$。其中，$\lambda = 1$ 代表最高等级，

表示系统中各主体均以系统目标为导向，个体目标完全服从系统目标；$\lambda=0$ 代表最低等级，表示系统中各主体均不以系统目标为导向，个体目标完全不同，只关注自身目标；$0<\lambda<1$ 代表中间等级，表明高校协同创新中各参与主体在一定程度上其目标具有一致性，数值越高，组织目标的一致性越高。

②组织结构的合理性。

组织结构的合理性分为高、中、低三个等级进行衡量：

高：组织结构富有弹性，能够使高校协同创新各主体进行充分的沟通与资源共享，有利于系统的可持续发展。

低：组织结构没有弹性，阻碍高校协同创新各主体进行沟通与资源共享，系统不能持续发展。

中：组织结构具有一定的弹性，可使高校协同创新各主体在一定程度上和一定范围内进行沟通与资源共享。

③高校的主导能力。

类似于平台的支撑力指标，高校的主导能力指标可以分级进行处理。最高水平用 1 表示，代表高校协同创新中高校能够积极引导和组织其他参与主体进行协同创新活动；最低水平用 0 表示，代表高校完全不能引导和组织高校协同创新中其他参与主体进行协同创新活动；中间水平则用 [0，1] 区间内的数据来表示。

（2）行为。

①相互沟通水平。

用变量 ξ 表示各主体间的相互沟通水平，$\xi\in[0,1]$。其中，$\xi=1$ 代表最高水平，说明各协同创新主体之间完全可以充分、自由地沟通；$\xi=0$ 代表最低水平，说明各协同创新主体之间完全没有办法沟通，或零沟通；$0<\xi<1$ 代表中间水平，说明各协同创新主体之间有一定的沟通，数值越高，沟通水平越高。

②相互信任程度。

用变量 δ 表示高校协同创新中各主体间的相互信任程度，$\delta\in[0,1]$。其中，$\delta=1$ 代表最高水平，表示各参与主体相互之间完全信任对方；$\delta=0$ 代表最低水平，表示各参与主体相互之间完全不信任对方；$0<\delta<1$ 代表中间水平，表示各参与主体相互之间在一定程度上信任对方，数值越高，相互信任程度越高。

（3）分配。

①风险分担的合理程度。

类似于平台的支撑力指标，对风险分担的合理程度采用划分等级的方法处理：风险分担的最合理程度用 1 表示，表明高校协同创新中各参与主体都对风险分担结果非常满意；风险分担的最不合理程度用 0 表示，表明高校协同创新中各参与主体都对风险分担结果非常不满意；风险分担的中间水平用［0，1］区间内的数据来表示。

②收益分配的合理程度。

类似于前一指标，收益分配的合理程度采用划分等级的方法进行处理：用 1 表示收益分配的最合理程度，表明高校协同创新中各主体对收益的分配结果非常满意；用 0 表示最不合理的收益分配程度，表明高校协同创新中各主体对收益的分配结果非常不满意；收益分配的中间水平用［0，1］区间内的数据来表示。

6.1.4.5 协同效益指标说明

（1）经济效益。

①收益的增加率。

收益的增加率：

$$r_p = \frac{p_s - p_i}{p_i} \times 100\% \tag{6-7}$$

式中，p_s 代表高校协同创新中各主体通过协同创新获得的总体收益，p_i 代表各主体不参与协同创新时各自收益的总和。

②成本的节约率。

成本的节约率：

$$r_c = \frac{c_s - c_i}{c_i} \times 100\% \tag{6-8}$$

式中，c_s 代表高校协同创新中各主体在协同创新活动中花费的成本总和，c_i 代表各主体单独进行创新时各自花费的成本总和。

（2）社会效益。

①人才培养的质量。

人才培养的质量分为高级、中级、初级三个水平。

高级：掌握充分的知识和技能，并能熟练运用去完成技术含量高且非常复杂的技术创新。

中级：掌握一定的知识和技能，能依托并灵活运用相关知识进行技术创新。

初级：在他人的指导下，能够操作和完成常规技术任务。

②环境保护的水平。

环境保护的水平通过测算资源利用、生态建设和污染控制，将其分为高级、中级、初级三个等级。

高级：污染得到极大的控制，资源利用和生态建设有很大的提高。

中级：污染得到一定的控制，资源利用和生态建设有一定的提高。

初级：污染稍微有所控制，资源利用和生态建设稍微有所提高。

6.2　评价方法

随着管理科学及数学、统计等相关学科的发展，各种评价方法逐渐增加，而且在各个行业领域都得到广泛应用。考虑到本书研究的高校协同创新系统主体协同能力评价指标体系中的定性指标较多，通过对多种评价方法进行比较之后，本书选取层次分析法和模糊综合评价法对各创新主体的协同创新能力进行评价研究。其中，层次分析法用于确定不同层次的评价指标的权重，模糊综合评价法用于评价各主体的协同创新能力。

6.2.1　层次分析法

层次分析法是 20 世纪 70 年代美国运筹学家 T. L. Satty 等提出的定性分析和定量分析相结合的多准则决策方法。层次分析法的思路：首先，对目标问题的影响因素进行分析；其次，在此基础上构造一个层次结构模型；最后，利用较少的定量信息将决策过程数学化，从而实现用简便的决策方法解决相对复杂的问题。层次分析法的具体步骤包括以下四个方面：

（1）构造层次分析结构。首先，对要解决的问题进行深入分析，将有关的因素按属性进行分层处理，其中，最高层为目标层，该层只有一个元素，也就是决策问题的总体目标；其次，将中间层次的指标按实际情况进行分层，也就是准则层，准则层可以有多个；最后，将准则层进行进一步细分，形成最底层的指标层。

（2）构造成对比较矩阵。从前一步骤构造的层次结构模型的第二层开始，对同一层中的各个因素进行两两比较，两两比较时利用成对比较法和 1～9 比较尺度分别构建成对比较矩阵，逐层进行，直到最下层。

（3）计算权向量并做一致性检验。计算某层指标相对于上层指标的相对重要性，也就是权重，方法是计算上一步骤中构造的每一个成对比较矩阵的特征向量和最大特征根。由于矩阵阶数较多时容易发生不一致的判断结果，因此，进一步的利用一致性指标、随机一致性指标和一致性比率做一致性检验。若检验通过，说明判断矩阵具有满意的一致性，那么特征向量归一化处理后即为权向量；若不通过，需重新构造成对比较矩阵。

（4）计算组合权向量并做组合一致性检验。根据上一步骤最下层指标的权向量，计算最下层指标相对于总目标层的组合权向量，并仿照上一步骤做总体的一致性检验。若一致性检验通过，则可按照最下面指标层的组合权向量对指标层指标进行排序，进而进行相关决策；否则就需要重新考虑层次结构，或重新构造成对比较矩阵。

层次分析法的优点是所需定量数据信息较少，将定性分析与定量研究相结合，方法简洁实用。其最大的优点就是提出分层次分析问题的思路，使决策者能够认真地比较分析，权衡考虑这么多指标的相对重要性。

6.2.2 模糊综合评价法

模糊综合评价法是应用模糊数学的隶属度理论，将决策问题中因多种影响因素制约而存在的大量模糊概念和模糊现象进行定量化处理分析，进而对被评价对象通过多因素多指标进行综合评价。其特点是利用模糊数学的隶属度函数处理定性问题，能较好地解决模糊的、难以量化的问题，分析结果比较清晰。其基本步骤可以归纳为：

（1）确定评价对象的因素集。

可以设 n 个评价因素（指标），$\boldsymbol{X}=(X_1,X_2,\cdots,X_n)$，$n$ 的个数由具体评价指标体系决定。

（2）确定评价对象的评语集。

设 $V=\{v_1,v_2,\cdots,v_m\}$，每一个等级可对应一个模糊子集，即等级集合，也就是对评价对象的评价结果的集合。

（3）单因素模糊评价，建立模糊关系矩阵。

单因素模糊评价，就是要利用指标体系 $X_i(i=1,2,\cdots,n)$，逐个对评价对象从每个指标进行量化，即确定从单因素来看，评价对象对各等级模糊子集的隶属度 $(R\mid X_i)$，进而得到模糊关系矩阵：

$$\boldsymbol{R}=\begin{bmatrix}(R\mid X_1)\\(R\mid X_2)\\\vdots\\(R\mid X_n)\end{bmatrix}=\begin{bmatrix}r_{11}&r_{12}&\cdots&r_{1m}\\r_{21}&r_{22}&\cdots&r_{2m}\\\vdots&\vdots&&\vdots\\r_{n1}&r_{n2}&\cdots&r_{nm}\end{bmatrix}$$

式中，第 i 行第 j 列元素 r_{ij} 表示某评价对象从因素 X_i 来看对等级模糊子集 v_j 的隶属度。

（4）确定评价因素的权向量。

在模糊综合评价中，评价因素的权向量即是各评价因素的重要程度，对评价结果有很大的影响。确定评价因素的权向量 $\boldsymbol{W}=(w_1,w_2,\cdots,w_n)$ 一般采用层次分析法。

（5）多因素综合评价。

利用合适的算子将多因素的权向量 $\boldsymbol{W}$ 与各评价对象的模糊关系矩阵 $\boldsymbol{R}$ 进行合成，得到评价对象的模糊综合评价结果向量 $\boldsymbol{Z}$，即：

$$\boldsymbol{Z}=\boldsymbol{W}\times\boldsymbol{R}=(w_1,w_2,\cdots,w_n)\begin{bmatrix} r_{11} & r_{12} & \cdots & r_{1m} \\ r_{21} & r_{22} & \cdots & r_{2m} \\ \vdots & \vdots & & \vdots \\ r_{n1} & r_{n2} & \cdots & r_{nm} \end{bmatrix}=(z_1,z_2,\cdots,z_m) \tag{6-9}$$

式中，z_i 表示评价对象从整体上看对等级模糊子集的隶属程度，$0\leqslant z_i\leqslant 1(i=1,2,\cdots,m)$。

（6）结果分析。

对模糊综合评价结果向量进行分析。处理模糊综合评价结果向量一般采用最大隶属度原则和加权平均原则，其中更多的是采用最大隶属度原则。

6.3　实证分析

四川大学生物治疗协同创新中心作为我国典型的高校协同创新中心，于2012年开始启动，本书针对生物治疗协同创新的协同能力进行评价研究，旨在对其现状做出客观评价，并为协同能力的提高提供对策建议，同时，为其他高校协同创新的协同能力评价提供一定的参考。

6.3.1　数据收集与整理

数据收集采用访谈和问卷调查的方法，调查单位人员为四川大学各协同创新中心的管理人员及相关单位的参与人员，从中选取比较了解“高校协同创新”的人员作为被调研对象。基于样本采集的需要和调研成本的考虑，本调研共发了 80 份问卷，收到的有效问卷为 75 份。对这 75 份问卷搜集到的信息进行整理和统计，见表 6.2。其中，频次为对应评价指标和评价等级的回答人数，频率为对应的回答人数占总人数的比重。

表 6.2　协同能力现状调查表

评价等级 评价指标	很高		高		中		低		很低	
	频次	频率	频次	频率	频次	频率	频次	频率	频次	频率
政策保障水平	0	0.0000	41	0.5467	31	0.4133	3	0.0400	0	0.0000
行业景气指数	14	0.1867	23	0.3067	30	0.4000	8	0.1067	0	0.0000
文化相似程度	0	0.0000	0	0.0000	31	0.4133	25	0.3333	19	0.2533
平台的支撑力	4	0.0533	38	0.5067	29	0.3867	4	0.0533	0	0.0000
人才规模	1	0.0133	24	0.3200	27	0.3600	20	0.2667	3	0.0400
人才的素质水平	4	0.0533	21	0.2800	35	0.4667	15	0.2000	0	0.0000
资金投入规模	12	0.1600	25	0.3333	29	0.3867	9	0.1200	0	0.0000
政府投入的比重	0	0.0000	19	0.2533	29	0.3867	23	0.3067	4	0.0533
行业企业投入的比重	9	0.1200	41	0.5467	18	0.2400	7	0.0933	0	0.0000
物力资源投入的规模	5	0.0667	27	0.3600	43	0.5733	0	0.0000	0	0.0000
物力资源的互补程度	6	0.0800	33	0.4400	35	0.4667	1	0.0133	0	0.0000
物力资源的匹配程度	3	0.0400	16	0.2133	35	0.4667	20	0.2667	1	0.0133
信息的通畅程度	2	0.0267	28	0.3733	27	0.3600	17	0.2267	1	0.0133
信息的互补程度	3	0.0400	34	0.4533	24	0.3200	13	0.1733	1	0.0133
科学知识的积累水平	4	0.0533	37	0.4933	20	0.2667	13	0.1733	1	0.0133
显性知识与隐性知识的比率	0	0.0000	17	0.2267	34	0.4533	21	0.2800	3	0.0400
技术成果的积累水平	6	0.0800	32	0.4267	27	0.3600	7	0.0933	3	0.0400
技术的互补程度	4	0.0533	21	0.2800	36	0.4800	13	0.1733	1	0.0133
技术的复杂程度	8	0.1067	34	0.4533	28	0.3733	5	0.0667	0	0.0000
组织目标的一致性	0	0.0000	23	0.3067	36	0.4800	16	0.2133	0	0.0000
组织结构的合理性	4	0.0533	19	0.2533	43	0.5733	9	0.1200	0	0.0000
高校的主导能力	11	0.1467	30	0.4000	20	0.2667	13	0.1733	1	0.0133
相互沟通水平	4	0.0533	18	0.2400	41	0.5467	9	0.1200	3	0.0400
相互信任程度	2	0.0267	15	0.2000	43	0.5733	13	0.1733	2	0.0267
风险分担的合理程度	4	0.0533	16	0.2133	39	0.5200	16	0.2133	0	0.0000
收益分配的合理程度	21	0.2800	11	0.1467	24	0.3200	14	0.1867	5	0.0667
收益的增加率	8	0.1067	31	0.4133	31	0.4133	5	0.0667	0	0.0000
成本的节约率	9	0.1200	19	0.2533	34	0.4533	13	0.1733	0	0.0000
人才培养的质量	5	0.0667	16	0.2133	21	0.2800	33	0.4400	0	0.0000
环境保护的水平	0	0.0000	2	0.0267	19	0.2533	38	0.5067	16	0.2133

高校协同创新的协同能力评价是一个多指标综合评价的过程，其中涉及定量指标和定性指标，且各项指标量纲可能存在较大差别，因此，指标的无量纲处理是综合评价过程中的一个重要环节，通常情况下，对不同的指标应采用不同的无量纲处理方法。

6.3.1.1　定量指标的无量纲处理方法

定量指标的无量纲处理方法通常采用极差变换法，即将指标值规范化到[0，1]内，最优的指标值为 1，最差的指标值为 0，中间的指标值采用线性插值法。

（1）成本型指标。

$$b_{1ij} = \frac{d_j^{\max} - d_{ij}}{d_j^{\max} - d_j^{\min}} \tag{6-10}$$

式中，$d_j^{\max} = \max\{d_{1j}, d_{2j}, \cdots, d_{mj}\}$，$d_j^{\min} = \min\{d_{1j}, d_{2j}, \cdots, d_{mj}\}$，$1 \leqslant i \leqslant m$，$1 \leqslant j \leqslant n$。

（2）效益型指标。

$$b_{2ij} = \frac{d_{ij} - d_j^{\min}}{d_j^{\max} - d_j^{\min}} \tag{6-11}$$

（3）固定型指标。

$$b_{3ij} = \begin{cases} \dfrac{d_{ij} - d_j^{\min}}{d_j^{\max} - d_j^{\min}}, d_{ij} \ll g_j \\ \dfrac{d_j^{\max} - d_{ij}}{d_j^{\max} - d_j^{\min}}, d_{ij} \gg g_j \end{cases} \quad (1 \leqslant i \leqslant m, 1 \leqslant j \leqslant n) \tag{6-12}$$

（4）区间型指标。

$$b_{4ij} = \begin{cases} \dfrac{d_{ij} - d_j^{\min}}{g_j^{\min} - d_j^{\min}}, d_{ij} \ll g_j^{\min} \\ 1, g_j^{\min} < d_{ij} < g_j^{\max} \\ \dfrac{d_j^{\max} - d_{ij}}{d_j^{\max} - g_j^{\max}}, d_{ij} \gg g_j^{\max} \end{cases} \quad (1 \leqslant i \leqslant m, 1 \leqslant j \leqslant n) \tag{6-13}$$

式中，$g_j^{\max} = \max\{g_{1j}, g_{2j}, \cdots, g_{mj}\}$，$g_j^{\min} = \min\{g_{1j}, g_{2j}, \cdots, g_{mj}\}$。

6.3.1.2　定性指标的无量纲处理

定性指标的无量纲处理通常分两个步骤完成，第一步是确定语言变量集，第二步是将语言变量在区间内进行转化，具体情况如下：

（1）确定语言变量集。

$$S = (S_0, \cdots, S_i, \cdots, S_n), 0 < n \leqslant 9$$

在语言变量集中，S_0为最差，S_n为最好，S_i为S_0与S_n之间的值，且语言变量集是严格单调递增的。

(2) 语言变量的转化。

$$\begin{cases} a_i = \dfrac{i}{n} \\ b_i = \dfrac{i+1}{n} \end{cases} \quad (0 < i \ll n-1) \tag{6-14}$$

那么，S_i的区间转换可表示为$S_i = [a_i, b_i]$。

6.3.2 指标相对权重计算

6.3.2.1 构造层次结构模型

实证分析选取的对象是高校协同创新中各主体，目标是评价高校协同创新各主体的协同能力。该层次分析结构中的准则层和目标层可参考表 6.1，协同能力评价层次结构模型如图 6.3 所示。

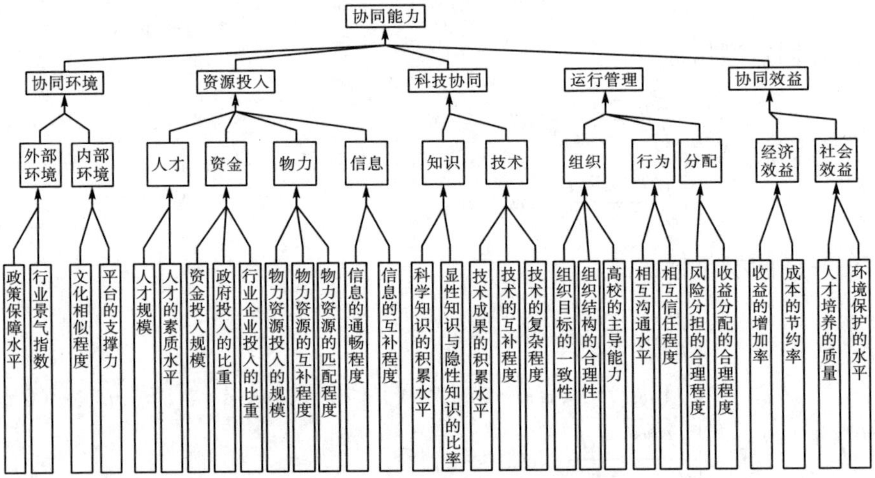

图 6.3 协同能力评价层次结构模型

6.3.2.2 构造判断矩阵

判断矩阵的构造采用专家调查法。首先，根据表 6.1 的“准则层Ⅰ”“准则层Ⅱ”和“具体指标”三个层次的元素设计指标的相对重要性评定的问卷（见附录 2）。其次，请 10 位专家根据“1~9 标度方法”（表 6.3）对指标两两之间的相对重要性进行赋值。最后，计算出赋值的平均值，构造出判断矩阵。

表 6.3　1~9 级标度方法及含义

标度值	重要程度比较
1	A 和 B 两元素对比，具有同等重要性
3	A 比 B 元素稍微重要
5	A 比 B 元素明显重要
7	A 比 B 元素强烈重要
9	A 比 B 元素极端重要
1/3	A 比 B 元素稍微不重要
1/5	A 比 B 元素明显不重要
1/7	A 比 B 元素强烈不重要
1/9	A 比 B 元素极端不重要

注：本书实际应用中对指标刻度稍做扩展，{2，4，6，8，1/2，1/4，1/6，1/8} 的重要程度介于 {1，3，5，7，9，1/3，1/5，1/7，1/9}。

以准则层 Ⅰ 为例，构造出判断矩阵 $\boldsymbol{T}$

$$\boldsymbol{T}=\begin{bmatrix}1 & 1/3 & 1/4 & 1/2 & 2\\ 3 & 1 & 1/2 & 2 & 4\\ 4 & 2 & 1 & 3 & 5\\ 2 & 1/2 & 1/3 & 1 & 3\\ 1/2 & 1/4 & 1/5 & 1/3 & 1\end{bmatrix}$$

6.3.2.3　计算权向量并作一致性检验

矩阵一致性检验指标为 $CR=CI/RI$，其中，CI 为偏离一致性指标，$CI=(\lambda_{\max}-n)/(n-1)$，$\lambda_{\max}$ 为最大特征根，n 为矩阵阶数，RI 取值与矩阵阶数相关，见表 6.4。

表 6.4　RI 取值

n	1	2	3	4	5	6	7	8	9
RI	0.00	0.00	0.58	0.90	1.12	1.24	1.32	1.41	1.45

当 $CR<0.1$ 时，说明判断矩阵具有满意的一致性。

对于 $\boldsymbol{T}$ 矩阵可计算出 $\lambda_{\max}=5.0681$，一致性指数 $CR=0.0152<0.1$，说明判断矩阵具有满意的一致性，权向量为 $\boldsymbol{W}_{\boldsymbol{T}}=(0.0973,\ 0.2625,\ 0.4185,\ 0.1599,\ 0.0618)^{\mathrm{T}}$。

类似地，可构造出准则层Ⅱ的判断矩阵 $\boldsymbol{T}_1$，$\boldsymbol{T}_2$，$\boldsymbol{T}_3$，$\boldsymbol{T}_4$，$\boldsymbol{T}_5$，以及指标层的判断矩阵 $\boldsymbol{T}_{11}$，$\boldsymbol{T}_{12}$，……，$\boldsymbol{T}_{52}$。各判断矩阵及其一致性判断结果如下所示。

$\boldsymbol{T}_1=(1,2;1/2,1)$，$\lambda_{\max}=2.0000$，$CR=0.0000$，通过一致性检验，权向量 $\boldsymbol{W}_{\boldsymbol{T}_1}=(0.6667,0.3333)^{\mathrm{T}}$。

$\boldsymbol{T}_2=(1,2,2,8;1/2,1,1,4;1/2,1,1,4;1/8,1/4,1/4,1)$，$\lambda_{\max}=4.0000$，$CR=0.0000$，通过一致性检验，$\boldsymbol{W}_{\boldsymbol{T}_2}=(0.4706,0.2353,0.2353,0.0588)^{\mathrm{T}}$。

$\boldsymbol{T}_3=(1,1/2;2,1)$，$\lambda_{\max}=2.0000$，$CR=0.0000$，通过一致性检验，$\boldsymbol{W}_{\boldsymbol{T}_3}=(0.3333,0.6667)^{\mathrm{T}}$。

$\boldsymbol{T}_4=(1,3,2;1/3,1,1/2;1/2,2,1)$，$\lambda_{\max}=3.0092$，$CR=0.0088$，通过一致性检验，$\boldsymbol{W}_{\boldsymbol{T}_4}=(0.5396,0.1634,0.297)^{\mathrm{T}}$。

$\boldsymbol{T}_5=(1,2;1/2,1)$，$\lambda_{\max}=2.0000$，$CR=0.0000$，通过一致性检验，$\boldsymbol{W}_{\boldsymbol{T}_5}=(0.6667,0.3333)^{\mathrm{T}}$。

$\boldsymbol{T}_{11}=(1,1/3;3,1)$，$\lambda_{\max}=2.0000$，$CR=0.0000$，通过一致性检验，$\boldsymbol{W}_{\boldsymbol{T}_{11}}=(0.25,0.75)^{\mathrm{T}}$。

$\boldsymbol{T}_{12}=(1,1/4;4,1)$，$\lambda_{\max}=2.0000$，$CR=0.0000$，通过一致性检验，$\boldsymbol{W}_{\boldsymbol{T}_{12}}=(0.2,0.8)^{\mathrm{T}}$。

$\boldsymbol{T}_{21}=(1,1/4;4,1)$，$\lambda_{\max}=2.0000$，$CR=0.0000$，通过一致性检验，$\boldsymbol{W}_{\boldsymbol{T}_{21}}=(0.2,0.8)^{\mathrm{T}}$。

$\boldsymbol{T}_{22}=(1,2,2;1/2,1,1;1/2,1,1)$，$\lambda_{\max}=3.0000$，$CR=0.0000$，通过一致性检验，$\boldsymbol{W}_{\boldsymbol{T}_{22}}=(0.5,0.25,0.25)^{\mathrm{T}}$。

$\boldsymbol{T}_{23}=(1,1/3,1/2;3,1,2;2,1/2,1)$，$\lambda_{\max}=3.0092$，$CR=0.0088$，通过一致性检验，$\boldsymbol{W}_{\boldsymbol{T}_{23}}=(0.1634,0.5396,0.297)^{\mathrm{T}}$。

$\boldsymbol{T}_{24}=(1,3;1/3,1)$，$\lambda_{\max}=2.0000$，$CR=0.0000$，通过一致性检验，$\boldsymbol{W}_{\boldsymbol{T}_{24}}=(0.75,0.25)^{\mathrm{T}}$。

$\boldsymbol{T}_{31}=(1,2;1/2,1)$，$\lambda_{\max}=2.0000$，$CR=0.0000$，通过一致性检验，$\boldsymbol{W}_{\boldsymbol{T}_{31}}=(0.6667,0.3333)^{\mathrm{T}}$。

$\boldsymbol{T}_{32}=(1,2,3;1/2,1,2;1/3,1/2,1)$，$\lambda_{\max}=3.0092$，$CR=0.0088$，通过一致性检验，$\boldsymbol{W}_{\boldsymbol{T}_{32}}=(0.5396,0.297,0.1634)^{\mathrm{T}}$。

$\boldsymbol{T}_{41}=(1,1/4,1/2;4,1,3;2,1/3,1)$，$\lambda_{\max}=3.0183$，$CR=0.0176$，通过一致性检验，$\boldsymbol{W}_{\boldsymbol{T}_{41}}=(0.1365,0.625,0.2385)^{\mathrm{T}}$。

$\boldsymbol{T}_{42}=(1,3;1/3,1)$，$\lambda_{\max}=2.0000$，$CR=0.0000$，通过一致性检验，

$W_{T_{42}} = (0.75, 0.25)^T$。

$T_{43} = (1, 1/2; 2, 1)$，$\lambda_{max} = 2.0000$，$CR = 0.0000$，通过一致性检验，$W_{T_{43}} = (0.3333, 0.6667)^T$。

$T_{51} = (1, 4; 1/4, 1)$，$\lambda_{max} = 2.0000$，$CR = 0.0000$，通过一致性检验，$W_{T_{51}} = (0.8, 0.2)^T$。

$T_{52} = (1, 4; 1/4, 1)$，$\lambda_{max} = 2.0000$，$CR = 0.0000$，通过一致性检验，$W_{T_{52}} = (0.8, 0.2)^T$。

综合以上各判断矩阵的一致性检验结果，可得各层评价指标的权重，见表 6.5。

表 6.5　协同能力评价指标权重

目标层	准则层Ⅰ	准则层Ⅱ	具体指标	权重
高校协同创新协同能力评价	协同环境 0.0973	外部环境 0.6667	政策保障水平	0.2500
			行业景气指数	0.7500
		内部环境 0.3333	文化相似程度	0.2000
			平台的支撑力	0.8000
	资源投入 0.2625	人才 0.4706	人才规模	0.2000
			人才的素质水平	0.8000
		资金 0.2353	资金投入规模	0.5000
			政府投入的比重	0.2500
			行业企业投入的比重	0.2500
		物力 0.2353	物力资源投入的规模	0.1634
			物力资源的互补程度	0.5396
			物力资源的匹配程度	0.2970
		信息 0.0588	信息的通畅程度	0.7500
			信息的互补程度	0.2500
	科技协同 0.4185	科学知识 0.3333	科学知识的积累水平	0.6667
			显性知识与隐性知识的比率	0.3333
		技术 0.6667	技术成果的积累水平	0.5396
			技术的互补程度	0.2970
			技术的复杂程度	0.1634

续表 6.5

目标层	准则层Ⅰ	准则层Ⅱ	具体指标	权重
高校协同创新协同能力评价	运行管理 0.1599	组织 0.5396	组织目标的一致性	0.1365
			组织结构的合理性	0.6250
			高校的主导能力	0.2385
		行为 0.1634	相互沟通水平	0.7500
			相互信任程度	0.2500
		分配 0.2970	风险分担的合理程度	0.3333
			收益分配的合理程度	0.6667
	协同效益 0.0618	经济效益 0.6667	收益的增加率	0.8000
			成本的节约率	0.2000
		社会效益 0.3333	人才培养的质量	0.8000
			环境保护的水平	0.2000

6.3.2.4 层次总排序

对各层指标按权重进行排序，见表 6.6～6.8。

表 6.6 准则层Ⅰ的要素对协同能力的排序权重

中间层要素	权重
科技协同	0.4185
资源投入	0.2625
运行管理	0.1599
协同环境	0.0973
协同效益	0.0618

表 6.7 准则层Ⅱ的要素对协同能力的排序权重

中间层要素	权重
技术	0.2790
科学知识	0.1395
人才	0.1235
组织	0.0863

续表6.7

中间层要素	权重
外部环境	0.0648
物力	0.0618
资金	0.0618
分配	0.0475
经济效益	0.0412
内部环境	0.0324
行为	0.0261
社会效益	0.0206
信息	0.0154

表 6.8　指标层的要素对协同能力的排序权重

具体指标	权重
技术成果的积累水平	0.1506
人才的素质水平	0.0988
科学知识的积累水平	0.0930
技术的互补程度	0.0829
高校的主导能力	0.0539
政策保障水平	0.0486
显性知识与隐性知识的比率	0.0465
技术的复杂程度	0.0456
物力资源的匹配程度	0.0333
收益的增加率	0.0329
收益分配的合理程度	0.0317
政府投入的比重	0.0309
平台的支撑力	0.0259
人才规模	0.0247
组织目标的一致性	0.0206
相互沟通水平	0.0196

续表6.8

具体指标	权重
物力资源的互补程度	0.0183
人才培养的质量	0.0165
行业景气指数	0.0162
风险分担的合理程度	0.0158
行业企业投入的比重	0.0154
资金投入规模	0.0154
组织结构的合理性	0.0118
信息的通畅程度	0.0116
物力资源投入的规模	0.0101
成本的节约率	0.0082
相互信任程度	0.0065
文化相似程度	0.0065
环境保护的水平	0.0041
信息的互补程度	0.0039

由表6.6~6.8可以看出，在协同创新过程中，科技协同与资源投入权重相对较大，其中，技术、科学知识、人才对协同能力的重要性明显高于其他因素。相应地提高高校协同创新各主体协同能力的措施可从权重较大的因素入手，从而实现以最小的投入获得协同能力最大的提升。

6.3.3 协同能力综合评价

6.3.3.1 确定评价因素

由表6.4可知，高校协同创新的协同能力评价是一个三级模糊综合评价模型，根据评价因素建立模糊综合评价的因素集，见表6.9。

表 6.9　模糊综合评价的因素集

准则层 I	准则层 II	具体指标
$\boldsymbol{T}=\{\boldsymbol{T}_1,\boldsymbol{T}_2,\boldsymbol{T}_3,\boldsymbol{T}_4,\boldsymbol{T}_5\}$	$\boldsymbol{T}_1=\{\boldsymbol{T}_{11},\boldsymbol{T}_{12}\}$	$\boldsymbol{T}_{11}=\{\boldsymbol{T}_{111},\boldsymbol{T}_{112}\}$
		$\boldsymbol{T}_{12}=\{\boldsymbol{T}_{121},\boldsymbol{T}_{122}\}$
	$\boldsymbol{T}_2=\{\boldsymbol{T}_{21},\boldsymbol{T}_{22},\boldsymbol{T}_{23},\boldsymbol{T}_{24}\}$	$\boldsymbol{T}_{21}=\{\boldsymbol{T}_{211},\boldsymbol{T}_{212}\}$
		$\boldsymbol{T}_{22}=\{\boldsymbol{T}_{221},\boldsymbol{T}_{222},\boldsymbol{T}_{223}\}$
		$\boldsymbol{T}_{23}=\{\boldsymbol{T}_{231},\boldsymbol{T}_{232},\boldsymbol{T}_{233}\}$
		$\boldsymbol{T}_{24}=\{\boldsymbol{T}_{241},\boldsymbol{T}_{242}\}$
	$\boldsymbol{T}_3=\{\boldsymbol{T}_{31},\boldsymbol{T}_{32}\}$	$\boldsymbol{T}_{31}=\{\boldsymbol{T}_{311},\boldsymbol{T}_{312}\}$
		$\boldsymbol{T}_{32}=\{\boldsymbol{T}_{321},\boldsymbol{T}_{322},\boldsymbol{T}_{323}\}$
	$\boldsymbol{T}_4=\{\boldsymbol{T}_{41},\boldsymbol{T}_{42},\boldsymbol{T}_{43}\}$	$\boldsymbol{T}_{41}=\{\boldsymbol{T}_{411},\boldsymbol{T}_{412},\boldsymbol{T}_{413}\}$
		$\boldsymbol{T}_{42}=\{\boldsymbol{T}_{421},\boldsymbol{T}_{422}\}$
		$\boldsymbol{T}_{43}=\{\boldsymbol{T}_{431},\boldsymbol{T}_{432}\}$
	$\boldsymbol{T}_5=\{\boldsymbol{T}_{51},\boldsymbol{T}_{52}\}$	$\boldsymbol{T}_{51}=\{\boldsymbol{T}_{511},\boldsymbol{T}_{512}\}$
		$\boldsymbol{T}_{52}=\{\boldsymbol{T}_{521},\boldsymbol{T}_{522}\}$

6.3.3.2　确定评价等级集合

由表 6.2 可知，本研究的评价等级为 $V=\{v_1,v_2,v_3,v_4,v_5\}$，其中，$v_1$——很高，$v_2$——高，$v_3$——中，$v_4$——低，$v_5$——很低。

6.3.3.3　确定各因素权重

见 6.3.2.3 节中层次分析法得到的各指标权重，见表 6.5。

6.3.3.4　确定评价矩阵

模糊关系矩阵见表 6.2 中的频率。

6.3.3.5　模糊综合评价

（1）一级模糊综合评价。

$$\boldsymbol{Z}_{11}=(0.25,0.75)\begin{bmatrix}0.0000 & 0.5467 & 0.4133 & 0.0400 & 0.0000\\ 0.1867 & 0.3067 & 0.4000 & 0.1067 & 0.0000\end{bmatrix}$$
$$=(0.1400,0.3667,0.4033,0.0900,0.0000)$$

$$\boldsymbol{Z}_{12}=(0.2,0.8)\begin{bmatrix}0.0000 & 0.0000 & 0.4133 & 0.3333 & 0.2533\\ 0.0533 & 0.5067 & 0.3867 & 0.0533 & 0.0000\end{bmatrix}$$
$$=(0.0426,0.4054,0.3920,0.1093,0.0507)$$

$$\boldsymbol{Z}_{21}=(0.2,0.8)\begin{bmatrix}0.0133 & 0.3200 & 0.3600 & 0.2667 & 0.0400\\ 0.0533 & 0.2800 & 0.4667 & 0.2000 & 0.0000\end{bmatrix}$$
$$=(0.0453,0.2880,0.4453,0.2133,0.0080)$$

$$\boldsymbol{Z}_{22}=(0.5,0.25,0.25)\begin{bmatrix}0.1600 & 0.3333 & 0.3867 & 0.1200 & 0.0000\\ 0.0000 & 0.2533 & 0.3867 & 0.3067 & 0.0533\\ 0.1200 & 0.5467 & 0.2400 & 0.0933 & 0.0000\end{bmatrix}$$
$$=(0.1100,0.3667,0.3500,0.1600,0.0133)$$

$$\boldsymbol{Z}_{23}=(0.1634,0.5396,0.297)\begin{bmatrix}0.0667 & 0.3600 & 0.5733 & 0.0000 & 0.0000\\ 0.0800 & 0.4400 & 0.4667 & 0.0133 & 0.0000\\ 0.0400 & 0.2133 & 0.4667 & 0.2667 & 0.0133\end{bmatrix}$$
$$=(0.0659,0.3596,0.4841,0.0864,0.0040)$$

$$\boldsymbol{Z}_{24}=(0.75,0.25)\begin{bmatrix}0.0267 & 0.3733 & 0.3600 & 0.2267 & 0.0133\\ 0.0400 & 0.4533 & 0.3200 & 0.1733 & 0.0133\end{bmatrix}$$
$$=(0.0300,0.3933,0.3500,0.2133,0.0133)$$

$$\boldsymbol{Z}_{31}=(0.6667,0.3333)\begin{bmatrix}0.0533 & 0.4933 & 0.2667 & 0.1733 & 0.0133\\ 0.0000 & 0.2267 & 0.4533 & 0.2800 & 0.0400\end{bmatrix}$$
$$=(0.0356,0.4045,0.3289,0.2089,0.0222)$$

$$\boldsymbol{Z}_{32}=(0.5396,0.297,0.1634)\begin{bmatrix}0.0800 & 0.4267 & 0.3600 & 0.0933 & 0.0400\\ 0.0533 & 0.2800 & 0.4800 & 0.1733 & 0.0133\\ 0.1067 & 0.4533 & 0.3733 & 0.0667 & 0.0000\end{bmatrix}$$
$$=(0.0764,0.3875,0.3978,0.1127,0.0255)$$

$$\boldsymbol{Z}_{41}=(0.1365,0.625,0.2385)\begin{bmatrix}0.0000 & 0.3067 & 0.4800 & 0.2133 & 0.0000\\ 0.0533 & 0.2533 & 0.5733 & 0.1200 & 0.0000\\ 0.1467 & 0.4000 & 0.2667 & 0.1733 & 0.0133\end{bmatrix}$$
$$=(0.0683,0.2956,0.4875,0.1455,0.0032)$$

$$\boldsymbol{Z}_{42}=(0.75,0.25)\begin{bmatrix}0.0533 & 0.2400 & 0.5467 & 0.1200 & 0.0400\\ 0.0267 & 0.2000 & 0.5733 & 0.1733 & 0.0267\end{bmatrix}$$
$$=(0.0467,0.2300,0.5533,0.1333,0.0367)$$

$$\boldsymbol{Z}_{43}=(0.3333,0.6667)\begin{bmatrix}0.0533 & 0.2133 & 0.5200 & 0.2133 & 0.0000\\ 0.2800 & 0.1467 & 0.3200 & 0.1867 & 0.0667\end{bmatrix}$$
$$=(0.2045,0.1689,0.3867,0.1956,0.0444)$$

$$\boldsymbol{Z}_{51}=(0.8,0.2)\begin{bmatrix}0.1067 & 0.4133 & 0.4133 & 0.0667 & 0.0000\\0.1200 & 0.2533 & 0.4533 & 0.1733 & 0.0000\end{bmatrix}$$

$$=(0.1093,0.3813,0.4213,0.0880,0.0000)$$

$$\boldsymbol{Z}_{52}=(0.8,0.2)\begin{bmatrix}0.0667 & 0.2133 & 0.2800 & 0.4400 & 0.0000\\0.0000 & 0.0267 & 0.2533 & 0.5067 & 0.2133\end{bmatrix}$$

$$=(0.0533,0.1760,0.2747,0.4533,0.0427)$$

（2）二级模糊综合评价。

$$\boldsymbol{Z}_{1}=(0.6667,0.3333)\begin{bmatrix}0.1400 & 0.3667 & 0.4033 & 0.0900 & 0.0000\\0.0427 & 0.4053 & 0.3920 & 0.1093 & 0.0507\end{bmatrix}$$

$$=(0.1076,0.3796,0.3996,0.0964,0.0169)$$

$$\boldsymbol{Z}_{2}=(0.4706,0.2353,0.2353,0.0588)\times\begin{bmatrix}0.0453 & 0.2880 & 0.4453 & 0.2133 & 0.0080\\0.1100 & 0.3667 & 0.3500 & 0.1600 & 0.0133\\0.0659 & 0.3596 & 0.4841 & 0.0864 & 0.0040\\0.0300 & 0.3933 & 0.3500 & 0.2133 & 0.0133\end{bmatrix}$$

$$=(0.0645,0.3296,0.4264,0.1709,0.0086)$$

$$\boldsymbol{Z}_{3}=(0.3333,0.6667)\begin{bmatrix}0.0356 & 0.4045 & 0.3289 & 0.2089 & 0.0222\\0.0764 & 0.3875 & 0.3978 & 0.1127 & 0.0255\end{bmatrix}$$

$$=(0.0628,0.3931,0.3748,0.1448,0.0244)$$

$$\boldsymbol{Z}_{4}=(0.5396,0.1634,0.297)\begin{bmatrix}0.0683 & 0.2956 & 0.4875 & 0.1455 & 0.0032\\0.0467 & 0.2300 & 0.5533 & 0.1333 & 0.0367\\0.2045 & 0.1689 & 0.3867 & 0.1956 & 0.0444\end{bmatrix}$$

$$=(0.1052,0.2472,0.4683,0.1584,0.0209)$$

$$\boldsymbol{Z}_{5}=(0.6667,0.3333)\begin{bmatrix}0.1093 & 0.3813 & 0.4213 & 0.0880 & 0.0000\\0.0533 & 0.1760 & 0.2747 & 0.4533 & 0.0427\end{bmatrix}$$

$$=(0.0907,0.3129,0.3724,0.2098,0.0142)$$

（3）三级模糊综合评价。

$$\boldsymbol{Z}=(0.0973,0.2625,0.4185,0.1599,0.0618)\times\begin{bmatrix}0.1076 & 0.3796 & 0.3996 & 0.0964 & 0.0169\\0.0645 & 0.3296 & 0.4264 & 0.1709 & 0.0086\\0.0628 & 0.3931 & 0.3748 & 0.1448 & 0.0244\\0.1052 & 0.2472 & 0.4683 & 0.1584 & 0.0209\\0.0907 & 0.3129 & 0.3724 & 0.2098 & 0.0142\end{bmatrix}$$

$$=(0.0761,0.3468,0.4056,0.1531,0.0184)$$

根据上述模糊综合评价的结果，由最大隶属度原则可知，协同能力隶属于“很高、高、中、低、很低”的隶属度为“0.4056”，即协同能力水平为“中”。可见，协同能力水平还有待提高。

6.4 实证结论启示

通过上面对高校协同创新协同能力评价的结论可看出，科学技术、科学知识的积累水平，人才的素质水平，各主体的技术互补程度，高校的主导能力及政策保障水平等要素对高校协同创新中协同能力的影响作用相对较大。根据实证结论，本节以创新链为轴，围绕对协同能力影响最大的各要素，提出以下提升协同能力的措施。

（1）培育创新型校园文化。

长期以来，高校教学科研管理存在一些消极观念因素，阻碍科技创新能力提升。在校园文化氛围中，小富即安、安于现状的心理还大量存在，创新精神、创新意识及协同意识还相对缺乏。在科技活动中，重眼前、局部利益，轻长远、整体利益的急功近利现象依然存在。这些思想文化亟待纠正，否则将长期制约和阻碍协同创新的开展。这就需要高校打造创新型文化，在各方面充分融入创新要素，形成关注创新、崇尚创新的良好文化氛围。

创新型校园文化培育是一个复杂的系统工程，需要系统的规划和长期的执行。一是培育崇尚创新的精神文化，大力宣传教育创新文化，改造传统的观念意识，容忍失败、鼓励创新。营造宽松包容、兼容并蓄的文化氛围，鼓励不同的思想文化交流碰撞、借鉴融合。鼓励将创新思维、创新成果与国家和地方经济社会发展结合起来。二是培育鼓励创新的制度文化，深化改革传统学科和科研组织模式，实现不同学科专业间的资源优化配置，为创新提供更好的基础和环境。对教师的创新评价和分配方式也要进行改革，打破终身饭碗制，提倡以岗定薪、按劳取酬、优劳优酬。在高校内建立专门从事技术成果转移服务的工作队伍和机构，完善高校科研成果转移体制机制。三是培育支撑创新的物质文化，深入挖掘高校历史资源并进行整合，赋予创新文化内涵，提升校园环境对师生的创新文化熏陶功能。高校设立校内科技创新专项基金，对师生开展的科技创新活动予以支持，从而促进创新人才培养。

（2）增进目标上的一致性。

高校协同创新要培育“资源共享、合作共赢”的联盟文化，各主体对联盟的目标价值认同是区域一致的。共同遵守的准则和信任关系是价值观念趋同的基础，在此基础上各主体人员才可能形成共同目标愿景而奋斗的理念。良好的联盟文化如同黏合剂一样将高校协同创新的各主体的参与人员团结凝聚起来，积极地将个人资源贡献给联盟，在强大的向心力下，高校协同创新的合作效益不断提高。

要实现各主体目标上的一致性，就需要完善高校协同创新的资源共享机制，加强各主体的资源整合与互动，真正落实向着共同目标通力合作。其中，最重要的就是建立资源共享平台（包括科技前沿、行业产业、区域经济社会等资源），特别是高校关于科技和知识的储备，高校的各类专利和研究成果对于提升高校协同创新能力、实现资源优化配置发挥着重要的作用。对于科技的资源共享，应充分利用网络技术，促进高校协同创新各主体在科学技术和科学知识方面的互动耦合程度的提升。

（3）提升人才的素质水平。

创新人才是提升创新能力的关键因素，无论是高校协同创新，还是各创新主体单独从事技术创新，都需要高素质的人才队伍，提升人才的素质水平是高校协同创新的迫切需求，建设一支高素质、充满活力、勇于探索和创新的高科技人才队伍是提升协同创新能力、推动高校协同创新发展的重中之重。一方面，充分发挥高校和科研院所在人才培养中的重要作用，加强科技创新人才的培养，尤其利用高校的多学科优势对人才进行培养与提高。核心技术的研发、高技术产品的开发等离不开高科技的人才，通过发挥高校的教育作用，鼓励企业参与高校的人才培养，制订高科技人才培养计划，培养一批与社会需求接轨的高科技创新人才队伍。另一方面，加大对国内外高科技人才的吸收及引进力度，增强高校和企业的人才硬实力，从而帮助引进、消化和吸收国内外相关先进技术。除此之外，鼓励人才在高校协同创新系统内部合理流动，这也能够帮助企业提升其自主创新能力，进而提高企业与高校的科技协同水平。

（4）完善信任体系建设。

在高校协同创新中，信任是系统有效运转的基础，提高各参与主体之间相互的信任水平，有利于提高协同能力，进而推动高校协同创新活动的顺利开展。对于技术创新这种具有高度不确定的经营活动，如果离开了信任，创新活动就难以持续进行，因此，各主体需要消除相互猜疑，积极构建跨组织的信任体系，培育相互信任和合作共赢的理念。

推进高校协同创新信任体系建设，需要在共同的目标愿景之下，逐步推进。一方面，可以以团队式学习培育信任，高校协同创新系统内的成员关系是一种基于长期合作形成的团队式信任关系，团队内部通过开展技术交流和知识共享，使团队成员之间及个体团队整体的信任不断强化。随着协同创新联盟的成长，成员对联盟的认同感、归属感、信任感也会不断增强。另一方面，促进创新组织之间的沟通是解决冲突和矛盾最有效的方法。在高校协同创新系统中，各参与主体相互间的有效沟通能够增加合作伙伴间的信任度。在创新联盟信任机制的建立过程中，协同创新主体间信任关系的建立与信任水平的提高，可通过营造良好的文化氛围、提供完善的沟通渠道和保证有效的信息沟通等措施实现。

（5）提高系统管理水平。

在高校协同创新系统中，高校的主导能力对系统的顺利运行及科技成果的产出转化等有着重要的引领作用，高校主导能力越强，就越有利于协同能力的提高。同时，提升对协同创新系统的运行管理水平，对于高校协同创新系统的健康发展也有着重要的意义。

一是建立多主体创新平台的一体化运作机制，将各成员单位的创新资源融入协同创新中心。成立协同创新中心管理机构，通过相应的管理机制，组建协同创新体，引领科学研究和人才培养，统一人事管理，完善财务管理制度。二是建立“竞争、公平、富有活力”的用人机制，聘用与目标和岗位相适应的人才，建立绩效导向的考核体系，创新人才管理和流动机制，为创新人才引进和培养提供制度保障。三是建立汇聚各类创新要素的科研组织模式，发挥协同创新多主体的互补优势，将多方面的创新要素进行汇聚整合，建立规范化协同机制，形成基础研究、产品开发、中试研究、工艺优化及成果转化一体化的协同创新链。四是建立合理的成果开发与转化机制，通过构建相应的资源整合与成果共享机制，明确建立成果归属及分享分配方法及创新风险共担机制。

6.5 本章小结

本章主要针对高校协同创新能力评价进行研究。其主要包括四个方面的内容：首先，基于创新链构建了高校协同创新的协同能力评价指标体系，并对协同环境、资源投入、科技协同、运行管理和协同效益五个方面的各个指标进行了说明。其次，对高校协同创新的协同能力评价方法进行了选择，将层次分析法和模糊综合评价法相结合。其中，层次分析法用来确定协同能力评价指标的权重，模糊综合评价法用来评价高校协同创新的协同能力。再次，以四川大学生物治疗协同创新中心为例，对其协同能力进行了实证分析，实证分析的数据来源于实地访谈和问卷调查。最后，根据实证分析结论提出基于创新链的高校协同创新能力评价建设的对策。

第 7 章　基于创新链的高校协同创新案例研究

从世界各国的经济、社会发展历程来看，高校一直是推进协同创新的重要力量。无论是以德国柏林大学为代表的以创新导向为核心的“研学”协同模式，还是以美国麻省理工学院、斯坦福大学为代表的服务于先进制造业、信息产业的“产学研”协同方式，以及日本以科技创新立国战略为核心的官产学合作体系，都说明了高校在协同创新体系中的重要地位和作用。因此，我国“2011 计划”将高校在协同创新中的作用进一步明确。为了科学借鉴世界先进经验，总结国内成功典范，本章采取案例研究的方法对国内外典型案例的形成历程及运行机制等进行分析，总结各自的成功经验并进行相关实践的借鉴。

7.1　美国产业—大学合作研究中心案例

7.1.1　案例背景概述

美国的产学研互动机制在全球出现的时间最早、发展水平较高，这与其发达的工业体系和领先的优质智力资源是密不可分的，包括哈佛大学、宾夕法尼亚大学、耶鲁大学、普林斯顿大学、哥伦比亚大学、达特茅斯学院、布朗大学及康奈尔大学在内的 8 所常春藤盟校，以及其他多所知名研究型院校（如麻省理工学院、斯坦福大学、芝加哥大学、威斯康星大学、卡内基·梅隆大学及加州理工学院等），这些重点大学不仅是工作研究、科技创新和人才培养的重要平台，还通过与产业界的合作和互动，建立了世界上规模最大、水平最高的产学协同创新联盟（项杨雪，2013）。

纵览历史可以发现，美国的这种跨界协同关系的形成是在相当长的一个历史时期中逐步发展而来的，且在不同的发展阶段它还有不同的表现形式，并不是一蹴而就的。在不同的发展阶段，政府分别制定了各种政策法案，对高校、工业和产业的经济主体进行协同予以激励。概括而言，这近一个世纪的历史时期可以分为四个阶段（魏屹东、邢润川，1997）。

第一阶段：初步发展期。19 世纪下半叶，受第二次工业革命的影响，科学技术快速发展，在工业生产中得到广泛的应用，经济得到飞跃发展。对于科学知识及技术创新的研究催生了大量的高校，由于掌握了一定的生产技术和创新能力，工业、企业也大量出现。但是，这个阶段的大学和企业是相互独立的，两者基本都处于封闭状态，更没有科研上的联系。为了打破这种僵局，建立大学和企业在科技研发和转化上的联系，1862 年，美国国会颁布了《莫里尔法案》，其目的是鼓励两者在科研上开展合作，产生更多的价值，推动生产力迈上更高水平。此后，一系列资助法案被陆续制定出来，在这些政策激励下，大学和企业开始尝试合作。但由于大学和企业在科学研究上的出发点及方向等都存在差异，双方早期的合作大多是分散的、自发形成的，甚至有些是个体合作，且大多合作周期很短。常见的形式有大学接受企业委托的课题资助，企业引进大学的专家兼职参与企业的科研和管理。

第二阶段：进一步发展期。第二次世界大战期间，美国政府为了解决国防军事方面的重大课题，通过 1941 年成立的科学研究与发展局，对大学、企业及政府部门进行协调，促成他们在关键科技领域的深度合作，其中，较为典型的案例就是 1942 年，来自不同单位的几千名研究人员共同进行的原子弹研制工作。几年之后，美国国家科学基金会成立，还在其中设立了专门研究资助大学和企业开展合作的工作部门。在这一阶段的校企合作中，各方组织人员经过合作之后建立了良好的关系，这些关系为后续合作的开展奠定了很好的基础，各方合作开始由非正式变为正式，一些合办机构出现（如科技园、工业园等），硅谷即是围绕斯坦福大学建立起来的，这些都标志着大学和企业的合作进入了高峰时期。

第三阶段：衰减期。这个时期主要是指 20 世纪 60 年代后期到 20 世纪 70 年代末，这一时期大学和企业的合作强度减弱。这一状况是由大学和企业两方面的原因造成的，一方面，企业经过前期快速发展，已经积累了雄厚的技术基础、资金基础和科研团队，且大多数企业都组建了自己的研究机构，能够独立地进行相关的技术研发和产品转化，因此，其与大学的合作需求没那么强烈；另一方面，大学越来越重视对科学原理及规律等方面的基础研究，与企业的需求不能直接对接。为了扭转这种局面，美国国家科学基金会先后成立了十多个产业—大学合作研究中心（简称合作研究中心），意在将大学的基础研究与企业的应用研究更好地联系起来。

第四阶段：全面发展期。20 世纪 80 年代以后，高新技术的研究复杂性逐渐增加，企业在基础研究上的薄弱使得企业要追求高新技术就需要寻求与大学的合作；对大学来说，由于政府科技政策的变化，大学从政府获得的研发经费支持比过去开始减少，大学需要与企业合作从而拓展研发经费来源。大学和企业不同需求的结合使得两者的合作逐渐增加且愈加紧密。同时，美国政府出台了一系列相关法规政策，如 1980 年的“史蒂文森·威尔德勒法”、1984 年的“联合研究开发法”、1986 年的“联邦技术转移法”等，鼓励大学与企业加强合作。在这种环境下，企业和大学的合作积极开展，摸索出了不少好的合作方式，如大学在企业设立分支机构、企业进行实验性的研发活动，建立产业—大学合作研究中心（Industry/University Cooperative Research Center，I/UCRC）等。

经历四个阶段，近一个世纪的发展，大学和企业的合作关系已经形成常态，其中，企业和大学共同参与产业—大学合作研究中心的这种模式，是各种协同合作模式中最成熟的一种。为了深入了解该模式的特点，为我国高校协同创新模式的发展提供借鉴，本节分别对该模式的成立与发展历程及相应的协同创新机制进行分析。

7.1.2 高校协同创新历程

20 世纪 70 年代，美国经济发展明显放缓，西欧和日本经济迅速崛起，美国资本主义世界经济霸主地位受到挑战，因此，美国需进一步提升国际竞争力。国际竞争力的核心来源在于一国的科技实力，包括基础科研实力和技术创新实力。1972 年，美国 NSF 启动“实验研发激励计划”（Experimental R&D Incentives Program，ERDIP），希望借此将高校的科学研究与企业的技术创新结合起来，而产业—大学合作研究中心就是 ERDIP 的组成之一。在 ERDIP 计划中，美国政府用四个不同科技研发计划项目进行对比检测各自的创新绩效，其中的“协同研发实验项目”主要就是高校与产业界进行协同研发实验的项目。经过一段时间发展之后，协同研发实验项目衍生出三种具体的协同创新模式，如研发推广模式、第三方经济人参与模式、以大学为基地的研究联盟模式，其中，第三种即为美国国家科学基金会普遍推广的模式，也就是产业—大学合作研究中心。为了不断巩固这种协同创新模式的发展，美国政府随后制定了一系列法案，如《史蒂文森——怀德勒技术创新法案》《贝多法案》《联邦技术转移法案》等，以促进该模式在研究型大学推广。

经过几个阶段的尝试和大力发展之后，美国的产业—大学合作研究中心模式扩展迅速，全美的产业—大学合作研究中心数量已经比最初翻了一番，这些产业—大学合作研究中心依托高校科研平台和资源优势，根据企业的实际需求开展研究工作。这些产业—大学合作研究中心涉及全美 100 多所大学，共 700 多家公司，以及 800 多名教授、1000 多名研究生和 250 多名本科生，涉及范围之广、合作关系之密切都是空前的。罗德岛大学机器人研究中心、麻省理工学院复合物加工研究中心及沃尔赛斯特工学院自动化技术研究中心等都是比较典型的产业—大学合作研究中心。

对于产业—大学合作研究中心的建立，美国国家科学基金会只提供指导，前期以政府小额投资扶持。这种资助一般分成三个阶段进行，每个阶段有 5 年时间，第一个 5 年是建立合作关系，第二个 5 年是加强合作研究中心的协同创新能力，第三个 5 年对合作研究中心的工作进行评估，促进合作关系的可持续发展。政府资金不是无限期的提供资助，当三个阶段完成之后，政府不再提供资金扶持，产业—大学合作研究中心向高校、企业、地方政府或其他 NGO 寻找资金资助。

经过长时期的不断尝试和反复检验后，美国产业—大学合作研究中心的组建模式逐渐发展为三种主要的形式，它们之间的区别主要在于合作高校和合作企业的数量。第一种形式是一所高校与多家企业共同合作，建立产业—大学合作研究中心，在有限的范围内开展协同创新。第二种形式是多所高校与多个企业进行合作，共同建立产业—大学合作研究中心。第三种形式以产业—大学合作研究中心为行为主体，与多所高校和多个企业开展广泛的订单式合作。其中，第二种形式涉及多所大学和多个企业，学术界和产业界的交互联系更加密切，因此，美国正在不断扩大这种协同创新模式的比例，使产业—大学合作研究中心的发展模式不断得到丰富和完善。

7.1.3　高校协同创新机制

7.1.3.1　组织管理

为了提高产业—大学合作研究中心的协同整合能力，在其组织管理上，国家自然科学基金委员会向来重视外部机构在合作研究中心管理上的作用。首先，在合作研究中心设立学术咨询委员会，由合作高校的教授和高水平学者组成，从学术的角度把握研究方向。其次，是成立产业咨询委员会，由合作企业及相关行业领域的专业人士构成，从市场的角度对协同创新方向提供决策意见。这样就使产业—大学合作研究中心能兼顾学术和市场，不论是组织管理，还是研究决策都体现出协同合作在权衡不同利益群体时的优势。

（1）I/UCRC 的决策机制上，最大的特征就是由各个合作主体的主管领导参与组成了合作研究中心的最高决策机构，在制订项目规划、项目选择等战略发展规划和具体工作计划及各种行政事务的协调管理上，都体现了主权集体决策的意志。这种决策方式兼顾了各合作主体的思想和意愿，能够有效避免利益上的矛盾冲突。

（2）以有效整合资源进行学术委员会的设计。产业—大学合作研究中心以大学为主要基地，合作研究中心的学术委员会的管理者主要是各高校的相关领导，负责研究项目和合作伙伴的筛选等事务，在高校与产业间起协调作用。学术委员会还负责制定合作研究中心的相关政策、研究项目决策和资源分配等，确保创新资源在合作研究中心中能够得到有效的整合和充分地共享。

（3）以面向市场需求设置产业咨询委员会。产业咨询委员会吸纳不同企业和不同行业、产业的代表进入，从市场角度对合作研究中心的战略规划制定、研究项目选择等提供咨询指导，这样，产业部门就能以最直接的方式参与协同创新，确保研发成果能得到很好的利用，并最大可能的转化成经济价值。

7.1.3.2 人才培养

美国的产业—大学合作研究中心除了促进学术界和产业界在基础研究和应用研究上进行协同，还对人才培养也是非常重视的，构建了以能力为导向的人才培养布局。I/UCRC 在进行协同科研时，对相关的研发人员和工程师开展技能培训，提高他们的学习能力和参与协同创新的能力，鼓励研究生和本科生参与研究项目，直接与产业对接并学习相关的知识和技能。另外，为研究生和本科生提供实践基地，在科学家和工程师的直接指导下提高自己的实践能力。通过相关培训项目，学生学习到更多在校园学习不到的知识和技能，对他们毕业进入产业部门有很大的帮助作用。

产业—大学合作研究中心的这种模式，将技术研发与人才培养的过程有机统一，能够有针对性地进行产业人才培养，将高校和企业的优势资源进行充分的整合和共享，提高人才培养的有效性。

7.1.3.3 信任机制

充分的信任关系是各主体进行协同创新活动的重要保证，因此，各主体需建立稳固的信任关系，确保协同创新活动的持续推进。产业—大学合作研究中心为了发挥整体协同创新能力，对每一种组织形式都设计了整合型的组织联盟模式，由组织化研究单位、产业联盟和研发联盟三种联合体整合而成，以此加强联盟者之间的信任关系。信任机制的构建取决于合作研究中心各协同单位之间对共同需求和共同目标认可的一致程度，产业—大学合作研究中心组建的信任机制主要体现在以下两个方面：

（1）对研发取向的科学选择。一般来说，美国国家科学基金会在批准产业—大学合作研究中心组建时，首先考查中心的研究领域和研究方向。I/UCRC作为一个综合性的合作研究中心，在确定它的研究领域时，不能只考虑某一产业的、眼前的特殊需求，而要综合考虑多数产业部门的、着眼长远的共性需求。正因为重视产业技术的通用性，才能使 I/UCRC 将不同的高校和企业在一个共同的研究目标下，联合起来进行协同攻关。这些高校和企业之间不具有相互竞争，因此，更容易建立起相互之间的信任关系，从而使协同创新有更高的效率和绩效产出。其中，产业联盟和研发联盟就属于典型的跨产业部门的研究取向。

（2）广泛的联盟成员参与度。由于产业—大学合作研究中心涉及不同行业领域的高校及企业等创新主体参与，也就要求合作研究中心要确保各创新主体的成员都能积极、主动、高效地投入协同创新活动，而要达到此效果，就需要合作研究中心制定灵活性高的管理制度。特别是对于研究人员来说，必须要依靠灵活的制度设计来激发他们参与协同创新的积极性。为此，美国许多大学都制定了相应政策，对高校研究人员在参与协同创新活动与完成高校本职工作之间进行协调，减少两者之间的冲突。对于企业的研究人员，信任机制的作用是保障知识转移的顺利实现。在这方面，I/UCRC 成立了专门的机构，同时对 I/UCRC研究活动进行监控，确保两方面的研究人员能够建立密切的协作关系，推动创新进程。这种双重信任机制保证了协同创新活动的广泛参与度，且使各方人员都能积极、主动、高效地投入协同创新活动中。

7.1.3.4　激励机制

高效的激励机制是激发各主体组织和人员创新激情、创造潜能和增加工作积极性的有效措施。为保证创新联盟的绩效产出，I/UCRC 充分发挥国家自然科学基金委员会在财政上的资助作用，设计了分阶段的财政资助计划，基本思路就是：在合作研究中心成立初期，国家自然科学基金委员会会有一个小型的 5 年资助计划，当初期的 5 年资助期满后，合作研究中心需要开拓资金来源渠道，以多种方式从企业或地方政府吸引资金，不断完善合作研究中心的发展机制。

除资金激励外，在合作研究中心模式发展的各个阶段，政府均以政策法案的形式对协同创新的进展给予激励。如《史蒂文森——怀德勒技术创新法案》《联邦技术转移法案》《国家合作研究法》《国家合作研究与生产法》《合作研究与技术提升法》。这些政策法案的制定实施在各个阶段都对 I/UCRC 模式的成功发展提供了政策保障（武学超，2009）。另外，财政资金资助也可以归结为是政府政策激励手段的实施。

7.2 欧洲创新工学院知识和创新共同体案例

7.2.1 案例背景概述

欧洲的高等教育资源居于世界领先水平，其拥有不少世界公认的高校、科研院所和机构。以前，这些组织与产业的联系不够紧密，导致科技研发成果转化率不高、就业能力匮乏、双创文化缺失、创新竞争力低下。欧盟希望通过成立相应的协同创新组织来推动高校和研究机构进行变革，在这一背景下，欧洲创新工学院（EIT）于 2008 年成立。它源于“里斯本战略”框架，是迄今为止全球规模第一的区域性协同创新组织，长期致力于欧盟社会经济的可持续协调发展和创新能力的提升。EIT 的双层组织管理体制由管理委员会和长期运营机构构成，以确保满足创新需求、进行各要素的优化和协同及实现共同的组织目标。二者的主要职能如下：第一，管理委员会包括由行业领袖及学术精英构成的 18 名委员和 4 名代表成员，受到 EIT 的直矩式管理，并整合各个参与主体及对“战略创新议程”进行规划部署，充分利用协调、激励机制。他们在某些事务上有独立自主权，如参与决策、选举、评估等，旨在促进知识和创新共同体（Knowledge and Innovation Communities，KIC）的发展。第二，长期运营机构则负责筹建 KIC，整合和集中各类创新的重要节点和构成要素，进而通过网络组织推动 3 个备受关注的领域的协同创新，即气候变化的适应和调节、可再生能源及未来信息与沟通。2011 年的第一次“战略创新议程”提到了 KIC 未来发展的重要阶段。第一个重要阶段是在 2014 年以前解决以下问题：健康生活和老龄化、可持续的食物供应途径、稀缺材料的可持续发展。第二个重要阶段是在 2018 年以前争取在以下方面构建并优化相关的 KIC：有较强竞争优势的环境友好型制造业，依托现代信息技术的高科技、智能化、便民型、安全型社区，以及绿色的、高效的、智慧型城市交通体系等。

总之，成立 EIT 的宗旨是：①增强解决核心社会问题的能力，共享和谐社会；②提高创新型研究成果的转化率，促进科技的产业化发展，从而加快产品和市场的创新；③促进高等教育方向和模式的变革，为培养和输送全球优秀精英人才作出贡献；④确保知识在区域中的自由良性流动。

7.2.2　高校协同创新历程

KIC 的主要成员包括全球范围内的各类机构和组织，它们有着契合度较高的目标，但在法律和经济方面保持相对独立性，通过整合高校、科研院所和企业的各项资源，建立精英网络，开展创新协同活动，不断提升创新竞争优势，最终实现经济社会的可持续发展。2009 年 12 月，EIT 开始计划筹建三大 KIC，即气候变化知识与创新共同体（Climate－KIC）、可持续能源知识与创新共同体（KIC InnoEnergy）和未来信息技术知识与创新共同体（EIT ICT Labs）。上述第一批成立的 KIC 的情况如下：

（1）Climate－KIC 致力于通过科学的手段，解决气候变化在对全球经济造成不利影响过程中带来的一系列问题，其研究领域涉及范围较广，包括气候变化的评估、管理和方案实施，低碳城市的构建，适应性水资源管理和零碳生产研究。此外，Climate－KIC 希望结合产业价值链的研究，创造就业机会、推动经济发展，由此需要开展的工作包括：①大力发展与气候有关的教育产业，以“learning－by－doing”教育计划为契机，面向高校学生和创业者，加强气候方面的教育和培训，寻找和挖掘有潜力的企业精英、管理者、自主创业者和改革先驱。②积极开展与气候有关的创新活动，通过促进组织内部和组织之间的融合、协作，建立动态性、多元化的开放创新网络体系，为气候产业提供创造性的发展思路。③探寻创新活动的商业化发展路径，并争取从制度和机制等方面为其顺利发展创造条件。④建立与气候有关的创业活动平台，支持和鼓励创新、创业行为，并在创新、创业的基础设施建设方面为区域内的学生、初创者、研发机构和风投提供强有力的保障。

（2）KIC InnoEnergy 是集成了数家公司、研究机构和高等教育机构在内的创新联盟，该创新共同体内的各主体长期合作、各具优势、共享资源、共同开发战略，旨在创立欧洲节约型、低碳型的能源可持续供应基地，以期实现新能源产品的市场化，进而完成该领域的创新。KIC InnoEnergy 的核心工作是在“战略能源技术计划”中，加强企业界、学术界和教育界的协同，通过项目、平台和行动创新链的密切配合，培养一流人才和团队，不断提升过程管理水平，完善就业机制，并通过合理利用知识产权政策和支撑措施，提高研发成果的转化率。

（3）EIT ICT Labs的根本目标在于催化信息通信技术领域的风险资本运作，并充分利用创新共同体内的先进教育资源和知识生产机构，推进创新创业活动、培养有技术的复合型创业人才，加快整个欧洲向知识社会转型。因此，EIT ICT Labs的主要工作包括两方面：①创新合作网络建设。不同国家、地区、专业和机构的专门人才通过多方资助完成流动型项目，开展产学研的协同创新实践，推动了信息技术的创新发展。②创新人才培养。通过教育、培训赋予学生、科研工作者、专家学者和企业人士创新理念、知识技能和冒险精神等，为欧洲信息技术领域输送优秀的创新人才。EIT ICT Labs当前主要聚焦以下领域：智能产业（包括但不限于智能空间、能源系统及移动和交通系统）、居民健康和福利政策、数字和智慧城市建设、新型媒体和信息传播。

上述三大KIC的共同特征体现在以下两个方面：

第一，在组织结构方面，EIT董事会负责选定KIC，而董事会要求要有设在3个欧盟成员国的、不少于3家的独立合作单位（至少必须要有一所高校和一家企业）。KIC在得到董事会许可后还能吸纳其他非成员国，以不断壮大创新队伍。KIC的项目资助年限从7～15年不等，每家KIC都会制定各自的短期、中期和长期发展目标。

第二，在资助经费管理方面，运作期前4年，每个KIC每年支出应达到5000万欧元～1亿欧元，其中EIT资助25％，余下的75％则源于企业捐款和KIC自筹经费等。2010—2013年，欧盟对KIC的经费资助总额高达2.7亿欧元，主要用于KIC的“价值增值行动”，如KIC的成立、组织、管理和协调创新，实施硕士及以上学历的教育培养计划，开展KIC内部的流动计划，加强知识产权管理，进行新公司的筹备和创建等。

7.2.3　高校协同创新机制

7.2.3.1　组织协同

KIC和EIT之间是一种从属关系，且是非官僚管理式的。这种关系充分保证了KIC拥有对内部组织结构的自主定义权力，这对联盟目标和个体目标的实现提供了充分的保障作用。这种从属关系的紧密程度不同，有一般的联盟协议，也有独立的法律实体，其中，共建中心的组建是比较典型的案例。它的典型性在于它的组建理念与其他联盟不同，共建中心非常看重联盟成员的多元化背景，且它在选址时还要兼顾能使创新网络之间形成最紧密的合作与联系。每一个KIC由4～6个共建中心组成，每个共建中心相互独立分工，分别承担一项目标，多个共建中心之间形成良好的互补合作关系。

EIT 在积极组建 KIC 的过程中，整合各创新主体，汇聚创新要素，开展跨学科、跨组织的协同，通过这些措施，高校、科研机构和企业等组织间的网络联系得到强化，资源共享更为充分，确保行业企业在技术创新上占得先机。对于 Climate-KIC、EIT ICT Labs、KIC InnoEnergy 三个共同体来说，由于各自所在的领域不同，各自的知识生产合作模式都有自己的特色。其中，Climate-KIC 围绕整个创新链，引导技术创新项目与技术开拓项目发展；EIT ICT Labs 更有针对性地对知识生产过程进行分析，将其分为实验室合作计划、测试平台及模拟项目等类型；KIC InnoEnergy 根据知识生产过程中合作主体的优势，进行分布式地组建知识与创新共建中心。

总体来说，高效的管理结构是 KIC 有效运行的制度保障。KIC 在进行管理结构的具体设计时，尤其注意发挥其高质量的管理能力和领导能力，一方面保障灵活快速地组织决策；另一方面有效提升组织的绩效产出。

7.2.3.2　人才培养

KIC 在人才培养方面加强高等教育改革，以期发挥人才战略对区域经济和竞争力的影响机制。而关于高等教育的改革，KIC 提出两大战略：一是改革课程和教学模式；二是加强创业教育，培养创业型人才。在此基础上，制订了详细的博士和硕士教育计划，不过这个教育计划只是针对可持续能源和未来信息技术领域制订的。博士教育方面，成立专业性的博士生教育学院，兼顾进行专业技能和创新创业两方面的教育；硕士教育方面，旨在开发出一个全新的教育模式，重点培养创造力和冒险意识。

此外，EIT 的所有教育计划都制订了四条总体教育标准，包括强有力的创业教育、创新型“干中学”课程、国际性和跨组织流动及联合推广战略四方面，并且细化了每个标准对人才培养的评价要求，见表 7.1。EIT 提出了六个方面的技能与能力要求，主要包括创造力技能与能力、创业技能和能力、研究技能与能力、知识转化的技能与能力、领导技能与能力、价值判断的能力，EIT 人才培养技能与能力要求，见表 7.2。

表 7.1 EIT 总体的教育标准和人才培养评价要求①

标准	具体要求
标准 1：强有力的创业教育	运用创新创业的开放式概念，开展创业实践，包括经营一家中小企业； 通过在课程体系中嵌入创业知识为未来的企业家提供相关的创业培训； 帮助学生获取可转移的技能，特别是创业、个人和商业技能以增强学生的就业能力； 在 KIC 共建中心向学生提供一系列技术、财务和人力资源服务以协助促进研究成果的商业化； 协助学生参加创业活动，以“工作中学习”的方式帮助学生体验在产业中真实的职业生活
标准 2：创新型“干中学”课程	基于跨学科的研究方法，超越科学边界来解决广泛的社会问题； 积极推动产业界的联盟者合作开展课程开发、教学活动和联合培养研究生项目； 积极关注以学生为中心的教学方式开展创新教育； 在共建中心积极搭建知识转移平台支持学生开展研究成果的产业化过程实现产业增值； 鼓励联合和多学位制度，加强产业界和高校之间人才的合作培养
标准 3：国际性和跨组织流动	在每个学习项目中开设国际和跨组织流动窗口，有利于人才培养的国际合作； 为教师员工和产业人员提供自由流动的机制； 根据欧洲人才培养的资历框架，开展基于“学习成果导向”的教学绩效评价体系； 根据欧洲高等教育质量保证协议的合作要求，开展人才培养质量的内外部评价，提升人才培养的质量； 基于国际化合作战略，鼓励国际学生和教职员工的自由流动，通过在创新教育的国际合作，提升 EIT－labelled 教育学位的国际性水平
标准 4：联合推广战略	基于公正，绩效导向的评价政策，包括准入政策，广泛吸引创业型人才； 在未来“EIT”学生和校友之间建立结构化的联系； 基于 KIC 战略，与社会群体广泛开展知识分享； 促进开放性教育资源的共享

① 项杨雪. 基于知识三角的高校协同创新过程机理研究［D］. 杭州：浙江大学，2013.

表 7.2　EIT 人才培养技能与能力要求①

技术与能力	具体要求
创造力技能与能力	硕士教育要求：能够进行跨边界系统性探索和产生创意的能力； 博士教育要求：能够进行跨边界系统性探索和产生创意的能力，同时，能够激励和支持其他成员以进一步推动创意的开发
创业技能和能力	硕士和博士教育要求：能够将创新转化为可行的商业解决方案
研究技能与能力	硕士教育要求：掌握专业知识并理解最前沿的研究方法、流程和技能及其它们的应用，能够在跨学科团队中开展工作； 博士教育要求：具备原始研究成果，能够运用跨学科方法对现有的研究方法、流程和技术进行应用、扩展和开发，从而推动新的企业创立与发展
知识转化的技能与能力	硕士教育要求：将实践经验转化为研究问题的能力； 博士教育要求：自觉地且系统性地将实践经验转化为研究问题的能力，且能够领导并支持其他工作的开展
领导技能与能力	硕士教育要求：全面理解高等教育、科学研究和产业创新之间的互动对价值创造的作用，掌握团队领导力和决策的能力； 博士教育要求：全面理解高等教育、科学研究和产业创新之间的互动对价值创造的作用，掌握大规模团队领导力和决策的能力
价值判断的能力	硕士教育要求：对所从事的研究领域能够有效地判断它的伦理价值、科学价值和可持续性发展的挑战； 博士教育要求：对所从事的研究领域能够有效地对它的伦理价值、科学价值和可持续性发展挑战进行批判性分析与评价

在这场高等教育改革运动影响下，KIC 提出“开发新教学课程”的口号，通过新的课程体系兼顾专业知识和就业能力方面的培养。EIT 在改革运动中提出重点加强对创业技能的培养，这就要求高校加强校园创业文化氛围的培育，推动社会的商业创新。同时，在高校引入针对高层次大学生的创新性教学方法，开发综合性的课程体系。

目前，创业教育得到越来越多的关注，这套课程体系也从理工科院校推广到医学、社会科学和艺术学科。欧盟的 KIC 模式强调学生的创业教育，对我国高等教育改革与创新有非常好的借鉴作用。只有多增加课程的实践环节，注重综合性人才培养，才能真正发挥人才对产业创新发展的支撑作用。

① 项杨雪．基于知识三角的高校协同创新过程机理研究［D］．杭州：浙江大学，2013.

7.3 四川大学生物治疗协同创新中心案例

7.3.1 案例背景概述

生物治疗作为界内较为前沿的诊治和预防手段，主要依靠现代生物技术或药物，包括生物治疗源头创新（如疾病机理研究与治疗靶点发现等）及治疗的关键技术研究［如免疫治疗（疫苗、抗体等）、基因治疗、靶向药物治疗、骨髓移植与干细胞治疗等］。当前，恶性肿瘤、心脑血管疾病及艾滋病等人类疑难杂症和重大疾病的医学治疗是一项极具挑战性的庞大系统工程，亟须研发出更多更有效的治疗手段，而生物治疗及生物技术药物已经在治疗一些难治之症的过程中发挥越来越重要的作用，有很好的临床应用和产业化前景。研制和开发生物治疗药物、技术和治疗手段不仅顺应生物医学的发展态势，可增强国民身体素质、保证国家生物安全，而且还可引领新兴产业参与国际竞争，不断实现发展和进步。

目前，我国在该领域的重大成就离不开作为创新主体的高校、科研院所及机构的努力。但仍旧存在一些问题，主要有以下三个方面：第一，前沿生物技术的研发环节比较薄弱，与医学治疗中的关键技术、药物和产品等的临床衔接不紧密，具备产业化应用前景的潜在成果不多；第二，相关的研究力量不集中，生物治疗和生物技术的创新平台资源共享和整合程度不高；第三，临床应用转化效率较低，综合效益的产出水平亟待提高。因此，需要建立汇集全球一流水准科研团队的生物治疗协同创新平台和中心，通过协同创新发展模式和机制充分发挥平台优势，将生物技术和药物的研究成果应用于临床医疗实践。

7.3.2 高校协同创新历程

为顺应趋势、加强高校协同创新体系建设，2012 年，“协同创新”研讨会在四川大学召开，会议就协同创新机制、协同创新内容等进行了深入研讨，确定由四川大学发起成立“生物治疗协同创新中心”，该中心同时囊括清华大学、北京协和医学院、中国医学科学院、南开大学等在生物治疗领域创新能力较强的知名高校和科研机构。按照“一个中心、五个平台”的整体构架建设，五个平台分别为前沿生物技术与疾病机理研究平台、基因与免疫治疗研究平台、干细胞与组织修复研究平台、靶向药物治疗研究平台、生物治疗临床前及临床转化研究平台。2013 年，“2011 协同创新中心”答辩会在北京举行，14 家通过专家认定，成为首批“2011 协同创新中心”。四川大学牵头的生物治疗协同创新中心（简称生物中心）即为国家批准的第一个在生物医学领域的协同创新中心。

生物中心以四川大学生物治疗国家重点实验室、口腔疾病研究重点实验室为重要载体，与多家高校和科研机构院所深化合作、协同互补，致力于实现研究成果的产业化、市场化和国际化。依托于国家重大、重点科研项目，生物中心的各个团队取得了各具特色的创新研究成果。四川大学构建的完整创新技术链涵盖了生物治疗的核心技术体系，包括基因发现与疾病分子机理等基础理论研究、生物制药、相关产品开发、中试生产、临床前研究及临床测试等。此外，生物中心的其他重要参与主体（如清华大学、北京协和医学院、南开大学）分别在结构生物学、重大疾病发病机理与干细胞研究、免疫基因治疗等方面具有突出优势。通过前期的良好合作，生物中心既能实现信息共享、资源优化配置和优势互补，抢占生物医疗领域的基础研究和技术研发的制高点，加快临床和产业化进程，又能通过不断优化协同创新模式和运作机制，引进优秀人才、搭建一流团队，建立高水平人才培养模式和制度，进而大力提升我国在此领域的持续创新能力，促进我国生物治疗和生物技术产业的发展，为保障人民健康安全、建设创新型国家做出贡献。

7.3.3　高校协同创新机制

7.3.3.1　组织管理

为提高四所高校的协同创新水平，生物治疗协同创新中心成立了领导、管理和学术三大委员会来强化管理：领导委员会负责制订生物中心的重大决策及聘任中心和平台的负责人，组织协调人、财、物等资源，为中心提供支撑条件和服务保障等。领导委员会由四川大学校长担任主任一职，成员包括几所学校的校长、副校长及职能部门的负责人等，办公室设于四川大学科研院。管理委员会负责中心研究方向、研究目标和任务的确定，负责组织人员的聘用、管理和考核，负责管理、分配和使用监督运行经费等，同时，要管理中心的日常运行，促进资源共享和合作，协调各参与单位的工作任务、运行经费的日常管理和使用等。学术委员会主要负责掌控学术方向和目标、为培养人才提供技术支持、通过绩效指标进行人员考核和选拔、促进国际合作等。学术委员会以会议或通讯评审、咨询等形式开展工作。

此外，围绕具体工作的开展，针对五大研究平台，中心建立了五大协同攻关团队，五大研究平台主任分别统领一个协同攻关团队，而协同创新中心的主任直接对五大研究平台主任进行管理。生物治疗协同创新中心的组织结构如图 7.1 所示。

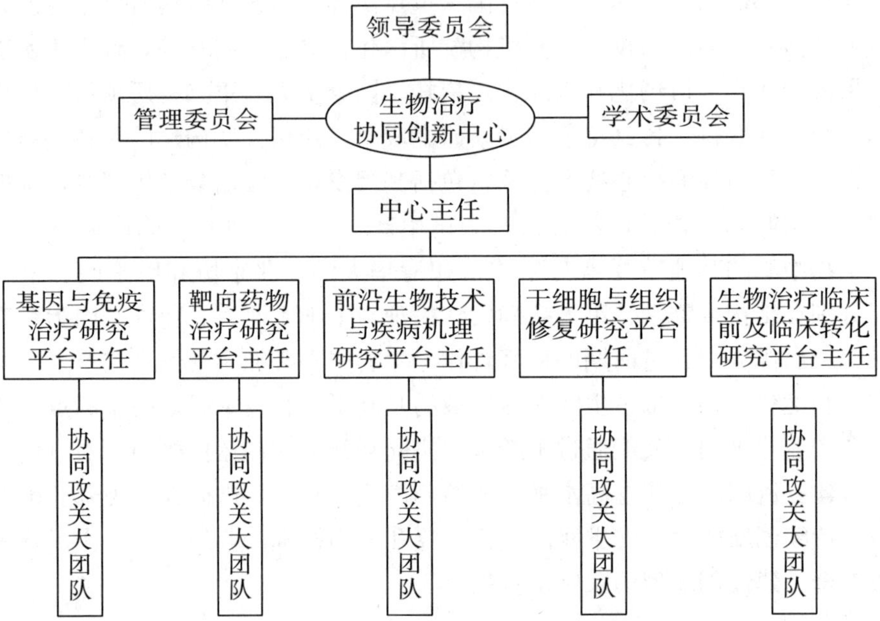

图 7.1　生物治疗协同创新中心的组织结构

在规范的组织结构框架下，四校达成了协同创新中心建立运行的相关协议，如四校共同建设“生物治疗协同创新中心”的协议，关于岗位设置、人员聘任和人事管理的协议，关于创新任务协同实施的协议，关于资源整合与成果共享协议，关于生物中心研究人员招聘的程序，关于人才协同培养的协议，关于培育经费的协议等。在一系列的协议框架下，四校共同制定了协同创新中心的相关规章制度和管理办法，如《生物治疗协同创新中心章程》《研究人员招聘制度》《人员评价、考核制度》《经费使用与管理制度》《资源整合与开放共享制度》《研究生培养模式改革方案》等。

7.3.3.2　协同创新模式

生物治疗协同创新中心在“集中建设、优势互补、深度合作、开放共享、协同创新、合作共赢”的原则下，形成了开放、共享、集成和高效的协同创新模式。

（1）科研组织方式上打造“协同攻关大团队”。

生物中心以重大科研项目为抓手，注重基因组学、蛋白质科学（蛋白结构等）、发育与干细胞、重大疾病的分子机理等领域的原始创新，抢占前沿制高点。以重大产出为导向，满足国家在生物治疗方案或制剂（疫苗、基因与细胞治疗、抗体等）、小分子靶向药物等方面的重大需求。注重前沿研究与国家重大需求任务相结合，通过多学科的交叉、协同，打造完整的创新链和技术链。组建高水平、国际化的科学咨询委员会，对协同创新研究的方向进行准确把握。

（2）改革人才培养模式，创新协同培养模式，提高研究生培养质量。

生物中心独立招生，在科研中培养学生，将高水平科研作为学生培养的重要环节。实行弹性学制，对于教学从制度上鼓励创新。充分利用外籍教授（非华裔学者）的优秀资源，让他们也参与到学生培养的各个环节。注重学生的综合素质，强化交叉学科联合培养。在研究生培养上，对研究的奖助金机制进行改革，从而实现对研究生的更有效的激励。

（3）建立资源整合和开放共享机制，提高公共服务水平。

在生物中心内建立资源和信息共享平台等公共服务平台，有效整合各个成员单位的各类科技资源，对开展协同研究的研究人员开放使用，切实提高生物中心的公共服务水平。

7.4 浙江大学煤炭资源化利用发电技术协同创新中心案例

7.4.1 案例背景概述

近年来，我国大气污染严重的趋势有增无减，燃煤排放是我国大气污染物的主要来源，且是温室气体排放的主要来源，但我国以煤为主的能源结构在短期内难以改变，因此，煤炭的清洁高效利用受到越来越高的关注度，且国家在煤炭资源化利用方面已经制定了一系列发展战略和行业规划。2012 年 3 月，煤炭工业发展“十二五”规划发布，2012 年 6 月，中国能源科技发展路线图编制完成，煤电化一体化（多联产）技术成为我国重点能源科技。中国工程院进行了中国煤炭清洁高效可持续开发利用战略研究，提出了煤炭清洁高效利用的重点工程与关键技术，煤炭资源化利用发电技术方向就此形成。

中国国电集团公司、神华集团责任有限公司等已经在煤炭资源化利用发电技术方面进行了深入的研究和实践探索，但由于煤炭资源化利用发电技术不仅涉及多个学科、多个领域的科学知识和理论技术，而且涵盖了电力、材料、化工及环保等全产业链条，仅靠企业或高校的力量难以攻克这种综合性强、复杂性高的系统问题。传统的产学研合作简单，在凝聚持续资源、建立持续机制，解决关键技术问题方面力不从心。此外，由于现行教育体制不能与产业、企业有效衔接，煤电专业人才还比较缺乏，对复合型科技人才和工程应用人才的培养也对多主体整合优势资源、建立人才培养机制提出了迫切要求。

在此背景下，浙江大学以煤炭清洁高效利用的国家重大需求为方向，以自身学科优势为依托，联合清华大学和华东理工大学两所及中国华能集团有限公司、中国国电集团公司、神华集团责任有限公司、中国东方电气集团有限公司四个中国煤电产业链龙头企业，三所高校、四个企业共同构成了煤炭资源化利用发电技术协同创新中心（简称煤炭中心）。该煤炭中心在组建过程中也确立了它的发展目标，即建立一套创新体制、发展一支顶尖团队、培育一批优秀人才、搭建一个研发平台、实现一项工程体系。

7.4.2 高校协同创新历程

煤炭中心的培育组建，自 2011 年起大致经历了探索与深化阶段、发展阶段，而 2011 年以前的阶段可以作为煤炭中心组建的基础阶段。

（1）基础阶段，主要是指 2011 年 4 月以前的阶段。浙江大学早在 20 世纪 80 年代，就提出了热电气多联产工艺的设想，并根据相关研究设想进行学科交叉合作，与国内外知名高校、科研机构和多所相关企业建立了合作关系，形成了以研发任务为导向的国际合作网络，这个国际合作网络具有任务导向强、学科范围广和有限开放等特点。浙江大学在特色学科培育、科研团队建设、专业人才培养及成果转化等方面积累了丰富的经验，为协同创新的探索奠定了坚实的基础。

（2）探索与深化阶段，2011 年 4 月至 2012 年 3 月。2011 年，浙江大学对前期相关工作进行了总结。2011 年 8 月后，浙江大学组建协同创新体，并挂牌“煤炭资源化利用发电技术协同创新中心”，并建立了相关的管理运行机制。

（3）发展阶段，2012 年 3 月至今。“2011 计划”启动之后，浙江大学健全中心的组织架构，扩大协同创新队伍，科学论证协同创新方向，进一步加强创新资源汇聚，提升协同创新能力与产出。

在煤炭中心的所有构成主体里，各个主体都有自身的突出优势。浙江大学是牵头高校，清华大学和华东理工大学是相关基础研究和技术创新的主体。煤炭中心的四个企业都是我国相关电力企业的重要支柱，是产业部门的代表。除此之外，还有被吸纳进煤炭中心的其他高校，如太原理工大学、哈尔滨工业大学、华南理工大学、重庆大学、华北电力大学等，这些都是煤炭中心科技研发力量的重要组成部分。煤炭中心的主要构成如图 7.2 所示。

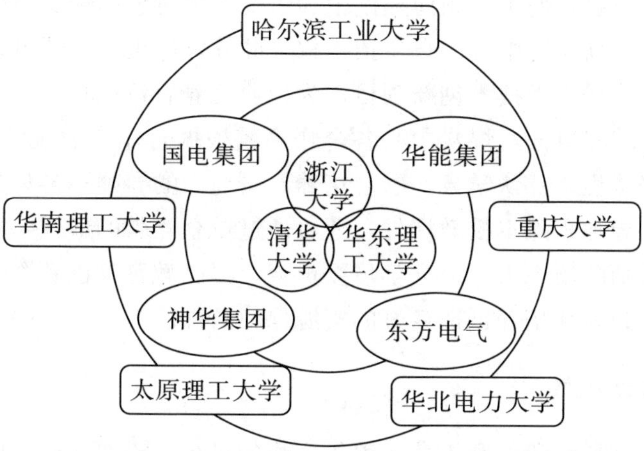

图 7.2　煤炭中心的主要构成

7.4.3　高校协同创新机制

7.4.3.1　组织管理

煤炭中心的组织架构设计采用的是自上而下的思路，顶层设立理事会和科技委员会。其中，理事会是最高权力机构和战略决策部门，负责重大事项的决策，组织协调各种创新资源。科技委员会由核心高校和企业的专家，以及相关行业领域的国内外知名专家组成，统筹负责技术指导、团队建设、研究选题、学术交流等方面。在顶层机构下，煤炭中心分别设立了三个部门，包括前沿开发部、创新教育院和产业开拓部，分别进行前沿科学研究、工程科技人才培养及产业技术创新和成果转化。

除此之外，为协助煤炭中心的工作顺利开展，在组织架构外围设立两个协调部门，分别是行政服务中心和协同攻关部。其中，前者负责煤炭中心的日常行政事务工作，包括人力管理、创新资源整合和共享管理；后者集中企业和高校的专业人员面向前沿重大选题协同攻关。煤炭中心采用定期工作例会和专题工作会议相结合的管理决策制度，成立若干专项工作小组，为人力资源管理、资源配置、人才培养等提供咨询服务。

7.4.3.2 人才培养

在人才培养模式上，煤炭中心进行了一系列的改革，目的就是希望综合利用各种创新资源，进行复合型科技领军和工程应用人才的培养。在研究生招生方面，煤炭中心以直博生和硕博连读生为主要招生对象，除实施教育部规定招生政策外，还提高煤炭中心的自主招生权。此外，煤炭中心还可以招收企业人员在职读博，依托重大技术创新项目，为企业培养后备领军人才。

在研究生培养方面，煤炭中心各合作高校根据合作产业设计新课程体系，各高校间互修课程、互认学分、联合培养。研究生的导师不再只是一个，而是一个导师组，导师组除本校教授外，还可通过校企互聘的形式，将其他单位的专家吸收到导师队伍中去。设立学位委员会，提高教育和创新资源的优化配置和整合水平，为人才培养创造良好的资源保障条件。

7.4.3.3 资源配置

煤炭中心的科学研究和人才培养等工作的进行，需要从资源配置方面予以保障。煤炭中心建立了可使创新资源要素融合共享的资源配置机制，由参与协同创新的高校、企业和政府共同投入。对于资金资源，煤炭中心设立发展基金，扩展资金渠道，吸收引进各方资金。对于科技资源，则通过建立科技资源信息平台，使各主体的人才、设备、设施等创新资源在平台上登记、公开和充分共享，使得各主体能够借助其他主体的创新资源帮助自己实现科研目标或商业目标。

煤炭中心的这种资源配置模式能够使得各主体的创新资源得到合理配置，由于这种模式以集体的共同利益为出发点，使高校、科研机构和企业等主体通过协同创新获得比个体独立研究更多的超额利益，也使企业的成本显著减少。这种模式使各方的创新资源打破了组织壁垒，依托协同创新平台进行融合或重组，保证各创新主体参与协同创新的积极性和主动性。

7.4.3.4 激励机制

煤炭中心的研究领域在其组建之初就已经确定了大体方向，但随着市场经济及科技形势的变化，科研问题总会有一些新的着眼点。煤炭中心的科研方向坚持走特色化发展之路，结合学术前沿和现实需求而定。浙江大学、清华大学和华东理工大学借助资源共享平台，互通科研进展和成果。为了更好地进行相关激励，需首先对绩效产出进行评价，煤炭中心形成了以专利数目和经济效益为衡量指标，以产业发展为目标的科研评价体系。

此外，煤炭中心创新知识产权管理模式，建立了高校和企业间成果转移、成果共享的机制，保障科研人员能够获取与其贡献相符的成果。对各个主体共同产生的知识产权建立平等、公平的协商分配制度。此外，对科研人员的知识产权收益还可以按技术入股的形式进行内部激励，将收益向科研人员倾斜。

7.5　案例启示

在协同创新模式中，无论是美国的产业—大学合作研究中心模式，还是欧洲创新工学院知识和创新共同体模式，都是在长期的创新探索中提炼出来的有效提升不同主体协同创新能力和创新绩效的成功经验模式。我国“2011 协同创新中心”虽然成立时间还不长，但从运行情况来看，各协同创新中心还是取得了不错的成效，可这种模式的长期效果还有待时间检验。各案例的综合比较分析见表 7.3。综合来看，无论是对国外的成功模式借鉴，还是对国内协同创新中心的经验总结，我们可从中得到以下五个方面的启示：

表 7.3　案例对比研究

项目	参与主体	创新方向	组织管理	人才培养	激励评价
I/UCRC	高校、企业	行业企业关键技术	学术咨询委员会、产业咨询委员会，兼顾学术和市场	以能力为导向设计人才培养项目，一是对研发人员和工程师开展技能培训；二是为研究生和本科生提供实践基地，让其直接参与研究项目	充分发挥国家财政基金的资助作用，设计分阶段的财政资助计划
KIC	高校、研究机构、企业	前沿科学	每个 KIC 由 4～6 个共建中心组成，每个共建中心相互独立分工、互补合作	一是改革课程和教学模式；二是加强创业教育、培养创业型人才，并且制订详细的博士和硕士教育培养计划	每个 KIC 都制订了产权分配机制，并构建专门的知识产权管理委员会

续表7.3

项目	参与主体	创新方向	组织管理	人才培养	激励评价
生物治疗协同创新中心	高校	前沿科学	领导委员会、管理委员会、学术委员会构成组织机构，下辖五大协同攻关团队	独立招生，实行弹性学制，在科研中培养学生，外籍教授（非华裔学者）参与到学生培养各个环节；注重学生综合素质，强化交叉学科联合培养，将高水平科研作为学生培养的重要环节；在研究生培养上，对研究的奖助金机制进行改革，从而实现对研究生的更有效的激励	通过考核创新项目或技术的质量，以及各协同创新主体的贡献值来建立评价机制
煤炭资源化利用发电技术协同创新中心	高校、企业	行业产业	顶层设立理事会和科技委员会，下设前沿开发部、创新教育院、产业开拓部三个部门，外围设立行政服务中心和协同攻关部两个协调部门	以直博生、硕博连读生为主要招生对象，还可招收企业人员在职读博；根据产业设计新课程体系，各高校间互修课程、互认学分、联合培养；不设单一导师，而是设置导师组	以专利数目和经济效益为衡量指标，以产业发展为目标构建科研评价体系

（1）科学选择协同创新领域和创新方向。

顶层设计对于高校协同创新工作的开展意义重大，做好顶层设计其中一条就是要科学地选择协同创新领域和创新方向。美国的产业—大学合作研究中心和欧洲创新工学院知识和创新共同体之所以能取得成功，是因为在协同创新组织创立之初就选择了正确的协同创新方向。美国高校与企业在关键技术研发上进行合作，针对具体的技术，采取灵活的协同创新组织形式，在各种层次上展开合作，美国的产业—大学合作研究中心就是基于高校和企业一致的创新领域和创新方向建立起来的。欧洲创新与技术研究院“KIC 计划”瞄准气候变化、健康生活与老龄化、未来信息与通信技术、原材料和可持续能源等战略前沿科技领域开展多主体协同创新。同理，生物治疗协同创新中心和煤炭资源化利用发电技术协同创新中心都紧扣我国重要战略产业发展需求，科学凝练协同方向，制订战略目标，明确研究问题。

（2）协同创新要兼顾基础研究、应用研究及成果转化。

协同创新是企业、高校、科研机构及政府等不同主体为了实现共同的目标，通过共享资源、相互交流技术知识等形成统一整体。协同创新的起因可能是对基础研究的追求，也可能是应用研究和商业价值等的追求，但是更多是希望能够将基础研究、应用研究和成果转化进行协调均衡。协同创新起源于知识、技术等原创工作，终止于技术的市场价值实现。其最终目标一方面是实现知识、技术的成功转化；另一方面是丰富科学知识理论体系。因此，在协同创新中要争取多行业领域的主体实现多方面的资源整合共享，还要通过体制机制等制度化措施保障创新链的成功链接，保证各主体在协同创新体系中能很好地协作，保证在创新过程中各个环节之间协调良好。

（3）建立成熟的协同创新平台，发挥协同创新联盟的资源整合优势。

协同创新联盟作为多主体、多功能耦合的综合性组织，在综合评判各方特点、各方资源的基础上，擅于将各主体的科研成果、人力资本和技术优势、政策优势进行有效整合，激发各主体的协同积极性。美国 I/UCRC 模式中，NSF 发挥财政资金作用，汇聚各主体的研究资源并进行整合。欧洲 KIC 模式组建共建中心，以研究战略作为协同创新的指导，形成涵盖高校、产业、政府、企业家和投资者的创新链，构建基于研发共同体的区域资源集聚模式。欧盟的知识和创新共同体主要通过组织创新，积极组建多元化背景的共建中心，以前沿和应用研究相结合的研究战略为指导，形成了以政府机构、研究型大学、产业界、企业家和投资者为一体的创新链。四川大学在生物治疗协同创新中心建立资源和信息共享等公共服务平台，有效整合各个成员单位的各类科技资源，对开展协同研究的研究人员开放使用，切实提高协同创新中心的公共服务水平。

（4）技术和人才开发并举的创新型人才培养。

协同创新联盟另一个重要的优势在于在协同创新过程中进行的人才开发与培育。如美国 I/UCRC 模式不仅针对高校研究生和本科生制订了教育培养计划，而且对 I/UCRC 模式中的研发人员和工程师也规划了技能培训。欧洲 KICs 模式进行了高等教育的改革，开发新的高校大学生教育课程体系，兼顾学生在专业知识和就业能力方面的提升，并突出对学生创业技能的培养，将专业知识、创业知识和跨学科技能进行有效地整合。煤炭中心模式也进行了教育方面的改革，推动建立分类人才（如应用型、技能型和复合型的高素质人才）的培养体系；借助学科交叉融合的协同创新平台，探索人才联合培养模式，其中，交叉导师培养模式即是较为典型的模式，兼顾了科学研究能力和实践创新能力的培养。

(5) 积极发挥政府政策的保障作用。

在协同创新中，政府通过制定各种政策和法律法规，为协同创新创造良好的外部条件，保证各主体积极参与协同并尽力发挥自身优势。随着创新复杂性的提高及各创新主体自主性的增强，过去由政府主导的产学研合作逐渐演变为政府引导下的高校、企业和研究机构各主体的自发协同。从国内外的协同创新案例都可以看出，最初都是经济、社会或科技发展的重大现实问题对协同创新提出了需求，各创新主体针对这些重大需求问题自发地形成联盟并进行协同创新，政府更多的是外部扶持，如给予资金、政策支持。

7.6 本章小结

本章选取了国内外典型的协同创新的案例进行研究，这些案例中要么是高校主动发起并主导协同创新，要么是政府框架下高校和科研机构占主导地位。通过对这些案例的背景、协同创新历程、协同创新机制的整理分析、比较研究和归纳总结，对提出的基于创新链的高校协同创新理论模型及运行机制等进行了一定程度的验证。尽管选取的案例不能覆盖所有的高校协同创新模式，但基本能体现出高校协同创新的大多数共同之处，由此，本章在比较分析的基础上，提炼出高校协同创新组织开展协同创新工作中可以借鉴的成功经验。

第8章　推进高校协同创新发展的对策建议

高校协同创新作为一种新的创新范式，已经过多年的实践发展，本书从创新链的视角对高校协同创新系统进行理论模型建构，对其运行机制进行系统深入分析并通过实证验证，在国内外案例分析的基础上总结高校协同创新发展的成功经验。高校协同创新是协同创新系统内外动力因素共同作用的结果，内部动力是高校协同创新的直接推动力，外部动力是高校协同创新的间接推动力，动力因素通过协同机制对创新绩效产出产生影响。基于以上理论分析和实证研究结果，借鉴案例的成功经验，本章从创新链的角度，分别针对协同创新主体、协同创新过程及外部保障机制三个方面提出推动我国高校协同创新发展的对策建议。

8.1　促进创新主体协同

随着改革开放的发展，我国国家创新体系也在不断完善，在国家创新体系中，从时间上纵向来看，从研究、开发到商业化整个过程当中，个人、机构、企业等创新者根据其不同的需要，选择各种不同的合作主体（如高校、科研机构、政府、技术服务平台或企业等）进行合作。我国的创新者在创新过程中更善于基于已有的技术，通过一些改造，形成大规模的产业化生产能力。但随着创新驱动战略的提出，未来的发展重心应该要靠创新链的前端来拉动，将我国的创新优势拉到研究和研发这个阶段。实施创新驱动发展战略，明确要求提高科学研究水平，抢占科技发展战略制高点。创新链的前端阶段是创新的源头，主要涉及基础研究、科技研发等环节，需要高校、科研机构及企业等基本主体发挥其创新源动力的作用。

8.1.1　高校发挥主导作用

现代高校有四大职能，而教育教学是首位，高校的一切工作都是以培养人才为出发点和落脚点。根据马克思主义生产力理论观点，劳动者是三要素中最活跃、最主动的要素，尤其是对于现代社会来讲，作为高级劳动者的创新人才的作用更为重要，因为现代社会的劳动对象更加复杂、劳动工具高度智能。高校作为基础研究与高新技术研究的主力，对于解决影响国民经济的技术问题、实现科技转移与科研成果转让应主动承担重要的责任，高校在顶尖技术人才、雄厚科研基础及学科门类齐全等方面有天然优势，因此，在高校协同创新中，高校应主动发挥其主导作用，一是在科研协同方面，二是在人才培养方面。

（1）开展跨学科协同创新。

随着社会持续发展和人类认识不断深化，人们遇到的科研课题越来越复杂，这就要求多学科交叉集成、多主体协作攻关，因为单一学科知识难以解决这类新问题。近年来，全球重大科学发现和科研成果绝大多数都是通过跨学科协同研究得到的，因此，对于高校协同创新来讲，促进学科资源交叉集成，开展跨学科协同创新研究尤为重要。对于高校而言，同样需要进行内部协同创新，促进校内学科资源交叉集成，突破传统专业、学科间的壁垒，汇聚相关学科和专业的团队建立跨学科协同创新团队，形成相关领域的学术高地，实现相关学科发展的优化升级。还可以倡导教学上的跨专业学科交流，鼓励学生选修其他专业课程或辅修第二专业学位，高校由此可培养更多具有交叉学科背景、知识结构更合理的综合性创新人才。

（2）探索人才培养新模式。

高校在主导协同创新过程中，应探索外部多主体协同、寓教于研的人才培养模式。一方面，充分利用高校优势学科和专业资源；另一方面，充分利用企业等主体的科技创新应用环境。高校作为知识生产主体、教育教学的源头活水，科学研究是高校的基本特征，也是服务经济建设与社会发展的重要依托。除了依托校内优势资源并进行整合跨学科培养人才，高校还应通过协同创新将校外资源进行集成整合应用到创新人才培养中去。开展校外协同创新，一方面，能够将科技创新成果进行转化，获得支撑学科发展和基础研究的资金支持；另一方面，也促进了学科发展、提升了科研实力，还能不断丰富教师教学的实际案例，形成寓教于研的创新人才培养机制，培养出能够运用理论知识解决现实问题的学生。此外，还可以聘请协同创新其他主体的行业专家、企业领导、技术工程师担任客座教师，为学生授课，丰富高校师资队伍，这样不仅能培养学生的扎实专业知识，又能培养学生的创新创业意识和企业家精神。

（3）多形式参与协同创新。

在高校协同创新中，作为最重要的基础创新资源掌握者，高校必须以多种形式实际参与到协同创新中。除通过传统的高校协同创新形式让高校主导协同创新之外，高校还应该采用其他多种形式参与到协同创新之中，形成对高校协同创新的补充。如高校提供已经取得的科研技术成果，企业购买高校的技术等。通过这种合作，交易的技术可以快速投入生产和销售，节省企业在技术创新方面的投入。高校采取技术入股或以资本入股的方式参与协同创新项目，科研人员在项目进行中也会与生产企业保持密切联系，指导他们正确使用创新成果，快速地转化成经济效益，通过参与经济效益分配来激励科研人员参与创新的积极性。此外，企业聘请高等院校和科研机构的科研人才到企业中参与企业的自主创新过程，可以实现优势互补，大大减少了相关的资金投入，因为企业的科研人员可能难以独立解决在创新过程中遇到的技术难题。

8.1.2　企业积极参与协同

在高校协同创新中虽然以高校为主导，但并不是说高校主宰创新活动的全过程。高校协同创新中科技成果等的转化、产品生产及市场化均以企业为主要载体，这是由于企业是社会经济活动的直接行为主体，对用户需求和市场动态最为敏感。一方面，企业消化、吸收和转移来自高校的知识和技术；另一方面，企业向市场提供产品和服务，实现经济价值。企业既是高等院校的天然盟友，也是高校协同创新的中坚力量。实现高校协同创新的预期目标，需要充分调动各种类型企业的积极性，包括发挥大型企业的创新示范作用，释放中小型企业的创新活力，全面扶持创新型企业发展。然而，由于企业逐利的本性及技术消化吸收能力差等原因，在高校协同创新中，企业参与的积极性并不高。在此背景下，企业应该转变观念，积极与高校建立长期的战略合作伙伴关系，为企业寻找稳定的科技和人才源泉或基地，全面开展校企协同创新。

（1）转变经营管理理念。

目前，我国不少企业存在参与协同创新动力不足的问题，主要原因之一就是缺乏立足长远的战略眼光。部分企业领导人有传统的小富即安的思想观念，有些企业在这种思想的影响下更重视对成熟技术的直接引入和应用，不重视参与协同体系进行自主创新。也有部分企业较为急功近利，认为高校协同创新周期长、投入大、风险高，不愿意参与这种技术创新科技含量更高的合作项目，只愿意进行短、平、快的项目开展，从而保证在自己的领导任期内收获更显著的成效。然而，现代社会更多的是创新实力和创新人才的竞争，更是团队的竞争，而不能仅凭自身资源单兵作战。因此，企业应该树立大局观念和协同意识，立足组织未来发展愿景，主动向高校、科研机构借力，形成协同创新联盟，树立合作互惠共赢的观念，从而在激烈的现代市场竞争中取得成功。

（2）提高知识消化吸收能力。

有些企业直接引进成熟技术加以应用，不仅花费巨大的资金，而且可能造成资源的严重浪费，既无法培养企业自己的创新人才，也不能提升企业的自主创新能力。有些企业与高校有一定的合作，但企业的知识和科技消化吸收能力明显不足，高校提供的相关知识技术并没有在企业提升自身创新能力的过程中发挥足够的作用。高校是面向科学前沿开展基础研究的知识生产机构，企业是将知识、科研成果转化成现实产品的技术创新主体，两者在高校协同创新中的主体作用不同，因此，必须提升企业接收高校知识、技术转移的能力。一方面，要求企业加大研发经费投入，提高学习能力和知识消化吸收能力，建设学习型、创新型组织；另一方面，加强与高校、科研机构的互动，引导知识、技术生产机构按产业发展实际、企业发展实际进行基础研究，提高知识转移与企业现实的匹配度。

（3）加强企业人才队伍建设。

对于创新型的人才，企业应首先努力自己培养，不能培养的依靠引进，建设一批创新团队，这些人才能够在攻克科技重大项目、重大课题中起主导作用，从而进一步提升整体的科技创新能力。企业可通过邀请高校教授、专家到企业进行专业指导的形式加强校企人才交流，有针对性地培养技术人才；可以通过委派技术骨干和管理干部到高校学习交流的形式，促进校企互动交流，使企业人员能够了解科学前沿知识；还可以与高校开展合作办学，为大学生提供实习实训平台，共同培养创新人才，不断充实企业的人才队伍。通过与高校开展协同创新，企业既可以获得相关的核心技术，又能培养大量的创新人才，短时间来看可提升企业的市场竞争能力，长远来看更能够支撑企业的可持续发展。

8.1.3 科学选择协同方向

基础科学研究合作是创新链前端的主要内容，为高校协同创新固本强基。基础科学研究是科学之本、技术之源，对经济社会发展起着基础支撑和前瞻引领的作用，关系科技发展的后劲和长远未来。在基础科学研究的基础上更进一步，科学选择协同领域和研究方向，对于实现从理论到实践、从创意到实际经济产出是重要的方向性指导，对于从总体上宏观把握各主体、各要素、各层次，统揽全局，制订问题的解决方案起着统领性的作用。

在选择高校协同创新的研究方向时，要充分体现科学研究与国家战略需求的紧密结合，达到多学科的交叉融合、深度聚合，还要充分展示理论视阈和实践需要上显著的广度和深度。我国政府推行的重大国家战略项目大多由国家自然科学基金委员会评定立项，国家自然科学基金委员会如果在高校开展协同创新时能够给予更多的项目引导和学科交叉研究更多的立项支持，建立学科交叉研究的共享和交流平台，主动在国家亟须解决的重大战略需求项目上给予高校扶持，整合高校的科研力量，那么，高校协同创新必将能得到飞跃性的发展。

政府借鉴国外推动高校参与协同创新的成功经验，对科技资源进行优化配置，制订统一的评定标准，鼓励高校教师及科研人员参与协同创新，以培养更多的学科交叉研究领域的领军人物为目标。教育部利用管理优势，使高校间达到资源共享、共同探讨和沟通，运用现代的互联网技术整合国内的优秀高校资源，建立起资源共享和交流的平台。政府部门应成立统一对协同创新进行服务和管理的专门性组织，提升协同创新的组织性和规范性，调节好协同创新中各主体间的关系，解决在协同创新过程中可能出现的问题。

同时，还要注意高校协同创新系统的创新目标是协同研发活动的核心，但系统的创新目标并非一成不变，高校协同创新系统的创新目标应与系统创新活动过程保持动态一致。高校协同创新系统的成立在很多情况下不仅仅是为了完成某一科技项目的研发，在其发展过程中还必然要随着产业发展需求提出新的科研项目和新的创新目标。高校协同创新的运行过程可以看作一个不断产生新的创新需求、不断形成新的创新目标、不断开展新的创新活动的过程。因此，高校协同创新系统应根据创新项目的研发阶段和协同主体的变动不断调整高校协同创新系统的创新目标。

8.1.4　健全主体选择机制

协同创新主体是高校协同创新系统中必不可少的构成元素，是各主体联合攻关的必要协同伙伴。由于各高校、科研机构和企业等主体来自不同领域，这些异质主体在目标、价值、文化等方面不可避免地存在一定的偏差，因此，必须建立一定的协同主体选择机制，通过一定的标准来规范高校协同创新系统主体的选择过程。在构建高校协同创新系统和运行过程中，要严格规范系统成员的筛选机制，只有找到适合协同创新的创新主体，才能切实推进创新资源的互补和集聚，提高系统的创新能力。

为保障系统成员的创新能力，成员准入标准体系应以创新能力需求为导向，充分考虑创新知识、创新文化和创新能力等因子，坚持实用性和可操作性原则。要对目标主体的创新目标和能力进行考核，可根据创新主体在创新链、产业链中的不同位置，分别考查他们的研发能力、组织能力、创新成果产业化能力及市场分销能力等。对高校协同创新系统成员的筛选可以考虑定性分析和定量分析相结合的方式，这样不仅能对组织文化、组织信誉等软条件进行考评，而且可以考查组织内部的盈利状况和资源装备等硬件资源，从而促进成员筛选的全面系统化。

根据系统中主体分工、作用的不同，对不同类型的创新主体应设定不同的筛选标准。在一般的产学研联盟中，企业更多是承担主导者的作用，高校和科研机构只是作为创新源泉或人才基地，因此，更多只是考查其科研实力。而在高校协同创新系统中，高校作为协同创新系统的主导者，除了要通过专利成果、学术论文及科研项目等方面考查其科研创新能力，还要考虑高校的影响力及组织协同能力等，如高校在国家或区域经济社会发展中的重要地位，高校组织或参与国内或国际性学术组织的能力等。对于企业主体，主要考查其创新能力、经营状况和企业文化等。其中，创新能力主要是考查企业对协同创新活动的创新支持能力，主要包括企业的自主创新资源规模和已具有的创新能力。企业经营状况主要考查其协同创新项目的承担能力和风险分摊能力，主要包括资产规模、盈利能力和流动性等方面。企业文化主要考查其战略目标、企业形象、文化使命及企业信誉等情况，确保企业的战略目标与协同创新系统总目标的一致性。

8.2 加强创新过程协同

创新链的后端主要涉及创新技术的成果转化及产业化，是促进“科技”与“经济”结合的关键环节，是实施创新驱动发展的关键环节。为促进创新成果转化，提升高校协同创新产出及效率，需注意以下三个方面：一是高校协同创新要重视重点产业的孵化和科技合作，大力发展创新创业孵化平台；二是重点发展高新技术服务业；三是强化知识产权的运用、保护和管理。

8.2.1 建立系统沟通协调机制

高校协同创新系统成员间的沟通和交流是实现技术创新的重要途径，是建立成员间信任机制和协同创新机制的重要依托。高校协同创新系统成员之间的沟通交流学习，参与系统的创新活动最重要的就是通过成员之间的沟通学习，分享各自的优势资源，丰富创新资源，实现资源优势互补，培养和提高各自的创新能力，进而提高系统总体的创新力。高校协同创新系统的沟通协调机制的建立既要帮助各创新主体之间及时地进行沟通学习，还要重视沟通学习的质量与效果及沟通学习的持续性。

（1）设置专门的组织协调部门。

四川大学生物治疗协同创新中心成立了管理委员会，负责中心日常运行，协调各参与单位工作，促进资源共享和合作等。浙江大学煤炭资源化利用发电技术协同创新中心为协助工作顺利开展，在组织架构外围设立行政服务中心和协同攻关部两个协调部门。类似地，高校协同创新组织可以成立专门的协调部门或机构，从而确保协同创新主体间的沟通学习。一方面，协调部门或机构可组织协调系统内部的技术专家或外部相关领域的专家，为协同创新系统成员开展专项培训，以提高内部协同创新主体的研发创新能力。另一方面，协调部门或机构可以对交流学习活动开展监督管理，从而确保活动的顺利开展和实现良好的效果。

（2）构建学习制度和学习平台。

高校协同创新系统可效仿浙江大学煤炭资源化利用发电技术协同创新中心的定期工作例会和专题工作会议相结合的管理制度，通过建立一定的学习制度和学习平台，建立系统协同创新主体之间的长效学习机制，充分调动各主体的学习主动性及积极性。由于高校协同创新系统涉及多个主体，系统可以定期开展多种形式的小组学习会，如培训会、研讨会及网络学习等。尤其是在网络学习形式下，各主体成员可将自己的资源上传到网络上，供其他主体成员下载学习，也可以举行网络会议，这就克服了各主体成员之间的地域限制。另外，各主体还可互派人员、互换人才，使各主体的人才真正实现理论与实践相结合。

8.2.2　完善激励和约束机制

科学化、规范化的内部激励机制是激发高校协同创新系统中各参与组织及人员的创新激情、创造潜能和工作积极性的有效措施，也是高校协同创新系统持续高效运行的重要动力。除高效的激励之外，有效的约束也是必需的，它可以规避各创新主体成员“磨洋工”“搭便车”及机会主义行为的发生。

（1）重视资源共享激励。

对高校协同创新进行有效激励的一条重要途径就是资源共享激励。高校协同创新系统的资源共享是系统各协同创新主体实现技术创新的重要支持。通过资源共享，可以实现协同创新主体的内部资源及系统外部资源间的集聚、融合、转移，从而使创新资源利用效率最大化。高校协同创新系统可以建立三层创新资源共享机制。最底层为创新资源的所有者，也就是高校协同创新系统中的各协同创新主体，各创新主体需要贡献自身所拥有的创新资源，也可以无条件获取其他主体共享的所有资源。中间层为高校协同创新系统中所有创新资源的协调管理者，很多时候系统会成立专门的部门或机构来进行创新资源的管理服务。最上层为创新资源共享平台，在这个平台上各种知识、技术相互吸收融合、渗透、转移。系统内各协同创新主体均可通过各种形式学习、使用储存在平台上的创新资源，从而满足各主体在创新过程中所需要的创新支持。

(2) 通过信任机制进行约束。

现有的协同创新主体间的约束主要依靠一定的规章制度进行，这种约束方式难免生硬，在高校协同创新实践中可考虑从主体间相互信任的角度建立成员间的信任机制来进行约束。

主体间的信任度是维系系统稳定发展的重要纽带，直接关系到系统整体运作的安全性与持续性。协同创新主体间的信任关系是基于系统内部公开透明的组织管理建立起来的，但会受各主体的合作意向、信息沟通情况及利益分配情况等多种因素的影响。由于协同创新各主体间的合作关系实际上是基于对未来行为的承诺，存在不稳定性，各协同创新主体难免会在核心资源、利益等方面存在疑虑，因而可能会不由自主地产生习惯性的防卫心理和行为，阻碍协同创新合作的深入开展，甚至可能使合作半途而废。如果系统中各协同创新主体的关系紧密，相互了解、相互信任，那么就可以减少监督成本，形成对彼此的隐性约束。

此外，信任机制的建立和实施也需要有一定的保障。在合作初期，合作双方通常会签订诸如合同或约定之类的契约性承诺，这种承诺受法律保护或社会道德约束，是对信任机制的一种基本保障。在合作过程中，之所以会出现欺骗或违约现象，主要是由于机会主义的存在。机会主义防范机制的设立，在合作研发中，要通过制订有关欺诈与违规行为的惩罚措施，提高欺骗行为的成本，抑制机会主义行为的发生。因此，提高合作的退出壁垒，一旦合作的某一方产生机会主义行为，那么它将接受惩罚。另外，也可以通过加强合作方之间的关联性，达到“一荣俱荣、一损俱损”的效果，从而对合作方的行为进行强制约束。对信任有保障作用的另一个重要的合作行为是合作的利益分配问题。作为经济利益体，合作各方都是为了达到自己的目的。合理公平的利益分配机制可以保证合作各方信守诺言、减少欺骗，从而促进彼此间的信任度。

8.2.3　健全风险共担和知识产权管理机制

高校协同创新系统成立之初，在利益分配上大都采用协商分配方式，随着系统整体实力不断增强，创新产出日渐丰富，利益分配方式也随之改变。利益的产生是伴随着风险发生的（如由于研发的技术具有不确定性导致的技术风险、研发的新产品不被市场接受所带来的市场风险、新产品市场收益小于产品开发成本所引起的财务风险等），因此，利益分配机制必须建立在风险共担的基础上。除此之外，利益分配中比较重要的一项内容就是知识产权及由此带来的利益分配，因此，在高校协同创新的管理中必须要强化知识产权的运用、保护和管理。

（1）构建风险共担机制。

构建风险共担机制，分散高校协同创新的整体风险，可极大推动协同创新活动的发展。目前，在产学研协同创新中，高校往往承担着实验室创新成果失败的风险，由于前期没有企业主体的参与，创新项目的可行性分析和成功完成主要依靠高校自己承担。在实际的高校协同创新操作中，高校可尽早吸引企业主体参与到“实验室创新”中来，一起承担创新费用与风险。另外，在目前的产学研协同创新中，企业作为主体，主要承担着创新成果市场化的风险。在高校协同创新的实际操作中，高校或科研机构可与企业建立长期的合作关系，引导创新链后端的市场需求与前端的学术创新研究紧密结合，采用销售提成、技术入股等分配方式，使高校或科研机构与企业主体共同承担市场风险，减少企业所承受的高风险。综合来看，高校协同创新主体要有风险分担的意识，通过建立风险共担机制，降低整体风险、促进利益分配，从而推动协同创新活动顺利开展。

（2）强化知识产权管理。

在创新链上的技术转化和生产销售活动中，重要的就是知识产权及由此带来的利益分配问题。因此，政府应通过完善各种产业、知识产权、贸易、财税等政策，对创新链各环节统筹支持，充分发挥政府对创新的统筹、协调、引领和带动作用。在具体知识产权的处理上，鼓励和引导企业加大研发投入，建立以企业为主体、市场为导向、产学研相结合的自主知识产权创造体系。推进知识产权质押融资、投融资及专利保险等工作，促进企业专利资本化。建立和完善知识产权侵权预警和风险防范机制，加大知识产权保护力度，健全知识产权侵权查处机制，将侵权行为纳入企业信用记录。加强企业知识产权实物能力培训，指导企业积极进行海外专利布局，构建专利联盟，形成行业知识产权竞争优势。推进创新成果的知识产权化和标准化，发展以知识产权保护为核心的司法鉴定、公证、律师等专业服务机构和团队，切实保护创新企业的商业秘密、专利技术等领域的合法权益。

8.2.4 完善绩效产出孵化体系

对协同创新过程及创新成果的评价，除了从科研创新成果数量和质量（如论文、专著等形式）、学科专业建设效果（如新兴专业、特色专业等）方面进行评价外，还要考虑对社会价值的认知，包括经济效益、社会效益等，这些是对协同创新效率和绩效评价的重要标准。高校协同创新的绩效产出与其领域和目标密切相关，也就是相关的产业方向，同时，对新产业、新企业的孵化也是增加协同创新绩效产出的重要途径。

（1）重视新经济产业发展。

“新经济”的本质是由于新一轮科技和产业革命带动新的生产、交换、消费、分配活动，这些活动表现为人类生产方式进步和经济结构变迁、新经济模式对旧经济模式的替代。新经济呈现以下特征：第一，以信息技术突破应用为主导形成的物理技术、数字技术、生物技术相互渗透的新一轮科技和工业革命，构成了支持新经济发展的技术和产业基础。第二，信息（数据）作为独立的供给要素，其可获得性和流动性日益增强，成为新经济发展的核心投入。第三，不断创新的社会分工形态和商业模式更适应了消费者个性化需求，进一步拓展了范围经济的优势，进而成为新经济的效率源泉。第四，以智能制造为先导，一、二、三产业逐步融合，是新经济的产业体系特征。

新经济的覆盖面和内涵是很广泛的，涉及一、二、三产业，其不仅仅是指第三产业中的“互联网+”、物联网、云计算、电子商务等新兴产业和业态，也包括工业制造中的智能制造、大规模的定制化生产等，还涉及第一产业中如有利于推进适度规模经营的家庭农场、股份合作制及农村一、二、三产业融合发展等。而且，发展“新经济”，小微企业可以大有作为，大企业可以有更大的作为。

发展新经济产业是各国在经济转型升级过程中的普遍选择。支持新兴产业发展是经济发展到一定阶段，供需矛盾逐步积累之后，供给结构调整和产业结构升级的必由之路。发达国家在经历滞涨之苦、面对金融危机时，也同样通过支持新兴产业发展来点燃经济增长的新引擎。特别是“新经济”领域中的旅游、健康服务、高科技、“互联网+”等细分领域内驱动力更强。因此，高校、科研机构、企业等积极参与高校协同创新，立足在新经济产业形成共识，共同谋求新发展，积极发展重点产业及企业孵化器。

（2）发展创新创业孵化平台。

随着全国“大众创业、万众创新”的热潮，科技企业孵化器已成为带动区域经济增长的重要“发动机”，为保障和加速重点产业的孵化，高校协同创新系统必须建立和发展相应的孵化器与孵化平台。

为帮助高校、企业及社会上的创业者迈好创业第一步，高校协同创新系统可以构建以大学生创业园区为主的“苗圃＋孵化器＋加速器”的孵化培育体系，为创业“种子”们提供优质“土壤”。学习和借鉴发达地区的先进经济和做法，了解其他孵化器的建设模式、运作机理、日常管理、政策支撑等内容，借鉴它们的创新理念、产业定位和运行模式等。政府提供相应的场地、设备及资金等，邀请相关专家指导建设孵化器，通过整合现有资源，把孵化器建设成省级、国家级孵化器，打造高水平的产业、企业孵化平台。

8.3　完善协同外部保障

随着全球科技经济一体化发展加快，高校走内涵式发展道路、服务经济社会发展、支撑创新型国家建设都对高校协同创新提出了现实的要求。作为一个涉及多主体的复杂系统工程，高校协同创新涵盖了政府、企业、高校、科研机构、金融机构及用户等，要确保科研资源的高效流动与共享及技术研发与成果的高效转化，进而提高人才培养的质量，增强高校服务社会的功能，计划、协调、控制和优化等活动的展开必不可少，这就不仅要求高校、科研院所、企业等基本主体发挥自身的作用，还要求政府等支撑主体发挥作用、创造利于高校协同创新发展的创新生态环境，政府对创新活动的干预要覆盖创新链的全过程。

8.3.1　发挥政府的保障作用

高校协同创新是在国家战略引导下，以高校为主导，将企业、政府、科研机构、科研中介机构及金融机构等多元主体或要素进行协同整合，集中力量突破国家重大战略问题，最终提升高校和国家的自主创新能力，实现多主体共赢。在高校协同创新体系中，涉及大量能力专长不一、资源优势各异的多元异质主体，将这些主体整合在一起，是高校协同创新的逻辑起点。这就需要政府发挥其创新活动组织作用，制订新的管理办法与政策措施，切实为协同创新发展做好保障工作，承担高校协同创新的战略引导者、法律保障者、利益协调者和权力监督者的角色。

（1）制订战略规划引领高校协同创新。

为了发挥政府对高校协同创新的引导和协调作用，政府应设立专门的服务机构，建立领导小组或论坛等，一方面，加强科技与创新战略制订与协调，为高校协同创新体系中其他各主体提供相关政策和发展方面的咨询服务；另一方面，为各主体提供一个交流知识和信息的平台，对创新活动进行协调，从而提高创新活动的效率。在制订相关引领战略时，政府可根据区域经济和产业发展的现实需要，鼓励高校、企业、科研院所等开展战略合作，制定有利于教育、科技和经济融合发展的战略规划，从顶层引导高校主动开展协同创新。教育部或基金委等科研管理部门，在课题评审立项时有意识地向跨部门、跨行业、跨学科的交叉研究项目重点倾斜，以此来引导高校主动与企业、科研机构等开展战略合作。此外，政府可通过提供资金支持的方式，鼓励高校和企业、科研机构开展协同创新活动。

（2）完善支持协同创新的法律法规。

高校协同创新的环境需要依靠一定的法律法规来进行保障，健全的法律法规体系是规范各协同创新主体行为，推动高校协同创新活动顺利进行的重要保障，因为创新的随机性和无序性使得它需要有一定的规则来保证它能更好地发挥作用。对于技术创新的市场规则，政府应通过建立相关的法律体系对市场进行有效的规范和管理，通过有效的宏观调控来完善市场经济秩序。尽管我国教育部、财政部陆续出台了一系列政策指导性文件，如《2011 协同创新中心建设发展规划》《2011 协同创新中心政策支持意见》《2011 协同创新中心认定暂行办法》等，但这些指导文件的法律约束力有限。且相关规范高校协同创新的条款的系统性和针对性相对较弱，在实际中可操作性不够强。因此，有必要研究制定针对高校协同创新的法律法规。此外，政府应通过建立一定的税收等优惠政策吸引投资，为协同创新主体提供优越的创新环境，使其能够完全投入协同创新活动中去。

8.3.2 全链条科技金融服务

高校协同创新离不了金融机构的广泛参与，这是由技术创新高投入、高风险的特性决定的。技术创新需要大量研发经费的投入，而资金资源对于高校协同创新的任何一方主体来说都是稀缺的。商业银行、民间资本等金融机构的介入能对高校协同创新活动提供经济上的保障。而技术创新、成果转化和市场经营都是有很大的不确定性的，因此，高校协同创新实际上也是一个充满不确定性的过程。很多中小企业对此只能望而却步，由于没有雄厚的资金实力做后盾，为了求得生存发展也只能选择投入少、风险小、科技含量低的短期合作项目。但这种项目对于中小企业提升自主创新能力和可持续发展水平的作用是有限的，离开数量庞大的中小企业的参与，无论是国家还是地方协同创新体系都难以顺利建设。保险机构和创投机构通过成立相关风险投资基金，能够分散高校协同创新中技术创新的一定风险。因此，高校协同创新的持续运行需要政府以财税政策引导，设立行业企业研发基金，辅助商业银行融资贷款和民间信贷资本，再加上一定的风险投资。

具体操作上，完善科技金融公共服务体系，以资金链服务创新链，营造科技、金融、产业一体化的创新生态圈。统筹发挥社会资本、政府引导基金、财政资金等多元资本的力量，完善天使投资、风险投资、股权投资等全链条科技金融服务，构建多元化、多层次的资本市场。集聚金融服务机构和服务平台，做强运营集聚载体，提升区域金融发展活力。积极开展股权质押融资、知识产权质押融资、市场化风险补偿机制等金融服务创新。鼓励社会资本设立创客投资基金，开展创客发展专项融资试点。

8.3.3　发展第三方服务机构

技术创新是一个系统工程，不仅需要高校协同创新各主体的通力协作，还需要科技中介机构、培训机构、媒体、网络运营商、软件提供商及评估机构等第三方的大力支持。完善的第三方服务机构的建立和发展有利于高校协同创新系统快速明确创新方向，加快创新成果的商业化进程。

高校协同创新中，协同创新活动的进行需要依托信息在系统内无障碍流动和充分传递。信息的流动和传递贯穿于高校协同创新的全过程，一旦发生信息黏滞就会导致协同创新活动失败，因为各主体的知识结构和关注焦点有所区别。这种情况下，各类科技中介服务机构就成为高校协同创新各主体间的信息桥梁，搭建起各主体在科技知识、技术信息方面联通的纽带。目前，我国的科技中介服务机构尚未形成成熟的机制，行业规模小、功能单一、服务能力薄弱的问题还依然存在，政府及科技管理部门应大力扶持科技中介组织的发展并引入市场竞争机制，提升服务层次。通过科技中介开展的咨询活动可为高校协同创新系统中高校、企业、科研机构等主体提供信息资源和创新要素，促成各主体建立协同关系，提高相互间的协同能力和系统创新绩效，真正实现价值链、知识链与创新链的无缝对接。

第三方监督机构也是高校协同创新发展必要的辅助。对协同创新系统运行情况的监督与考评是增强各创新主体间信任关系，促进系统稳定发展的必要条件。对高校协同创新系统的监督考评，除了依靠系统自身部门或组织，还要依靠外部第三方机构监督。所谓第三方服务机构主要包括管理咨询公司、科技服务中心、技术转移中心等。它们一般具有管理、服务方面的专业技术能力，可以发挥其专业优势，利用科学合理的管理策略对联盟的组织活动过程进行有效客观的监督考评。由于第三方服务机构一般与联盟无直接利益关系，因此，其对联盟的监督考评往往也更加公正客观，具有一定的决策参考价值。

8.3.4 社会创新环境的营造

高校协同创新系统中涉及众多主体的参与，其顺利进行离不开这些社会主体的积极配合及良好的社会文化环境。因此，各级政府应遵循市场规律，大力营造良好的社会环境，释放市场活力。

高校协同创新文化氛围的建设离不开社会公众的广泛参与。各区域、产业和企业的技术创新体系建设都存在于一定的生态环境之中，在全社会营造有利于协同创新的文化环境，对于创新价值的实现与持续增长有着重要的促进作用。要培育勇于创新、敢为人先的良好区域创新文化，宣传倡导尊重人才、崇尚创新的优良作风，打破因循守旧、墨守成规的束缚。鼓励每一个创新者勇于创新，追求成功，谋求收益，实现个人价值，但同时要营造一种平等参与、公平竞争、宽容开放的创新文化环境，这样才可能催生出更多的创新成果。倡导有效竞争、崇尚合作的创新文化，鼓励不同主体间的技术创新联盟及主体内部不同团队和个人之间的合作。

8.4 本章小结

高校协同创新是一项复杂的系统工程，既需要高校知识创新主体和企业技术创新主体之间精诚协作，同时又离不开政府部门、科技中介组织、金融机构和社会公众共同营造良好的协同创新外部环境。本章从创新链的角度，分别针对创新主体的作用发挥、创新过程的协同、协同外部保障的完善等方面对构建和发展高校协同创新体系、提升协同创新水平提出了相应的对策建议。

第 9 章　结论与展望

高校协同创新是产学研协同创新的重要组成部分，是我国现阶段创新驱动战略实施的重要途径。本书从创新链的视角，研究高校协同创新的系统模型，并深入研究其动力机制、协同运行及绩效评价等运行管理问题，通过案例实证检验高校协同创新的协同能力评价指标体系和方法，进而从多个角度提出推动高校协同创新发展的对策。

9.1　本书工作

本书以协同学、技术创新、创新链等理论为基础，对相关研究成果进行了梳理，对高校主导的协同创新进行深入研究，并从创新链的视角对其解构，深入分析其系统模型，分析国内外协同创新相关案例的成功经验，并以实例实证分析协同能力评价体系，进而构建高校协同创新的政策保障体系。对本书研究的主要工作进行系统总结整理如下：

（1）基于创新链的高校协同创新系统框架。创新链从创新过程的角度来看就是集创新理念、研发活动、成果转化、批量生产到市场销售为一体的链型结构，创新链条的顺畅运行需要借助一定的组织结构模式，而高校协同创新模式与创新链能够完美结合。本书在协同创新、高校协同创新的创新链分析基础上，构建基于创新链的高校协同创新系统的理论模型，并对高校协同创新系统的主体结构、系统特征进行了深入分析，最后对高校协同创新的常见模式进行了分析。

（2）基于创新链的高校协同创新运行机制。高校协同创新的运行机制研究首先建立在系统形成的过程之上，包括确定协同创新方向、选择协同创新合作伙伴和搭建协同创新平台，这是运行机制分析的基础。本书将高校协同创新的运行机制分为动力机制、协同机制、绩效评价机制、利益分配机制来进行分析，从高校协同创新基于创新链的形成过程分析入手，在构建高校协同创新运行机制模型的基础上，对高校协同创新系统的内外部动力机制，资源共享、人才管理、行为组织、激励方式等协同机制，以及绩效评价机制，利益分配机制等进行研究分析，探索高校协同创新系统的运行规律。

（3）基于创新链的高校协同创新运行机制实证。本书在基于创新链的高校协同创新运行机制分析的基础上，通过对“内外部动力因素—协同机制—协同创新绩效”影响机制的分析，构建了动力因素与协同机制、评价机制与协同创新绩效之间的关系假设，并通过设计调查问卷、发放问卷来收集数据，使用SPSS和AMOS软件对调研数据进行统计分析，且利用结构方程模型进行相关路径分析和假设检验，并对高校协同创新的动力要素对协同创新绩效的影响作用机制进行了实证研究。

（4）基于创新链的高校协同创新能力评价。本书围绕着促进创新链的运转角度，对高校协同创新中协同能力的影响因素从协同环境、资源投入、科技协同、运行管理和协同效益等角度进行分析，在此基础上对相关指标进行设计和处理，构建高校协同创新的协同能力评价指标体系。在评价方法上则综合运用层次分析法和模糊综合评价法，并结合实例，通过实地访谈、发放调查问卷等形式进行相关数据收集，对系统中各参与主体的协同能力进行计算分析。结合协同能力影响因素分析结论和案例实证结论，提出提升系统协同能力的路径措施。

（5）基于创新链的高校协同创新案例研究。本书采用多案例研究方法，结合“先案例背景，后协同创新实践”的分析思路，分别对美国产业—大学合作研究中心（I/UCRC）、欧洲创新工学院知识和创新共同体、四川大学生物治疗协同创新中心、浙江大学煤炭资源化利用发电技术协同创新中心的政策背景和发展情况进行了阐述。在此基础上，就不同高校的协同创新实践所采取的一系列管理运行机制，特别是围绕组织管理、人才培养和激励机制等进行了详细的分析研究。对案例所体现的发展经验进行了综合比较分析，以期对未来我国高校协同创新发展提供参考和借鉴。

（6）提出推进高校协同创新发展的对策建议。高校协同创新是一项复杂的系统工程，既需要高校知识创新主体和企业技术创新主体之间精诚协作，同时又离不开政府部门、科技中介组织、金融机构和社会公众共同营造良好的协同创新外部环境。本书从创新链的角度，分别针对协同创新主体的作用发挥、创新过程的协同、外部协同保障的完善等方面对构建和发展高校协同创新体系、提升协同创新水平提出相应的对策建议，为各级政府或高校、企业指导协同创新体系建设和提升协同创新能力提供有效的决策借鉴。

9.2　创新之处

本书的创新点主要包括以下三个方面：

（1）研究视角方面，本书从高校视角对协同创新进行研究。高校协同创新源于产学研合作而高于产学研合作，已然成为一种新的创新范式，尽管两者在理论基础、相关主体、基本特性及关键环节等方面有一定的共通之处，但两种范式还是存在着比较大的区别，高校协同创新范式的提出标志着人们对创新规律认识的进一步深化。本书将高校协同创新的研究范围聚焦在高校外部协同创新。高校协同创新的关键在于以高校为主导，充分发挥高校作为知识生产和创新源泉、高水平人才培养和创新型国家建设主力军的重要作用，并与其他主体密切协作，形成具有一致目标、资源共享、利益共赢的协同创新共同体。

（2）研究内容方面，以创新链为工具对高校协同创新进行深入系统研究。一是在对创新链与高校协同创新一致性分析的基础上，构建了基于创新链的高校协同创新的系统模型，并对其基本内涵进行分析。二是将“动力—协同—评价—绩效”框架与创新链理论相结合，提出新的高校协同创新的运行机制模型。三是在两个实证研究的基础上，通过国内外相关案例研究对运行机制及相关研究结论进行验证，并在总结成功经验的基础上梳理出相应的启示。从新的角度对高校协同创新进行研究，从理论方面对协同创新理论及创新链理论等进行了丰富、扩展。

（3）研究方法方面，分别使用结构方程模型和基于层次分析法的模糊综合评价法等方法，对高校协同创新系统的运行机制和协同能力评价进行实证研究。一是在“内外部动力要素—协同机制—协同创新绩效”影响机制的分析基础上，构建了动力要素与协同机制、评价机制与协同创新绩效之间的关系假设，并使用结构方程模型法进行了实证研究。二是从创新链发展角度构建高校协同创新协同能力评价体系，并运用层次分析法和模糊综合评价法进行调研数据分析和实证研究，对其他类型的高校协同创新及产学研协同创新的评价提供了实践上的参考和借鉴。

9.3 研究展望

本书研究的不足之处体现在如下两个方面：

（1）本书虽然探讨了基于创新链的高校协同创新系统的理论模型，并对系统构成、系统特征、组织模式和运行机制等进行了研究，但由于高校协同创新系统的结构复杂性高，创新链涉及范围也较广，对高校协同创新系统的运行机制的研究还不够深入。

（2）由于工作量、工作时间和人员等条件所限，且要进行大量访谈及调研，本书的研究只选取了几个较为典型的案例进行分析、总结其发展规律和成功经验，其样本选择具有一定的局限性，不能完全涵盖本书涉及的其他类型的高校协同创新。此外，实证研究部分实地调查的数据量也较有限，在以后的研究中可增加访谈调研的人员和时间投入。

随着国内外经济环境的变化，国家创新体系中各创新主体及其所受影响也在不断变化，这就要求各方主体在进行独立创新或协同创新时均要采取更适宜的创新组织模式，相关研究的难度也随之增加。关于高校协同创新与协同创新体系的相关研究，涉及范围广、复杂程度高、研究难度也较大，通过对本书的撰写，笔者深深认识到，对于高校协同创新的研究还有许多问题有待进一步深入解决。

对于以上不足，笔者将在今后的工作中继续努力、加强学习，不仅要从广度上认识管理问题，更要加强纵深角度的研究，不断丰富具体管理问题的研究方法体系，为现实中的管理实践提供更多贡献。

参考文献

［1］ Abend C J. Innovation Management: The Missing Link in Productivity ［J］. Management Review, 1979, 68 (6): 25—30.

［2］ Agustise G B, Josep Maria A C. Sources of Innovation and Industry-University Interaction Evidence from Spanish Firms ［J］. Research Policy, 2008 (37): 1283—1295.

［3］ Allen R C. Collective Invention ［J］. Journal of Economic Behavior and Organization, 1983 (4): 1—24.

［4］ Ansoff H. Corporate Strategy ［M］. New York: McCraw Hill Book Company, 1987.

［5］ Arthur W B. The Structure of Invention ［J］. Research Policy, 2007, 36 (2): 274—287.

［6］ Barbaroux P. Identifying Collaborative Innovation Capabilities within Knowledge - Intensive Environments: Insights from the ARPANET Project ［J］. European Journal of Innovation Management, 2012, 15 (2): 232—258.

［7］ Bercovitz J, Feldman M. Entrepreneurial Universities and Technology Transfer: A Conceptual Framework for Understanding Knowledge ［J］. Journal of Technology Transfer, 2008, 31 (1): 175—188.

［8］ Bilderbeek J, Kerssens D I C. R&D Performance Measurement: More Than Choosing a Set of Metrics ［J］. R&D Management, 1999, 29 (1): 35—46.

［9］ Blomqvist K, Levy J. Collaboration Capability - A Focal Concept in Collaborative Knowledge Creation and Innovation in Networks ［J］. International Journal of Management Concepts and Philosophy, 2006, 2 (1): 31—48.

［10］ Burton R. Developing Innovative Competences: The Role of Institutional

Frameworks [J]. Industrial and Corporate Change, 2002, 11 (3): 497—528.

[11] Chesbrough H, Crowther A K. Beyond High Tech: Early Adopter of Open Innovation in Other Industries [J]. R & D Management, 2006, 36 (3): 229—236.

[12] Chesbrough H. Open Innovation: The New Imperative for Creating and Profiting for Technology [M]. Cambridge: Harvard Business School Press, 2003.

[13] Chesbrough H. The Era of Open Innovation [J]. MIT Sloan Management Review, 2003, 44 (3): 35—41.

[14] Cohen W M, Levinthal D A. Absorptive Capacity: A New Perspective on Learning and Innovation [J]. Administrative Science Quarterly, 1990, 35 (1): 128—152.

[15] Cordes J J. Tax Incentive and R&D Spending: A Review of the Evidence [J]. Research Policy, 1989, 18 (3): 119—133.

[16] Dutta S, Lanvin B. The Global Innovation Index 2013: The Local Dynamics of Innovation [D]. New York: Cornell University, 2013.

[17] Cowan R, Jonard N. The Dynamics of Collective Invention [J]. Journal of Economic Behavior & Organization, 2003, 52 (4): 513—532.

[18] Cyert R M, Goodman P S. Creating Effective University－Industry Alliances: An Organization Learning Perspective [J]. Organizational Dynamics, 1997, 25 (4): 45—57.

[19] Darton D L. Core Capability & Core Rigidities [J]. Journal of Scientific & Industrial Research, 1992 (13): 56.

[20] Dasgupta P, David P A. Toward a New Economics of Science [J]. Research Policy, 1994, 23 (5): 487—521.

[21] Delmar F. Entrepreneurial Behavior and Business Performance [D]. Stockholm: Stockholm School of Economies, 1996.

[22] Gertner D, Roberts J, Charles D. University—Industry Collaboration: A Cops Approach to KTPs [J]. Journal of Knowledge Management, 2011, 15 (4): 625—647.

[23] Esmaeili M, Gamchi N, Asgharizadeh E. Three－Level Warranty Service Contract among Manufacturer, Agent and Customer: A Game

Theoretical Approach [J]. European Journal of Operational Research, 2014, 239 (1): 177—186.

[24] Ettlie J E, Bridges W P. Environmental Uncertainty and Organizational Technology Policy [J]. IEEE Transactions on Engineering Management, 1982, 29 (1): 2—10.

[25] Etzkowitz H, Leydesdorff L. The Dynamics of Innovation: From National Systems and "Mode 2" to a Triple Helix of University—Industry—Government Relations [J]. Research Policy, 2000, 29 (2): 109—123.

[26] Etzkowitz H, Leydesdorff L. The Triple Helix University-Industry-Government Relations: A Laboratory for Knowledge—Based Economic Development [J]. EASST Review, 1995, 14 (1): 14—19.

[27] Etzkowitz H, Webster A. The Future of the University and the University of the Future: Evolution of Ivory to Entrepreneurial Paradigm [J]. Research Policy, 2000, 29 (2): 313—330.

[28] Etzkowitz H. The Triple Helix: University—Industry—Government Innovation in Action [M]. London: Routledge, 2008.

[29] Faulkner D. International Strategic Alliances: Cooperating to Compete [M]. London: McGraw—Hill Book Company, 1995.

[30] Flynn F M, Bailey J K, Friars G W. Responsesto Two Generations of Index Selection in Atlantic Salmon [J]. Aquaculture, 1999, 173 (1): 143—147.

[31] Fontana R, Geuna A, Matt M. Factors Affecting University-Industry R&D Projects: The Importance of Searching, Screening and Signaling [J]. Research Policy, 2006, 35 (2): 309—323.

[32] Forsman H. Innovation Capacity and Innovation Development in Small Enterprises: A Comparison between the Manufacturing and Service Sectors [J]. Research Policy, 2011, 40 (5): 739—750.

[33] Freeman C. Technology Policy and EconomicPerformance: Lessons from Japan [M]. London: Pinter, 1987.

[34] Freeman C. The Economics of Industrial Innovation [M]. Cambridge: MIT Press, 1982.

[35] Frenken K. Technological Innovation and Complexity Theory [J].

Economics of Innovation and New Technology, 2006, 15 (2): 137—155.

[36] Gloor P A. Swarm Creativity: Competitive Advantage through Collaborative Innovation Networks [M]. New York: Oxford University Press, 2006.

[37] Goh S G. Managing Effective Knowledge Transfer: An Integrative Framework and Some Practice Implications [J]. Journal of Knowledge Management, 2002, 6 (1): 22—30.

[38] Haken H. Basic Concepts of Synergetics [J]. Applied Physics A: Matereals Science & Processing, 1993, 57 (2): 111—115.

[39] Haken H. Synergetics: An Introduction [M]. New York: Springer Verlag, 1977.

[40] Hansen M T, Nohria N, Tierney T. What's Your Strategy for Managing Knowledge [J]. Harvard Business Review, 1999, 77 (2): 106—116.

[41] Haynes J. Risk as an Economic Factor [J]. The Quarterly Journal of Economics, 1895, 9 (7): 409—449.

[42] Hayton J C, Sehili S, Scarpello V. Why do Firms Join Consortial Research Centers? An Empirical Examination of Firm, Industry and Environmental Antecedents [J]. Journal of Technology Transfer, 2010, 35 (5): 494—510.

[43] Henderson J, Rodney M A, Denis L. Reflecting on a TQM—based University/Industry Partnership: Contributions to Research Methodology and Organizational Learning [J]. Management Decision, 2006 (44): 1422—1440.

[44] Hoppe H C, Ozdenoren E. Intermediation in Innovation [J]. International Journal of Industrial Organization, 2005, 23 (5): 483—503.

[45] Hutt M D. Defining the Social Network of Strategic Alliances [J]. Sloan Management Review, 2000, 41 (2): 51—62.

[46] Inkpen A C. A Note on Cooperation, and Relative the Dynamics of Learning Alliances: Competition, Scope [J]. Strategic Management Journal, 2000, 21 (7): 775—779.

[47] Itami H, Roehl T W. Mobilizing Invisible Assets [M]. Massachusetts: Harvard University Press, 1987.

[48] Jadesadalug V, Ussahawanitchakit P. The Impacts of Organizational Synergy and Autonomy on New Product Performance: Moderating Effects of Corporate Mindset and Innovation [J]. Journal of International Business Strategy, 2008, 8 (3): 118—128.

[49] Jähn H, Zimmermann M, Fischer M, et al. Performance Evaluation as an Influence Factor for the Determination of Profit Shares of Competence Cells in Non—hierarchical Regional Production Networks [J]. Robotics and Computer—Integrated Manufacturing, 2006, 22 (5): 526—535.

[50] Jean L. Cooperative Game Theory and Its Insurance Application [J]. Astin Bull, 1991, 21 (1): 17—40.

[51] Karte N E, Kleiner B H. Managing the Start — up Company [J]. Management Research News, 1993, 16 (3): 23—31.

[52] Ketchen D, Ireland R, Snow C. Strategic Entrepreneurship, Collaborative Innovation, and Wealth Creation [J]. Strategic Entrepreneurship Journal, 2007, 1 (3): 371—385.

[53] Knight F H. Risk, Uncertainty, and Profit [M]. Boston: Houghton Main Company, 1921.

[54] Koschatzky K. Networking and Knowledge Transfer between Research and Industry Transition Countries: Empirical Evidence from the Slovenian Innovation System [J]. Journal of Technology Transfer, 2002, 27 (1): 27—38.

[55] Kuen H T, Jiann C B. External Technology Sourcing and Innovation Performance in LMT Sectors: An Analysis Based on the Taiwanese Technological Innovation Survey [J]. Research Policy, 2009, 38 (3): 518—526.

[56] Kumar K, Dissel H G. Sustainable Collaboration: Managing Conflict and Cooperation in Interorganizational Systems [J]. MIS Quarterly, 1996, 20 (3): 279—300.

[57] Larry J, Santamara L. The Importance of Diverse Collaborative Networks for the Novelty of Product Innovation [J]. Technovation, 2007, 27 (6—7): 367—377.

[58] Laursen K, Reichstein T, Salter A. Exploring the Effect of Geographical Proximity and University Quality on University—Industry

Collaboration in the United Kingdom [J]. Taylor & Francis Journals, 2011, 45 (4): 507-523.

[59] Leonard B D. Core Capabilities and Core Rigidities: A Paradox in Managing New Product Development [J]. Strategic Management, 1992, 13 (1): 111-125.

[60] Mariko S. Heterogeneity of Firm Capabilities and Cooperative Research and Development: An Empirical Examination of Motives [J]. Strategic Management Journal, 1997, 18 (S1): 143-164.

[61] Markowitz H. Portfolio Selection [J]. Journal of Finance, 1952, 7 (1): 77-91.

[62] Masayuki K. University-Industry Collaboration in Japan by Technology Fields [J]. Journal of Knowledge-based Innovation in China, 2011, 3 (1): 15-28.

[63] Maslow A. A Theory of Human Motivation [J]. Psychological Review, 1943 (50): 370-396.

[64] Meton R. A Note on Science and Democracy [J]. Journal of Legal and Political Sociology, 1942 (1): 115-126.

[65] Moen Q J, Bakes O, Bolstad A, et al. International Market Expansion Strategies for High-Tech Firms: Examining the Importance of Different Partner Selection Criteria when Forming Strategic Alliances [J]. International Journal of Business and Management, 2010, 5 (1): 20-30.

[66] Mohr J, Spekman R. Characteristics of Partnership Success: Partnership Attributes, Communication Behavior, and Conflict Resolution Techniques [J]. Strategic Management Journal, 1994, 15 (2): 135-152.

[67] Moosa I. Operational Risk Management [M]. New York: Palgrave Macmillan, 2007.

[68] Morris B. High Technology Development: Applying a Social Network Paradigm [J]. Journal of New Business Ideas & Trends, 2006, 4 (1): 45-59.

[69] Naldi L, Sjöberg K. Entrepreneurial Firms and Growth [J]. Research in Entrepreneurship and Small Business, 2003, 100 (11): 20-21.

[70] Narayanan V K, Douglas F L, Guernsey B, et al. How Top

Management Steers Fast Cycle Teams to Success [J]. Strategy & Leadership, 2002, 30 (3): 19—27.

[71] Narula R. R&D collaboration by SMEs: Some Analytical Issues and Evidence [J]. Cooperative Strategies and Alliances, 2002 (2): 543—568.

[72] Nishizaki I, Sakawa M. Solutions Based on Fuzzy Goals in Fuzzy Linear Programming Games [J]. Fuzzy Sets and Systems, 2000, 115 (1): 105—119.

[73] Nonaka I. A Dynamic Theory of Organizational Knowledge Creation [J]. Organization Science, 1994, 5 (1): 14—37.

[74] Nonaka I. SECI, Ba and Leadership: A Unified Model of Dynamic Knowledge Creation [J]. Long Range Planning, 2000, 13 (1): 5—34.

[75] North D, Smallbone D, Vickers L. Public Sector Support for Innovating SMEs [J]. Small Business Economics, 2001, 16 (4): 303—317.

[76] Oliver J L. Do Clusters Capabilities Matter? An Empirical Application of the Resource—Based View in Clusters [J]. Entrepreneurship & Regional Development, 2007, 19 (2): 113—136.

[77] Otway H J. Beyond Acceptable Risk: On the Social Acceptability of Technologies [J]. Policy Science, 1982, 14 (3): 247—256.

[78] Pack H, Westphal L E. Industrial Strategy and Technological Change: Theory versus Reality [J]. Journal of Development Economics, 1986, 22 (1): 87—128.

[79] Parry M E, Song X M. Determinants of R — and — D Marketing Integration in High — Tech Japanese Firms [J]. Journal of Product Innovation Management, 1993, 10 (1): 4—22.

[80] Philbin S. ProcessModel for University — Industry Research Collaboration [J]. European Journal of Innovation Management, 2008, 11 (4): 488—521.

[81] Plewa C, Quester P. Key Drivers of University — Industry Relationships: The Role of Organizational Compatibility and Personal Experience [J]. Journal of Services Marketing, 2007, 21 (5): 370—382.

[82] Prahalad C K, Hamel G. The Core Competence of the Corporations [J]. Harvard Business Review, 1990, 68 (3): 79-91.

[83] Qiwind S, Leydesdorff L. Where is Synergy Indicated in The Norwegian Innovation System? Triple - Helix Relations among Technology, Organization, and Geography [J]. Technological Forecasting & Social Change, 2013, 80 (3): 471-484.

[84] Rentseh J R, Klimoski R J. Why do "Great Minds" Think Alike: Antecedents of Team Member Schema Agreement [J]. Journal of Organizational Behavior, 2001, 22 (2): 107-120.

[85] Rogers D M A. The Challenge of Fifth Generation R&D [J]. Research Technology Management, 1996, 39 (4): 33-41.

[86] Romer P M. Increasing Returns and Long-Run Growth [J]. Journal of Political Economy, 1986, 94 (5): 1002-1037.

[87] Roschelle J, Teasley S. The Construction of Shared Knowledge in Collaborative Problem Solving [M]. Berlin: Springer Verlag, 1995.

[88] Rothwell R. Successful Industrial Innovation: Critical Factors for the 1990s [J]. R&D Management, 1992, 22 (3): 221-239.

[89] Rothwell R. Towards the Fifth-Generation Innovation Process [J]. International Marketing Review, 1994, 11 (1): 7-31.

[90] Saaty T L. The Analytic Hierarchy Process: Planning, Priority Setting [M]. New York: Resource Allocation, 1980.

[91] Sarton G. A History of Science [M]. New York: Oxford University Press, 1953.

[92] Scherer F M. Innovation and Risk - Taking: An Industry Canada Perspective [J]. The Innovation Journal, 1999 (10): 56-62.

[93] Schmitt R W. Conflict or Synergy: University - Industry Research Relations [J]. Accountability in Research, 2011 (5): 251-254.

[94] Schmookler J. Invention and Economic Growth [M]. Cambridge: Harvard University Press, 1996.

[95] Schumpeter J. The Theory of Economic Development [M]. Cambridge: Harvard University Press, 1934.

[96] Simatupang T M, Sridharan R. The Collaboration Index: A Measure for Supply Chain Collaboration [J]. International Journal of Physical

Distribution & Logistics Management, 2005, 35 (1): 44—62.

[97] Solo C S. Innovation in the Capitalist Process: A Critique of the Schumpeterian Theory [J]. Quarterly Journal of Economics, 1951, 65 (3): 417—428.

[98] Solow R M. Technical Change and the Aggregate Production Function [J]. Review of Economics and Statistics, 1957, 39 (3): 312—320.

[99] Sveiby K E, Simons R. Collaborative Climate and Effectiveness of Knowledge Work—An Empirical Study [J]. Journal of Knowledge Management, 2002, 6 (5): 420—433.

[100] Teng B S. Managing Intellectual Property in R&D Alliances [J]. International Journal of Technology Management, 2007, 38 (1): 160—177.

[101] Tucker A L, Edmondson A C, Spear S. When Problem Solving Prevents Organizational Learning [J]. Journal of Organizational Change Management, 2002, 15 (2): 122—137.

[102] Utterback J M, Abernathy W J. A Dynamic Model of Process and Product Innovation [J]. Omega, 1975, 3 (6): 639—656.

[103] Vaaland T, Hakansson H. Exploring Interorganizational Conflict in Complex Projects [J]. Industrial Marketing Management, 2003, 32 (2): 127—138.

[104] Vale R, Pozzali A. Complex Adaptive Systems and the Evolutionary Triple Helix [J]. Critical Sociology, 2010, 36 (4): 575—594.

[105] Veronica S, Tomas F. Collaborative Innovation in Ubiquitous Systems [J]. International Manufacturing, 2007, 18 (5): 599—615.

[106] Hippel E. Lead Users: A Source of Novel Product Concepts [J]. Management Science, 1986, 32 (7): 791—805.

[107] Hippel E. The Sources of Innovation [M]. New York: Oxford University Press, 1988.

[108] Wiklund J, Davidsson P, Delmar F. What do They Think and Feel about Growth [J]. Entrepreneurship Theory&Practice, 2003, 27 (3): 247—270.

[109] Williamson O E. The Vertical Integration of Production: Market Failure Considerations [J]. American Economic Review, 1971,

61（2）：112－123.

[110] Williaxns C A，Heins R M. Risk Management and Insurance [M]. New York：McGraw－Hill Companies，1985.

[111] Yrahalad C K，Hamel G. The Core Competence of the Corporations [J]. Harvard Business Review，1990，68（3）：79－91.

[112] Zahra S A，George G. Absorptive Capacity：A Review，Reconceptualization and Extension [J]. Academy of Management Review，2002，27（2）：185－203.

[113] Ziman J. Real Science：What It is and What It Means [M]. Cambridge：Cambridge University Press，2000.

[114] 安德鲁·坎贝尔，卢克斯. 战略协同 [M]. 2版. 任通海，龙大伟，译. 北京：机械工业出版社，2000.

[115] 安新颖，冷伏海. 基于结构方程模型的企业自主创新能力研究 [J]. 科技进步与对策，2008，25（4）：63－66.

[116] 卜凡彪，薛惠锋，陈涛，等. 基于ANP的高校协同创新能力评价研究 [J]. 计算机仿真，2015（3）：242－247.

[117] 卜琳华，安实，付强. 基于高等院校主导的协同创新模式研究 [J]. 科技进步与对策，2012（22）：40－43.

[118] 蔡剑. 协同创新论 [M]. 北京：北京大学出版社，2012.

[119] 蔡翔. 创新、创新族群、创新链及其启示 [J]. 研究与发展管理，2002（12）：37.

[120] 曹静，范德成，唐小旭. 产学研结合技术创新绩效评价研究 [J]. 科技进步与对策，2010（4）：114－118.

[121] 曾冬梅，唐纪良. 协同与共生：大学“学科—专业”一体化建设研究与探索 [M]. 北京：北京理工大学出版社，2008.

[122] 陈昌曙. 陈昌曙技术哲学文集 [M]. 沈阳：东北大学出版社，2002.

[123] 陈程，刘和东. 我国高新技术产业创新绩效测度及影响因素研究——基于创新链视角的两阶段分析 [J]. 科技进步与对策，2012（1）：133.

[124] 陈劲，谢芳，贾丽娜. 企业集团内部协同创新机理研究 [J]. 管理学报，2006（6）：733－740.

[125] 陈劲，阳银娟. 协同创新的理论基础与内涵 [J]. 科学学研究，2012，30（2）：161－164.

[126] 陈劲，王方瑞. 突破全面创新：技术和市场协同创新管理研究 [J]. 科

学学研究，2005（1）：249－254.

[127] 陈劲. 协同创新 [M]. 杭州：浙江大学出版社，2012.

[128] 陈钦兰. 供应链中企业合作协同的战略因素研究 [J]. 山西财经大学学报，2007，29（3）：83－88.

[129] 陈勇强，张雯，金春华. 工程项目管理领域政产学研协同创新平台的构建 [J]. 科技管理研究，2012（22）：243－246.

[130] 陈忠乾，李冬琴. 企业协同创新能力的内涵、影响因素、作用及提升路径研究 [J]. 特区经济，2014（1）：227－228.

[131] 程永波，方志耕，刘思峰，等. 高校学科建设项目绩效评价指标体系研究 [J]. 科技进步与对策，2008（9）：180－182.

[132] 楚旋，吴宏元. 高校与产业集群协同创新的内涵及制度分析 [J]. 沈阳航空航天大学学报，2012（6）：87－91.

[133] 戴芳，贾进. 不同规模林农合作意愿差异的博弈分析——以对河北省的实地调研数据为基础 [J]. 林业经济问题，2012，32（6）：488－492.

[134] 邓富民，张金光，梁学栋. 基于协调度—管理熵的区域协同创新能力测度 [J]. 科技进步与对策，2014（3）：113－117.

[135] 丁洪. 高校科研团队协同创新能力评价研究 [J]. 中国高校科技，2013（11）：41－43.

[136] 丁明磊，蔡莹，封学军. 协同创新与校内产学研合作 [J]. 中国高校科技，2012（12）：24－25，

[137] 丁振国，黄少成，陈华文，等. 引导高校协同创新服务湖北经济社会发展 [J]. 政策，2012（2）：74－76.

[138] 杜栋，庞庆华，吴炎. 现代综合评价方法与案例精选 [M]. 2 版. 北京：清华大学出版社，2008.

[139] 杜兰英，陈鑫. 政产学研用协同创新机理与模式研究——以中小企业为例 [J]. 科技进步与对策，2012，29（22）：103－107.

[140] 范德成，唐小旭. 我国各省市产学研结合技术创新的绩效评价 [J]. 科学学与科学技术管理，2009（1）：66－70.

[141] 冯叶成，刘嘉，张虎. 政府—高校—企业协同的产学研合作模式探索与实践——以清华大学与淮安市产学研合作为例 [J]. 科技进步与对策，2012（22）：67－70.

[142] 付一凡. 河南省产业集聚区产学研协同创新能力机制的实证研究 [J]. 经济研究导刊，2014（18）：47－48.

[143] 戈德史密斯，马凯. 科学的科学——技术时代的社会 [M]. 赵红洲，译. 北京：科学出版社，1985.

[144] 韩馥冰. 高校知识创新联盟及绩效评价研究 [D]. 北京：北京交通大学，2013.

[145] 韩虎群. 高校产学研结合模式探析——西北农林科技大学产学研结合实践与探索 [J]. 西北农林科技大学学报（社会科学版），2006，6（6）：67－70.

[146] 郝海，郑丕锷. 基于 Shapley 值的供应链合作伙伴利益风险分配机制 [J]. 哈尔滨工业大学学报（社会科学版），2005，7（5）：71－75.

[147] 何根海. 应用型本科院校参与区域协同创新的思考及策略 [J]. 中国高等教育，2012（Z3）：21－23.

[148] 何海燕. 探索高校协同创新科研组织模式推动产学研用结合深入发展 [J]. 中国科技产业，2012（3）：85－87.

[149] 何郁冰. 产学研协同创新的理论模式 [J]. 科学学研究，2012，30（2）：165－174.

[150] 贺灵，单汨源，邱建华. 创新网络要素及其协同对科技创新绩效的影响研究 [J]. 管理评论，2012（8）：58－68.

[151] 赫尔曼·哈肯. 高等协同学 [M]. 郭治安，译. 北京：科学出版社，1989.

[152] 赫尔曼·哈肯. 协同学——自然成功的奥秘 [M]. 凌复华，译. 上海：上海译文出版社，2013.

[153] 亨利·埃茨科威兹. 三螺旋：大学·产业·政府三元一体的创新战略 [M]. 周春彦，译. 北京：东方出版社，2005.

[154] 洪赢星. 关于创新驱动和协同创新的若干重要概念 [J]. 经济理论与经济管理，2013（5）：5－12.

[155] 侯志军，姚佳. 协同创新中的知识网络分析 [J]. 中国高校科技，2012（12）：20－21.

[156] 胡恩华，刘洪. 基于协同创新的集群创新企业与群外环境关系研究 [J]. 科学管理研究，2007，25（3）：23－26.

[157] 胡建华. “产学结合”是高校协同创新的重要途径——以日本为例 [J]. 南京师大学报（社会科学版），2012（5）：30－37.

[158] 胡晓瑾，解学梅. 基于协同理念的区域技术创新能力评价指标体系研究 [J]. 科技进步与对策，2010（1）：101－104.

[159] 黄志建，张清华. 科技园区协同创新能力研究 [J]. 科学管理研究，2014 (6)：25—28.

[160] 季晶. 推进高校协同创新提升科研服务能力 [J]. 科教导刊（上旬刊），2011 (12)：35—36.

[161] 焦新. 积极推动协同创新提高高教质量——教育部有关负责人就“高等学校创新能力提升计划”答记者问 [N]. 中国教育报，2012－04－21 (01).

[162] 解学梅，曾赛星. 创新集群跨区域协同创新网络研究述评 [J]. 研究与发展管理，2009 (1)：9—17.

[163] 解学梅. 中小企业协同创新网络与创新绩效的实证研究 [J]. 管理科学学报，2010 (8)：51—64.

[164] 金芙蓉，罗守贵. 产学研合作绩效评级指标体系研究 [J]. 科学管理研究，2009 (3)：43—46.

[165] 金吾伦. 创新的哲学探索 [M]. 上海：上海东方出版中心，2010.

[166] 康健，胡祖光. 基于区域产业互动的三螺旋协同创新能力评价研究 [J]. 科研管理，2014 (5)：19—25.

[167] 孔祥浩，许赞，苏州. 政产学研协同创新“四轮驱动”结构与机制研究 [J]. 科技进步与对策，2012 (22)：15—18.

[168] 蓝晓霞. 美国产学研协同创新机制研究 [M]. 北京：北京交通大学出版社，2014.

[169] 蓝晓霞. 整合产学研协同创新力量的若干思考 [J]. 中国高等教育，2014 (5)：17—20.

[170] 李道先，罗昆. 协同创新视角下地方高校产学研合作的实现途径 [J]. 高校教育管理，2012 (6)：20—23.

[171] 李国武，李玲玲. 产业技术创新战略联盟研究综述 [J]. 科技进步与对策，2012 (22)：156—160.

[172] 李洪修. 高校协同创新的文化冲突及其调适 [J]. 江苏高教，2013 (5)：28—30.

[173] 李嘉明，李凤. 产学研合作利益分配方法的新思考 [J]. 中国管理科学，2009 (10)：23—26.

[174] 李培凤. 我国大学跨界协同创新的耦合效应研究——基于 SCI 合作论文的互信息计量 [J]. 复旦教育论坛，2015 (2)：68—72.

[175] 李荣德，邱克强，王彪. 行业背景高校区域协同创新模式探索 [J]. 中

国高校科技，2013（21）：20—22.
[176] 李霞，宋素玲，穆喜产. 协同创新的风险分摊与利益分配问题研究 [J]. 科技进步与对策，2008，25（12）：15—17.
[177] 李小丽，余翔. 区域三螺旋强度及 TTO 特征对 TTO 效率的影响研究 [J]. 科研管理，2014，35（9）：115—122.
[178] 李兴华. 协同创新是提高自主创新能力和效率的最佳形式和途径 [EB/OL]. [2012-04-24]. http：//www. sinoss. net/2012/0424/40394. html.
[179] 李有增. "2011 计划"实施目标与高校科研管理体制创新 [J]. 中国高等教育，2012（22）：52—55.
[180] 李蕴，李冬. 协同创新对提升研究型大学科研创新能力的实证分析 [J]. 科技进步与对策，2012（22）：36—39.
[181] 李忠云，邓秀新. 高校协同创新的困境、路径及政策建议 [J]. 中国高等教育，2011（17）：11—13.
[182] 李祖超，梁春晓. 协同创新运行机制探析——基于高校创新主体的视角 [J]. 中国高教研究，2012（7）：81—84.
[183] 廖先玲，孟祥军，何静，等. 技术创新绩效及创新模式的案例研究 [J]. 中国管理科学，2008（S1）：665—669.
[184] 林淼，苏竣，张雅娴，等. 技术链、产业链和技术创新链理论分析与政策含义 [J]. 科学学研究，2001（12）：28—32.
[185] 林盛杰. 谈"产学研合作"质量评估体系的建立 [J]. 宁波大学学报，2000（5）：28—31.
[186] 刘惠琴，张德. 高校学科团队中魅力型领导对团队创新绩效影响的实证研究 [J]. 科研管理，2007，28（4）：185—191.
[187] 刘满凤. 基于效益视角的创新链合作机制研究 [J]. 科技进步与对策，2009（4）：42.
[188] 刘文著，王明舜. 企业合作创新网络的对象选择与运行机制 [J]. 济南大学学报（社会科学版），2004（9）：15—20.
[189] 刘印房. 地方应用型本科高校实施协同创新的思考 [J]. 新西部（理论版），2012（9）：144—145.
[190] 罗伯特·金·默顿. 十七世纪英格兰的科学、技术与社会 [M]. 范岱年，译. 北京：商务印书馆，2000.
[191] 罗利，鲁若愚. Shapley 值在产学研合作利益分配博弈分析中的应

用［J］. 软科学，2001，1（2）：17－19.
［192］罗维东. 高水平行业特色型高校在协同创新体系中的定位思考［J］. 北京教育（高教），2012（1）：8－10.
［193］罗炜. 企业合作创新理论研究［M］. 上海：复旦大学出版社，2002.
［194］吕海萍，龚建立. 产学研相结合的动力——障碍机制实证分析［J］. 研究与发展管理，2004，16（2）：58－62.
［195］吕军. 论企业创新机制及创新体系的构建［J］. 现代经济信息，2010（2）：62－63.
［196］吕乃基. 吕乃基精华十讲［M］. 南京：东南大学出版社，2014.
［197］马娟，陈岸涛. 高校学生工作队伍协同创新能力的评价机制［J］. 高等农业教育，2014（2）：51－54.
［198］马俊峰. 评价活动论［M］. 北京：中国人民大学出版社，1994.
［199］马永坤. 协同创新理论模式及区域经济协同机制的建构［J］. 华东经济管理，2013，27（2）：52－55.
［200］马志强，李钊，朱永跃. 基于校企协同创新博弈分析的高校服务价值提升研究［J］. 科技进步与对策，2012（22）：30－35.
［201］毛凯军，田敏，许庆瑞. 基于复杂系统理论的企业集群进化动力研究［J］. 科研管理，2004，25（4）：110－115.
［202］明炬. 协同创新培育组建过程常见的几个问题——以面向行业产业和区域发展类型为例［J］. 中国高校科技，2012（7）：12－13.
［203］明炬. 高校科技如何积极应对“大科学”时代的挑战［J］. 中国高校科技与产业化，2010（6）：21－22.
［204］宁滨. 高校应成为协同创新体系的中坚力量［N］. 中国科学报，2012－02－29（B1）.
［205］宁滨. 高校在协同创新中的地位和作用［EB/OL］.［2012－04－19］. http：//henan. people. com. cn/ news/2012/04/19/611237. html.
［206］牛淑珍，谢文璐，曾啸波. 国外大学建设创新团队的经验与启示［J］. 高教探索，2011（6）：23－33.
［207］欧光军，刘思云，蒋环云，等. 产业集群视角下高新区协同创新能力评价与实证研究［J］. 科技进步与对策，2013（4）：123－128.
［208］欧光军，孙鸯. 基于 SEM 的高新区协同创新体系构建及影响因素探析——以 56 个国家级高新区为例［J］. 工业技术经济，2013（3）：97－104.

[209] 潘锡杨，李建清. 政产学研协同创新——区域创新发展的新范式 [J]. 科技管理研究，2014，34 (21)：70－75.

[210] 潘旭明. 网络环境下企业技术创新的影响因素和模式分析 [J]. 商业研究，2006 (2)：1－3.

[211] 祁艳朝. 高校实施协同创新模式与机制研究初探 [J]. 黑龙江教育学院学报，2012 (10)：5－6.

[212] 秦玮，徐飞. 产学研联盟动机合作行为与联盟绩效 [J]. 科技管理研究，2014 (8)：107－115.

[213] 邱均平，文庭孝. 评价学 [M]. 北京：科学出版社，2010.

[214] 曲久龙，顾穗珊. 我国活动中创新链的构建研究 [J]. 工业技术经济，2006 (3)：68－71.

[215] 全利平，蒋晓阳. 协同创新网络组织实现创新协同的路径选择 [J]. 科技进步与对策，2011 (9)：15－18.

[216] 邵云飞，杨晓波，邓龙江，等. 高校协同创新平台的构建研究 [J]. 电子科技大学学报（社会科学版），2012 (4)：79－84.

[217] 宋爽，姜越，惠晓丽. 解读“协同创新”对高校提出的基本要求 [J]. 中国校外教育，2012 (33)：19－32.

[218] 唐锦铨. 技术合作模式下促进知识转移的伙伴协同能力分析 [J]. 商业时代，2012 (34)：87－88.

[219] 万幼清，邓明然. 基于知识视角的产业集群协同创新绩效分析 [J]. 科学学与科学技术管理，2007 (4)：88－91.

[220] 汪波，陈超逸，于维平. 基于云计算的产学研协同合作研究 [J]. 科技进步与对策，2013 (3)：1－4.

[221] 王超. 论高等教育创新型组织的建设与管理 [J]. 商情，2009 (1)：49－50.

[222] 王春梅，孟克. 高校—企业协同创新的新进路——基于科学知识社会学的视角 [J]. 科技管理研究，2012 (24)：14－16.

[223] 王翠霞. 国家创新系统产学协同创新机制研究 [D]. 杭州：浙江大学，2014.

[224] 王贵友. 从混沌到有序——协同学简介 [M]. 武汉：湖北人民出版社，1987.

[225] 王君华. 政府在协同创新中的作用研究 [J]. 科技创业月刊，2012 (8)：71－75.

[226] 王少媛. 协同发展：产业集群背景下区域高等教育结构调整策 [J]. 大学教育科学，2013 (2)：30－36.

[227] 王树国. 乘势聚力协同创新推进世界一流大学建设 [J]. 中国高等教育，2011 (17)：5－8.

[228] 王卫东. 长三角城市群协同创新发展机制研究 [J]. 企业经济，2011 (12)：125－128.

[229] 王小磊，杨育，邢青松，等. 基于 FCA 方法的客户协同产品创新绩效影响因素研究 [J]. 科技进步与对策，2010 (18)：77－82.

[230] 王玉梅，罗公利，周广菊. 产业技术创新战略联盟网络协同创新要素分析 [J]. 情报杂志，2013 (2)：201－207.

[231] 王云. 基于协同创新体系的辽宁省中小企业技术进步分析 [J]. 中国集体经济，2012 (16)：59－60.

[232] 王志远，丁元林. 基于项目管理视角的高校协同创新团队组织结构分析与设计 [J]. 高教探索，2012 (6)：16－20，39.

[233] 危怀安，聂继海. 协同创新的内涵及机制研究述评 [J]. 中共贵州省委党校学报，2013 (1)：107－113.

[234] 魏屹东，邢润川. 借鉴与启示——美国工业企业与大学科研合作的历史、方式、问题及对策 [J]. 科学技术与辩证法，1997，14 (6)：55－59.

[235] 温珂，苏宏宇，周华东. 科研机构协同创新能力研究——基于中国 101 家公立研究院所的实证分析 [J]. 科学学研究，2014，32 (7)：1081－1088.

[236] 文岳东. 企业技术创新的新趋势——合作创新 [J]. 企业技术开发，2003 (8)：50－53.

[237] 吴邦正，李芳. 知识员工激励方式与组织创新绩效的实证研究——以中关村高科技企业为例 [J]. 兰州学刊，2013 (6)：105－114.

[238] 吴磊，王黎明. 中小企业集群式创新的优势及运行机制分析 [J]. 产业与科技论坛，2008 (12)：45－47.

[239] 吴荣斌，王辉. 科研机构与高校知识创新协同效应及模式研究 [J]. 科技进步与对策，2012 (20)：131－136.

[240] 吴悦，顾新. 产学研协同创新的知识协同过程研究 [J]. 中国科技论坛，2012 (10)：17－23.

[241] 袭著燕，李星洲，迟考勋. 金融介入的政产学研用技术协同创新模式构

建研究 [J]. 科技进步与对策，2012，29 (22)：19-25.

[242] 夏凤. 基于平衡记分卡的校企合作绩效评价模型 [J]. 职教论语，2008 (5)：48-51.

[243] 项杨雪. 基于知识三角的高校协同创新过程机理研究 [D]. 杭州：浙江大学，2013.

[244] 谢福泉，任浩，张军果. 财政科技项目绩效评估：指标体系和方法 [J]. 科学学研究，2006 (8)：203-209.

[245] 谢明勇，徐戎. 高等学校在协同创新中的地位与作用初探 [J]. 科技广场，2012 (12)：9-15.

[246] 谢思全，鹿媛媛，李叶妍. 科技协同创新绩效评价指标体系初探 [J]. 现代管理科学，2014 (1)：18-20.

[247] 辛凤，冯浩. 行业特色型大学在协同创新体系中的优势——以景德镇陶瓷学院为例 [J]. 科技广场，2012 (12)：128-131.

[248] 熊丽敏，郑玲莉. 高校科技人员协同创新面临的问题与对策 [J]. 中国外资，2012 (20)：177.

[249] 熊励，孙友霞，蒋定福，等. 协同创新研究综述——基于实现途径视角 [J]. 科技管理研究，2011，31 (14)：15-18.

[250] 徐剑波，苏跃增. 论高校科技创新平台的工作机制 [J]. 科学管理研究，2009 (1)：22-25.

[251] 徐莉，杨晨露. 产学研协同创新的组织模式及运行机制研究 [J]. 科技广场，2012 (11)：210-214.

[252] 许强，郑晓丹. 母子公司组织协同、知识协同与创新绩效的关系研究 [J]. 科技进步与对策，2010 (16)：143-147.

[253] 许霆. 论校企协同的机制创新 [J]. 教育发展研究，2012 (17)：64-69.

[254] 薛传会. 论高等学校的协同创新及其战略重点 [J]. 高校教育管理，2012 (6)：24-29.

[255] 薛传会. 论高等学校的协同创新战略 [J]. 当代教育科学，2012 (7)：29-31.

[256] 严全治. 充分发挥高校在转变经济发展方式中的作用 [N]. 河南日报，2010-07-20 (06).

[257] 阳震青，彭润华. 创新生态观视角下中小企业协同创新业绩评价研究 [J]. 市场研究，2014 (6)：61-63.

[258] 杨道现. 学科集群和产业集群协同创新能力评价方法研究 [J]. 科技进

步与对策，2012（12）：132－136.
[259] 杨洪涛，吴想. 产学协同创新知识转移影响因素实证研究 [J]. 科技进步与对策，2012（14）：117－121.
[260] 杨晶，江可申，邸强. 基于 TOPSIS 的动态联盟利益分配方法 [J]. 系统工程，2008，26（10）：22－25.
[261] 杨林，柳洲. 国内协同创新研究述评 [J]. 科学学与科学技术管理，2015，36（4）：50－54.
[262] 杨玲莉，蔡爱惠，杨超华，等. 协同创新模式下高校知识产权有效协作机制研究 [J]. 科技进步与对策，2012（22）：134－136.
[263] 杨睿. 产学研协同创新视角下的高校科研管理机制研究 [J]. 中国科技信息，2012（9）：11－15.
[264] 杨亦，王翔，许国艺. 基于熵权＋理想解法的协同供应链绩效评价 [J]. 商业时代，2011（30）：33－34.
[265] 姚春梅. "产学研"结合：提升地方高校科技创新能力和社会服务能力 [J]. 湖南文理学院学报（社会科学版），2008，38（6）：110－113.
[266] 易高峰，邹晓东. 面向战略性新兴产业的高端产学研用合作平台研究 [J]. 科技进步与对策，2012（22）：79－83.
[267] 易秋平. 基于 Logit 有序模型的区域协同创新能力关键因素研究 [J]. 科技与管理，2014（12）：168－171.
[268] 易余胤. 高校科研团队成员合作博弈研究 [J]. 暨南学报（哲学社会科学版），2009，31（6）：138－141.
[269] 殷春武. 基于模糊灰度的学科集群和产业集群协同创新能力评价方法研究 [J]. 科技管理研究，2013（21）：138－142.
[270] 殷翔文. 高校协同创新的角色定位与价值追求 [J]. 中国高校科技，2012（7）：9－11，13.
[271] 余峰. 高校在创新型国家建设中的作用和定位 [J]. 湖北教育学院学报，2007（5）：88－90.
[272] 张爱琴，陈红. 产学研知识创新网络的协同创新评价研究 [J]. 中北大学学报（社会科学版），2009（4）：44－47.
[273] 张海滨. 高校产学研协同创新的影响因素及机制构建 [J]. 福州大学学报（哲学社会科学版），2013（3）：104－107.
[274] 张晋虹，肖柯，欧一智. 省属高校面向行业产业及区域发展协同创新的实现路径思考 [J]. 科技广场，2012（12）：39－43.

[275] 张力. 产学研协同创新的战略意义和政策走向 [J]. 教育研究, 2011 (7): 18-21.

[276] 张丽娜. 行业特色型高校协同创新的机制研究 [D]. 徐州: 中国矿业大学, 2013.

[277] 张敏, 邓胜利. 面向协同创新的公共信息服务平台构建 [J]. 情报理论与实践, 2008 (3): 382-385.

[278] 张水潮. 地方高等学校与社会科技合作机制研究 [J]. 河南工业大学学报 (社会科学版), 2010 (4): 36-39.

[279] 张水潮. 地方高校协同创新系统及其旋进策略分析 [J]. 河南师范大学学报 (哲学社会科学版), 2012 (6): 231-235.

[280] 张水潮. 地方高校建设创新型组织的理念与途径 [J]. 信阳师范学院学报 (哲学社会科学版), 2011, 31 (1): 61-64.

[281] 张万宽. 高新技术领域的产学研技术联盟绩效研究——基于资源依附和交易成本的分析视角 [J]. 科技进步与对策, 2008 (6): 12-16.

[282] 张学文, 陈劲. 面向创新型国家的产学研协同创新: 知识边界与路径研究 [M]. 北京: 经济科学出版社, 2014.

[283] 张渊, 陆玉梅, 梅强. 科技计划项目绩效评估指标体系研究 [J]. 科技管理研究, 2009 (5): 185-187.

[284] 张越男, 李海明, 魏皓, 等. 基于协同理论的海洋学科创新体系的构建 [J]. 中国轻工教育, 2013 (1): 19-22.

[285] 张哲. 基于产业集群理论的企业协同创新系统研究 [D]. 天津: 天津大学, 2008.

[286] 张正良. 论企业创新链的系统结构 [J]. 求索, 2005 (7): 40-41.

[287] 张志华, 李瑞芝. 高校主导型协同创新利益分配机制研究 [J]. 江海学刊, 2015 (6): 96-101.

[288] 张志华, 李瑞芝, 赵波. 多主体参与的协同创新体利益分配机制研究——高校主导的协同创新中心视角 [J]. 科技进步与对策, 2016, 33 (20): 25-29.

[289] 章春杰. 协同创新与高校服务区域文化能力提升 [J]. 中国高校科技, 2015 (3): 28-29.

[290] 甄晓非. 协同创新模式与管理机制研究 [J]. 科学管理研究, 2013 (1): 21-24.

[291] 郑刚. 基于 TIM 视角的技术创新过程中各创新要素全面协同机制研

究［D］. 杭州：浙江大学，2004.

［292］郑刚. 全面协同创新——迈向创新型企业之路［M］. 北京：科学出版社，2006.

［293］钟荣丙. 协同创新能力评价：文献综述与测度修正［J］. 湖南工程学院学报，2017，27（1）：28－31.

［294］周健，刘永. 学科集群与产业集群协同创新能力评价研究［J］. 河南图书馆学刊，2011（10）：2－5.

［295］周正，尹玲娜，蔡兵. 我国产学研协同创新动力机制研究［J］. 软科学，2013（7）：52－56.

［296］朱浩. 高校自主创新的自组织机理研究［J］. 自然辩证法研究，2011，27（5）：68－72.

［297］朱良华. 西江经济带协同创新能力评价研究构想［J］. 梧州学院学报，2013（8）：29－33.

［298］朱凌，常甲辉. 从构建产学合作平台到实现产学协同创新——基于长三角"985"高校专利数据及典型案例的研究［J］. 高等工程教育研究，2012（4）：59－66.

［299］朱瑞博."十二五"时期上海高技术产业发展——创新链与产业链融合战略研究［J］. 上海经济研究，2010（7）：97.

［300］朱兆斌，朱霖. 政产学研合作绩效的影响因素与评价［J］. 中国高校科技，2012（10）：12－14.

［301］庄涛，吴洪. 基于专利数据的我国官产学研三螺旋测度研究——兼论政府在产学研合作中的作用［J］. 管理世界，2013（8）：175－176.

［302］邹益民，张智雄. 创新三螺旋模型的计量研究与实践进展［J］. 情报杂志，2013（4）：85－90.

附　录

附录 1　高校协同创新运行要素作用机制调查问卷

尊敬的女士、先生：

您好！首先感谢您参与四川大学商学院的问卷调查。本调查旨在了解高校协同创新的运行机制及影响因素等方面的情况。问卷采取不记名形式，不涉及您的个人隐私，您的答案也无对错之分，请放心填写。您的支持是给予我们的莫大帮助，衷心感谢您！

四川大学商学院

填表说明：

1. 填写问卷时，请您按照实际情况填写，本问卷调查结果将严格保密，所有数据仅供教学研究之用，不会用作商业用途。

2. 对于所有的问题，问卷设计了 1～5 级的量表。数字①～⑤代表了不同的感受程度：①表示完全不同意；②表示不太同意；③表示不确定；④表示比较同意；⑤表示完全同意。

3. 为了更方便您帮助我们完成问卷，更好地确保问卷的有效性，现将高校协同创新的概念简要解释如下：

本调查所涉及的协同创新主要是指高校外部的协同创新，它以高校主导作用发挥为前提，高校协同科研机构、企业等主要创新力量，与政府、科技中介机构、金融机构等其他参与力量围绕重大科技需求，有机融合、共享资源、协同奋斗，直至达成共同的预期目标的创新组织模式。

第一部分　基本信息（在您认为的选项上打√）

1. 您的工作单位的类别：□高校　□科研机构　□企业

2. 您的性别：□男　□女

3. 您的年龄：□25 岁以下　□25～35 岁　□36～45 岁　□46～55 岁　□55 岁以上

4. 您的学历：□博士　□硕士　□本科　□专科及以下

5. 您的职位：□从事技术工作　□高层管理　□中层管理　□基层管理

6. 您在协同创新组织中工作的时间：□1 年以下　□1～3 年　□4～5 年　□6～10 年　□10 年以上

第二部分　问卷内容

本问卷中的每一个题项后面都有 5 个选项可供选择，请您就每一个指标的内容选择合适的选项来表示您的看法。请在您认为最合适的数字上打√。

序号	题目	①完全不同意；②不太同意；③不确定；④比较同意；⑤完全同意
1	协同创新的技术或产品是市场亟须的	①②③④⑤
2	协同创新培养的人才能够更适应市场的需求	①②③④⑤
3	市场竞争压力使创新主体更愿意参与协同创新	①②③④⑤
4	协同创新主体需要通过协同创新提升自身市场竞争力	①②③④⑤
5	协同创新参与主体有较强的技术基础	①②③④⑤
6	协同创新主体需要通过协同创新提升自身技术创新水平	①②③④⑤
7	政府在协同创新主体之间发挥整合、协调的作用	①②③④⑤
8	政府通过相关政策对协同创新给予一定的资助	①②③④⑤
9	追求利益是各协同创新主体参与协同的根本驱动力	①②③④⑤
10	因为参与协同创新，各主体能够得到各种物质、非物质的激励	①②③④⑤
11	各主体有明确的创新战略，且非常重视与其他主体战略上的协同	①②③④⑤
12	各协同创新主体都承诺要为共同的目标而努力	①②③④⑤

续表

序号	题目	①完全不同意；②不太同意；③不确定；④比较同意；⑤完全同意
13	协同激励方式多样，层次互补	①②③④⑤
14	协同激励机制能够贯彻落实	①②③④⑤
15	激励机制是科学、规范的	①②③④⑤
16	各协同创新主体有很好的知识获取能力	①②③④⑤
17	各协同创新主体有很好的知识创造能力	①②③④⑤
18	各协同创新主体有很好的知识应用能力	①②③④⑤
19	协同创新系统建立了协同创新平台管理机制和组织管理体系	①②③④⑤
20	各协同创新主体间能够保持经常性的沟通交流	①②③④⑤
21	各协同创新主体各层级、各部门间信息和知识沟通渠道畅通	①②③④⑤
22	协同伙伴的资源对自己很有价值，可以补充自身的不足	①②③④⑤
23	各主体协同创新知识共享形式、手段比较多样	①②③④⑤
24	协同创新组织中的资源共享机制完善	①②③④⑤
25	协同创新组织有层次合理、数量适宜的人才队伍	①②③④⑤
26	协同创新组织内人才的流动、交流比较顺畅	①②③④⑤
27	协同创新组织有规范的人才管理机制	①②③④⑤
28	协同创新组织建立了合理可行的绩效评价指标体系	①②③④⑤
29	协同创新组织建立了规范的绩效考核制度	①②③④⑤
30	各协同创新主体间利益分配公平合理	①②③④⑤
31	各协同创新主体间利益分配方式多样化	①②③④⑤
32	各协同创新主体间有正式的利益分配约定或协议	①②③④⑤
33	协同创新主体间拥有非常好的沟通过程和协同创新行为	①②③④⑤
34	协同创新主体间拥有非常好的协同创新产出，如专利、论文等	①②③④⑤
35	协同创新成果拥有非常好的经济和社会影响	①②③④⑤

附录 2　高校协同创新协同能力评价调查问卷

一、问题描述

此调查问卷以高校协同创新中各主体的协同能力评价为调查目标，对其多种影响因素使用层次分析法进行分析。层次模型如下图。

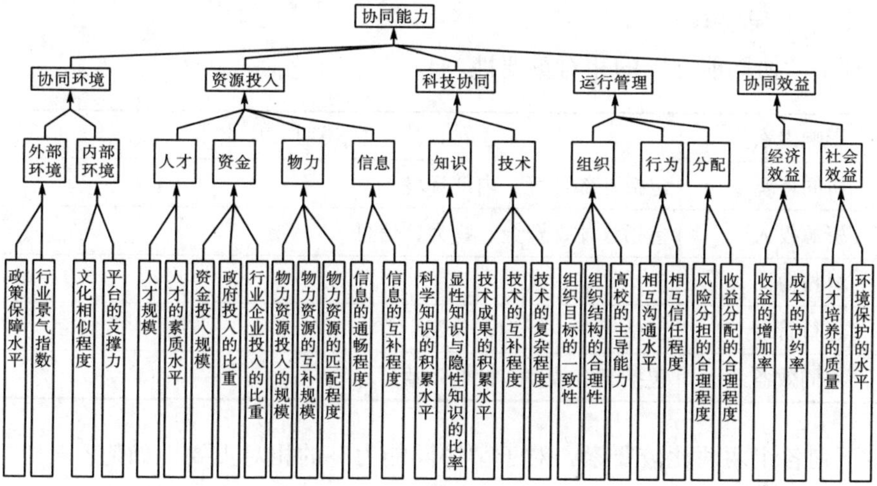

二、问卷说明

此调查问卷的目的在于确定协同能力各影响因素之间的相对权重。调查问卷根据层次分析法的形式设计。这种方法是在同一个层次对影响因素的重要性进行两两比较。衡量尺度划分为五个等级，分别是绝对重要、十分重要、比较重要、稍微重要、同样重要，分别对应 9、7、5、3、1 的数值。靠左边的衡量尺度表示左列因素重要于右列因素，靠右边的衡量尺度表示右列因素重要于左列因素。根据您的看法，在对应方格中打钩即可。

如果您觉得五个级别不能精确地表达您对某个比较问题的看法，如您认为您对一个两两比较的看法应该介于十分重要和比较重要之间，那么您可以通过在十分重要和比较重要两个方格之间画圈来表达您的看法。

示例：您认为一辆汽车的安全性重要，还是价格重要？如果您认为一辆汽车的安全性相对于价格十分重要，那么请在左侧（十分重要对应的数字 7）下边的方格打钩。

样表：下列各组两两比较要素，对于“买车”的相对重要性如何？

A	重要性比较									B
	9	7	5	3	1	3	5	7	9	
安全性										价格

三、问卷内容

1. 第 2 层要素

评估“协同能力”的相对重要性。

影响因素	说明
协同环境	包括外部环境、内部环境
资源投入	包括人才、资金、物力、信息
科技协同	包括知识、技术
运行管理	包括组织、行为、分配
协同效益	包括经济效益、社会效益

下列各组两两比较要素，对于“协同能力”的相对重要性如何？

A	重要性比较									B
	9	7	5	3	1	3	5	7	9	
协同环境										资源投入
协同环境										科技协同
协同环境										运行管理
协同环境										协同效益
资源投入										科技协同
资源投入										运行管理
资源投入										协同效益
科技协同										运行管理
科技协同										协同效益
运行管理										协同效益

2. 第 3 层要素

(1) 评估“协同环境”的相对重要性。

影响因素	说明
外部环境	包括政策保障水平、行业景气指数
内部环境	包括文化相似程度、平台的支撑力

下列各组两两比较要素，对于“协同环境”的相对重要性如何？

A	重要性比较									B
	9	7	5	3	1	3	5	7	9	
外部环境										内部环境

(2) 评估“资源投入”的相对重要性。

影响因素	说明
人才	人才规模，人才的素质水平
资金	资金投入规模，政府投入的比重，行业企业投入的比重
物力	物力资源投入的规模，物力资源的互补程度，物力资源的匹配程度
信息	信息的通畅程度，信息的互补程度

下列各组两两比较要素，对于“资源投入”的相对重要性如何？

A	重要性比较									B
	9	7	5	3	1	3	5	7	9	
人才										资金
人才										物力
人才										信息
资金										物力
资金										信息
物力										信息

（3）评估“科技协同”的相对重要性。

影响因素	说明
知识	科学知识的积累水平，显性知识与隐性知识的比率
技术	技术成果的积累水平，技术的互补程度，技术的复杂程度

下列各组两两比较要素，对于“科技协同”的相对重要性如何？

A	重要性比较									B
	9	7	5	3	1	3	5	7	9	
知识										技术

（4）评估“运行管理”的相对重要性。

影响因素	说明
组织	组织目标的一致性，组织结构的合理性，高校的主导能力
行为	相互沟通水平，相互信任程度
分配	风险分担的合理程度，收益分配的合理程度

下列各组两两比较要素，对于“运行管理”的相对重要性如何？

A	重要性比较									B
	9	7	5	3	1	3	5	7	9	
组织										行为
组织										分配
行为										分配

（5）评估“协同效益”的相对重要性。

影响因素	说明
经济效益	收益的增加率，成本的节约率
社会效益	人才培养的质量，环境保护的水平

下列各组两两比较要素，对于“协同效益”的相对重要性如何?

A	重要性比较									B
	9	7	5	3	1	3	5	7	9	
经济效益										社会效益

3. 第 4 层要素

(1) 评估“外部环境”的相对重要性。

影响因素	说明
行业景气指数	协同活动开展行业的所处状态或发展态势
政策保障水平	政府计划、法律法规等政策对高校协同创新的鼓励水平

下列各组两两比较要素，对于“外部环境”的相对重要性如何?

A	重要性比较									B
	9	7	5	3	1	3	5	7	9	
行业景气指数										政策保障水平

(2) 评估“内部环境”的相对重要性。

影响因素	说明
文化相似程度	各组织内群体的风俗习惯、价值观等
平台的支撑力	平台是指高校协同创新活动的环境或基础条件，也包括各主体互动、交流和学习的载体

下列各组两两比较要素，对于“内部环境”的相对重要性如何?

A	重要性比较									B
	9	7	5	3	1	3	5	7	9	
文化相似程度										平台的支撑力

（3）评估“人才”的相对重要性。

影响因素	说明
人才规模	人才规模是高校协同创新活动人才投入总量
人才的素质水平	人才的素质水平用高校协同创新的人才投入总量中的研究生以上学历所占的比重表示

下列各组两两比较要素，对于“人才”的相对重要性如何？

A	重要性比较									B
	9	7	5	3	1	3	5	7	9	
人才规模										人才的素质水平

（4）评估“资金”的相对重要性。

影响因素	说明
政府投入的比重	政府在高校协同创新中投入的资金总额占高校协同创新活动收到的各方资金投入总额的比重
企业投入的比重	企业在高校协同创新中投入的资金总额占高校协同创新活动收到的各方资金投入总额的比重
资金投入规模	资金投入规模是高校协同创新资金投入额

下列各组两两比较要素，对于“资金”的相对重要性如何？

A	重要性比较									B
	9	7	5	3	1	3	5	7	9	
政府投入的比重										行业企业投入的比重
政府投入的比重										资金投入规模
行业企业投入的比重										资金投入规模

（5）评估“物力”的相对重要性。

影响因素	说明
物力资源投入的规模	物力资源投入的规模是高校协同创新物力资源投入总量

续表

影响因素	说明
物力资源的匹配程度	物力资源的最高级匹配程度是指高校协同创新中的成员组织拥有的物力资源可搭配程度
物力资源的互补程度	物力资源的互补程度是指高校、科研机构和企业等不同协同创新主体之间拥有的物资的互补程度

下列各组两两比较要素，对于“物力”的相对重要性如何？

A	重要性比较									B
	9	7	5	3	1	3	5	7	9	
物力资源投入的规模										物力资源的匹配程度
物力资源投入的规模										物力资源的互补程度
物力资源的匹配程度										物力资源的互补程度

（6）评估“信息”的相对重要性。

影响因素	说明
信息的通畅程度	高校协同创新系统信息的获取与传输渠道的通畅程度
信息的互补程度	信息的互补程度是指高校协同创新系统中高校、科研机构和企业等不同主体之间拥有的信息的互补程度

下列各组两两比较要素，对于“信息”的相对重要性如何？

A	重要性比较									B
	9	7	5	3	1	3	5	7	9	
信息的通畅程度										信息的互补程度

（7）评估“知识”的相对重要性。

影响因素	说明
科学知识的积累水平	科学知识的积累水平反映了高校协同创新系统中的个人或组织的科学知识积淀的深厚程度
显性知识与隐性知识的比率	显性知识与隐性知识的比率

下列各组两两比较要素，对于“知识”的相对重要性如何？

A	重要性比较									B
	9	7	5	3	1	3	5	7	9	
科学知识的积累水平										显性知识与隐性知识的比率

（8）评估“技术”的相对重要性。

影响因素	说明
技术成果的积累水平	技术成果的积累水平指高校协同创新系统中各主体关于专利、专有技术、科技论文及专著等的积累
技术的互补程度	技术的互补程度指高校协同创新系统成员组织拥有的技术的互补程度
技术的复杂程度	高校协同创新活动中各主体经过协同创新活动要实现的目标技术的复杂程度

下列各组两两比较要素，对于“技术”的相对重要性如何？

A	重要性比较									B
	9	7	5	3	1	3	5	7	9	
技术成果的积累水平										技术的互补程度
技术成果的积累水平										技术的复杂程度
技术的互补程度										技术的复杂程度

（9）评估“组织”的相对重要性。

影响因素	说明
组织结构的合理性	在高校协同创新中组织结构的合理性
高校的主导能力	在高校协同创新中，高校对协同创新活动的主导能力
组织目标的一致性	高校协同创新中的成员组织的个体目标与系统目标的一致性

下列各组两两比较要素，对于“组织”的相对重要性如何？

A	重要性比较									B
	9	7	5	3	1	3	5	7	9	
组织结构的合理性										高校的主导能力
组织结构的合理性										组织目标的一致性
高校的主导能力										组织目标的一致性

（10）评估“行为”的相对重要性：

影响因素	说明
相互沟通水平	高校协同创新活动中的成员组织之间的相互沟通水平
相互信任程度	高校协同创新活动中的成员组织之间的相互信任程度

下列各组两两比较要素，对于“行为”的相对重要性如何？

A	重要性比较									B
	9	7	5	3	1	3	5	7	9	
相互沟通水平										相互信任程度

（11）评估“分配”的相对重要性。

影响因素	说明
风险分担的合理程度	在高校协同创新中，成员组织风险分担的合理程度
收益分配的合理程度	在高校协同创新中，成员组织收益分配的合理程度

下列各组两两比较要素，对于“分配”的相对重要性如何？

A	重要性比较									B
	9	7	5	3	1	3	5	7	9	
风险分担的合理程度										收益分配的合理程度

（12）评估“经济效益”的相对重要性。

影响因素	说明
收益的增加率	高校协同创新的成员组织参加协同创新后，总体收益比不参与协同互动各自收益总和的增加率

续表

影响因素	说明
成本的节约率	高校协同创新花费的成本比各成员组织单独进行创新时各自花费的成本总和的节约率

下列各组两两比较要素，对于“经济效益”的相对重要性如何？

A	重要性比较									B
	9	7	5	3	1	3	5	7	9	
收益的增加率										成本的节约率

（13）评估“社会效益”的相对重要性。

影响因素	说明
人才培养的质量	高校协同创新培养的人才质量情况
环境保护的水平	高校协同创新对行业技术的研究开发、转化应用对环境的影响情况

下列各组两两比较要素，对于“社会效益”的相对重要性如何？

A	重要性比较									B
	9	7	5	3	1	3	5	7	9	
人才培养的质量										环境保护的水平

问卷结束，谢谢合作！

附录3 协同能力模糊综合评价测评表

序号	评测指标	评价等级				
		很高	高	中	低	很低
1	行业景气指数					
2	政策保障水平					
3	文化相似程度					
4	平台的支撑力					
5	人才规模					
6	人才的素质水平					
7	政府投入的比重					
8	行业企业投入的比重					
9	资金投入规模					
10	物力资源投入的规模					
11	物力资源的匹配程度					
12	物力资源的互补程度					
13	信息的通畅程度					
14	信息的互补程度					
15	科学知识的积累水平					
16	显性知识与隐性知识的比率					
17	技术成果的积累水平					
18	技术的互补程度					
19	技术的复杂程度					
20	组织结构的合理性					
21	高校的主导能力					
22	组织目标的一致性					
23	相互沟通水平					
24	相互信任程度					

续表

序号	评测指标	评价等级				
		很高	高	中	低	很低
25	风险分担的合理程度					
26	收益分配的合理程度					
27	收益的增加率					
28	成本的节约率					
29	人才培养的质量					
30	环境保护的水平					